Wolfram Engels

Akzente 1984 - 1995

Wolfram Engels

Akzente 1984 - 1995

100 Kommentare zur Zeitgeschichte

1. Auflage 1995

Objektleitung: Michael W. Driesch
Titelgestaltung: Gabriele Banert
Satz: Zimmermann Druck und Verlag GmbH, Balve
Druck und Verarbeitung: Franz Spiegel Buch GmbH, Ulm
ISBN 3-7754-0101-6
ISBN 3-7754-0102-4 (ledergebundene Ausgabe)

Inhalt

Wirtschaftssysteme/Wirtschaftstheorien

Unternehmen

Gesellschaft/Staat

Vorwort

Seine Kommentare seien, so schrieb die Börsen-Zeitung anläßlich seines 60. Geburtstags, „meistens ein intellektuelles Vergnügen, immer jedoch anregend, auch wenn der kämpferische Autor im Elan seiner Liberalität mitunter zu verblüffenden Urteilen und Lösungen gelangt".

Seit 1984 schrieb Wolfram Engels als Herausgeber der Wirtschaftswoche in seiner unnachahmlichen Art ökonomisch wohlfundierte und trefflich formulierte Kommentare - die Engels-Kommentare. Insgesamt mehr als fünfhundertmal. Sie wurden bald ein Markenzeichen für das Blatt und den Autor. Sie waren der Grund für immer mehr Leser der Wirtschaftswoche, das Blatt vom verkehrten Ende zu beginnen, entweder, um sich beifallsbereit zu erbauen - oder um sich immer wieder über diesen konsequenten und scharfsinnigen Liberalen zu ärgern.

Seine Sujets waren weit gestreut - auch nicht frei von Modethemen, aber das kommt einem aktuellen Wochenmagazin auch zu. Zu kritischen Kommentaren besonders angeregt hat ihn nach 1989 immer wieder die deutsche Vereinigung und die mit ihr verknüpften ökonomischen Probleme. Schon früh (immerhin bereits Anfang Dezember 1989) hat er für die Einführung der D-Mark in der Noch-DDR plädiert, aber auch mahnend auf die Fährnisse eines zu günstigen Umtauschkurses der Ost- in die West-Mark und einer zu expansiven Lohnpolitik verwiesen. Seine düsteren Perspektiven für die wirtschaftliche Entwicklung der ehemaligen DDR haben wir oft diskutiert - und uns darüber doch nicht immer ganz verständigen können.

Ein weiteres Dauerthema in den Engels-Kommentaren: Die gefährliche Ausweitung des Staates, sei es im Bildungs-, im Energie- oder vor allem im Sozialsektor. Zu Recht warnte Wolfram Engels davor, die wichtigsten Säulen unserer Gesellschaftsordnung, das private Unternehmertum und die freie Entscheidung über die Verwendung des geschaffenen Wohlstandes durch zu üppige Umverteilung und zu viel Reglementierung zu schwächen oder gar umzustoßen. Wenn wir heute die ungezügelte Ausdehnung des Staatssektors durch immer neue „Sozialtaten" sehen, so haben Wolfram Engels' Warnungen immer noch nicht genug „Wirkung gezeigt".

An Themen aus der so ideologisch geführten Ökologiediskussion hat er sich mit fast diebischer Freude gerne Feder und Finger verbrannt.

Seine Kommentare waren Wolfram Engels' Lust, manchmal gewiß auch Last. Aber er war bereit zu akzeptieren, daß er auf dieser Seite als Autor schwer zu ersetzen sei. Und so hat er in seiner Sammlung von Themen und Material vorgesorgt für die Wochen, in denen er Ferien machte und dafür „vor-geschrieben". Sogar in den letzten Wochen seiner unerwartet schweren Krankheit hat er vom Krankenbett aus seine Kommentare geliefert, und es gab selten einmal eine Dublette.

Aus seinen Kommentaren haben wir nun die 100 ausgewählt, die uns als die besten erschienen - und sie nach Themen geordnet.

Seinen Lesern und allen, die nach einer klaren liberalen Antwort zu einer der vielen Fragen unserer Zeit suchen, wollen wir damit eine Fundstelle anbieten. Für uns ist es eine Referenz an einen Kollegen und nun schmerzlich vermißten Freund, mit dem wir unendlich gerne zusammen gearbeitet, mit Eifer diskutiert und mit Vergnügen gestritten haben.

Die Engels-Kommentare waren immer nur die „letzten Seiten", aber oftmals aber auch ein wahrhaft letztes Wort. Nun ist auch aus diesem Vorwort ein Schlußwort geworden.

Renate Merklein *Heik Afheldt*

Arme Genossen

Genossenschaftsbanken im Dilemma zwischen Rechtsform und Förderauftrag

Es gab sie noch lange nach dem Krieg, die genossenschaftlichen Spar- und Darlehenskassen, die vom Pfarrer oder vom Bürgermeister im Nebenamt verwaltet wurden. Die Buchhaltung und der Zahlungsverkehr wurden im Wohnzimmer abgewickelt. Rendant und Aufsichtsräte waren mit allen Mitgliedern per du. Diese Leute verstanden nicht viel vom Bankgeschäft, aber sie kannten ihre Pappenheimer. Selbst in den Satzungen fand sich Menschliches - so etwa die Vorschrift, Kredite dürften nicht an ortsbekannte Säufer gewährt werden. Die Kreditgenossenschaften konnten damals schon auf eine hundertjährige erfolgreiche Entwicklung zurückblicken. Ihre Promotoren, Friedrich Wilhelm Raiffeisen und Hermann Schulze-Delitzsch, waren idealistische, aber doch sehr praktische Männer. In den Schriften von Schulze-Delitzsch finden sich haarkleine Anweisungen zur Gründung und zum Betrieb von Genossenschaften, angefangen von der Satzung bis zur Buchhaltung. Die waren auch nötig, denn die Gründer von Genossenschaften waren Laien.

Die Laien haben's geschafft. Die zentrale Idee war, daß jedes Mitglied - beschränkt oder auch oft unbeschränkt - für die Schulden der Genossenschaft haften solle. Das machte die Genossenschaft ihrerseits kreditwürdig. Sie konnte Handwerkern, Kleingewerbetreibenden, Bauern mit Krediten helfen, also Personen, die damals von Banken keinen Kredit bekommen konnten, die allenfalls auf Kreditwucherer angewiesen waren. Das Motto „Einer für alle, alle für einen" war mehr als ein Organisationsprinzip. Es war ein Bekenntnis - heute würde man sagen, eine Unternehmensphilosophie. Die Genossenschaften strebten überdies keinen Gewinn an. Sie wollten vielmehr ihrer Mitglieder fördern.

Heute haben die Kreditgenossenschaften etwa 10 Millionen Mitglieder - fast jeder vierte erwachsene Deutsche ist Genossenschaftsmitglied. Aus den Kassen sind moderne Banken mit professionellem Management geworden. Die Struktur des genossenschaftlichen Bankwesens verbindet die Vorteile der Kleinheit - Kundennähe - mit denen der Größe. Leistungsfähige Kooperationsformen, besonders ein zuverlässiger Haftungsverbund, ersetzen Größe. Das ist ein modernes Konzept. So sind die Genossenschaftsbanken zu dem Zweig des Kreditwesens geworden, der am stärksten expandiert, und sie weisen - nach den Sparkassen - die zweithöchste Rentabilität (gemessen an der Bilanzsumme) auf.

Nun gerät der genossenschaftliche Förderauftrag in Konflikt mit der Rechtsform der Genossenschaft. Analysiert man die Bilanzen, so fällt zunächst auf, daß die Genossenschaftsbanken, gemessen am Jahresüberschuß, viel mehr Steuern zahlen als die Großbanken. Die Erklärung: Genossenschaftsbanken schütten einen erheblich kleineren Teil ihres Gewinnes an ihre Mitglieder aus als Großbanken an ihre Aktionäre.

Sie zahlen also den hohen Satz von 56 Prozent Körperschaftsteuer auf einen größeren Teil des Gewinns, während die Großbanken - wegen höherer Ausschüttung - stärker in den Genuß des Körperschaftsteuersatzes von 36 Prozent kommen. Die meisten Genossenschaftsbanken könnten das Dreifache dessen an Dividende ausschütten, was sie tatsächlich zahlen. Insoweit fördern sie nicht ihre Mitglieder, sondern den Fiskus.

Noch deutlicher wird die Benachteiligung des Genossenschaftsmitglieds gegenüber dem Aktionär bei den Vermögenswerten. Die Geschäftsguthaben der Mitglieder betragen insgesamt gut vier Milliarden Mark. Bewertet man allerdings die Kreditgenossenschaften so, wie die Börse Aktienbanken bewertet - mit einem Kurs/Gewinn-Verhältnis von rund 12, 5 -, dann käme man für die Genossenschaftsbanken auf einen Marktwert von rund 13 Milliarden Mark. Anders ausgedrückt: Würden sich alle Kreditgenossenschaften in Aktiengesellschaften umwandeln, so würde das Vermögen der Mitglieder um 9 Milliarden Mark zunehmen.

Die Schlechterstellung von Genossenschaftsmitgliedern gegenüber Aktionären beruht allein auf der Rechtsform. Aktiengesellschaften können sich durch Aktienemission finanzieren. Genossenschaften sind in viel größerem Maße auf Selbstfinanzierung angewiesen. Wollen sie expandieren, dann können sie sich nicht mit kleineren Gewinnspannen zufriedengeben als Aktienbanken; sie brauchen größere. Genossenschaftsanteile sind kündbar; Aktien sind unkündbar. Genossenschaften müssen gegen Kündigungen vorsorgen. Sie können also auch nur einen kleineren Teil des Gewinns ausschütten.

Im Kurs der Aktie kommen auch die offenen und stillen Reserven zum Ausdruck. Genossenschaftsanteile dagegen können nur zum Nennwert veräußert werden. An den Reserven partizipiert das Mitglied - im Gegensatz zum Aktionär - nicht.

So sind die Kreditgenossenschaften in einem Dilemma: Entweder sie nehmen den Auftrag, die Interessen ihrer Mitglieder zu fördern, ernst. Dann müssen sie sich in Aktiengesellschaften umwandeln. Oder sie halten an der Rechtsform der Genossenschaft fest. Dann können sie ihre Mitglieder nicht optimal fördern. Die Entscheidung ist schwer - die Genossenschaft ist, aus ihrer Geschichte, mehr als eine bloße Rechtsform. Sie ist eine Philosophie.

August 1985

Geld-Föderalismus

Entscheidungsstrukturen der Deutschen Bundesbank - und die Folgen

Die Deutsche Mark ist älter als die Bundesrepublik Deutschland. Mit der Währungsreform wurden in allen Bundesländern Landeszentralbanken geschaffen. Sie hatten den Geldumlauf zu regulieren. Die Aktionen der Landeszentralbanken mußten koordiniert werden, weil schließlich der Diskontsatz in Hessen nicht sechs und in Niedersachsen drei Prozent sein kann. Das geschah im Rahmen der Bank deutscher Länder recht effektiv: Die Landeszentralbankpräsidenten reisten nach Frankfurt, trafen dort die notwendigen Beschlüsse und fuhren wieder heim. Die Geldmengensteuerung lag noch beim Gesetzgeber. Er mußte jedes Jahr den höchstzulässigen Banknotenumlauf per Gesetz beschließen. Insoweit spielten die eigentlichen Notenbankinstrumente - Mindestreserven, Diskont- und Lombardsatz - eine andere Rolle als heute. Sie dienten der Einhaltung des vom Gesetzgeber festgelegten Geldmengenziels. Rückblickend hat sich das System nicht schlecht bewährt. Das Jahrzehnt von der Währungsreform 1948 bis zur Gründung der Deutschen Bundesbank 1957 wies ein hohes Maß an Geldwertstabilität auf.

Als die Deutsche Bundesbank gegründet wurde, mußten die Strukturen, die damals bestanden, integriert werden. Zwar verloren die Landeszentralbanken ihre rechtliche Selbständigkeit; sie wurden zu Niederlassungen der Deutschen Bundesbank. Die Entscheidungsfindung blieb aber föderalistisch. Die Landeszentralbankpräsidenten bilden zusammen mit dem Direktorium den Zentralbankrat, der alle wichtigen geldpolitischen Entscheidungen fällt.

Dieses Verfahren zeigte schon in den sechziger Jahren Schwächen. Damals hatte die Bundesbank mehrmals mit Spekulationswellen zu kämpfen, die eigentlich überraschende, schwer vorhersehbare Maßnahmen erfordert hätten. Die Einberufung des Zentralbankrats ist in einer solchen Situation zu auffällig, kann den Erfolg allein wegen seiner Öffentlichkeit gefährden.

In der Zwischenzeit zeigten sich die Schwächen noch deutlicher. Das wirksamste Instrument der Geldmengensteuerung ist die Offenmarktpolitik, also der Verkauf oder Ankauf von Wertpapieren durch die Bundesbank. Es wirkt unauffällig, läßt sich fein dosieren und bietet die Möglichkeit, nicht nur auf einen Zins einzuwirken, sondern auch auf das Verhältnis von kurz- und langfristigem Zins. Dagegen ist jede Veränderung des Diskont- oder Lombardsatzes oder der Mindestreserven ein öffentlicher Paukenschlag. Manchmal ist die Aufmerksamkeit, die solche Maßnahmen erregen, gerade erwünscht, oft ist sie es nicht. Der Wechsel der Steuerungsinstrumente bedeutet aber gleichzeitig eine Machtverschiebung zwischen Direktorium und Zentralbankrat: Offenmarktpolitik kann nur vom Direktorium gelenkt werden. Die Landeszentralbankpräsidenten würden eines Stücks Einfluß beraubt.

Bei den Mindestreserven wird das besonders augenfällig. Würde man auf dieses Instrument verzichten, dann könnten die Zinsen sinken. Die Bundesrepublik würde von einer Kapitalmarktprovinz innerhalb eines Jahres zu einem der wichtigsten Kapitalmarktzentren der Welt. Die Möglichkeiten der Geldmengensteuerung wären obendrein besser, weil die D-Mark-Einlagen, die heute an ausländischen Plätzen gehalten werden, ins Inland zurückkehren würden. Schließlich wäre es nicht mehr nötig, viele Innovationen am Kapitalmarkt - zum Beispiel die Certificates of Deposit - zu unterbinden.

So sinnvoll das wäre, so scheitert es doch allein an der Kompetenzverteilung innerhalb der Deutschen Bundesbank. Selbst wenn das gesamte Direktorium einhellig der Meinung wäre, man solle auf Mindestreserven verzichten, so wäre doch der Zentralbankrat dafür schwer zu gewinnen. Das liegt nicht allein daran, daß die Präsidenten auf einen Teil ihrer Einflußmöglichkeiten verzichten müßten, sondern auch daran, daß Diskont- und Lombardgeschäft einen wesentlichen Teil der Tätigkeit der Landeszentralbanken ausmacht. Brauchten die Banken keine Mindestreserven zu unterhalten, dann wären sie kaum noch auf die Refinanzierung durch die Bundesbank angewiesen. Das Diskont- und Lombardgeschäft würde auf ein Minimum schrumpfen, die Bedeutung der Landeszentralbanken also schwinden.

Solche Probleme innerhalb der Organisation dringen verständlicherweise nicht an die Öffentlichkeit. So muß die Bundesbank in anderer Weise begründen, warum sie glaubt, Mindestreserven immer noch zu brauchen. Eigentlich reicht es für die Geldmengensteuerung aus, daß die Bundesbank die Zentralbankgeldmenge kontrollieren kann. Die Geldschöpfung der Banken wird stets durch die Zentralbankgeldmenge begrenzt. Allerdings: Je weniger Bargeld gebraucht wird - etwa weil der bargeldlose Zahlungsverkehr zunimmt -, um so größer werden die Geldschöpfungsmöglichkeiten der Banken. Allerdings ist bisher auf der anderen Seite die Nachfrage nach Bargeld gestiegen, weil in der Schattenwirtschaft bar bezahlt wird. Nun fürchtet die Deutsche Bundesbank, der Zahlungsverkehr würde immer weniger Bargeld benötigen, weil die Schattenwirtschaft zum Erliegen kommen könnte. Dann wäre der Hebel zur Geldmengensteuerung zu lang. Hier darf man die Bundesbank wohl beruhigen. Wenn es einen Wirtschaftszweig mit glänzenden Zukunftsaussichten gibt, so ist es die Schattenwirtschaft. Und dort gilt das Motto: Cash in de Täsch.

August 1985

Gute alte Hausbank

Die Zukunft des Bankenwettbewerbs

Die Banken hatten schon in den letzten Jahren den subjektiven Eindruck, sie stünden in hartem Wettbwerb. Gemessen an den Zuständen vergangener Jahrzehnte war der Eindruck zutreffend; gemessen am Markt für Textilien, Bier oder Schreibmaschinen war diese Konkurrenz aber nur wie das Pochen an die Tür im Vergleich zu einem Donnerschlag. An den internationalen Kreditmärkten hat es in jüngerer Zeit auch die Banken erwischt. Da werden die Konditionen wie Zitronen ausgepreßt. Es kommen schon Geschäfte mit einem achtel Prozent Spanne zustande, obgleich doch immer wieder versichert wird, mit weniger als eineinhalb Prozent könne eine Bank auch bei Großkrediten nicht leben.

Das ist erst die Morgendämmerung der zukünftigen Finanzmärkte. Mit dem elektronischen Banking wird die ganze Welt zu einer großen Finanzbörse, deren Teilnehmerzahl sich immer mehr erweitert. Zwischen großen Geldanlegern und Investoren kommen unmittelbare Kontakte zustande. Es entsteht die Tendenz zur Ausschaltung von Banken, im Fachjargon „disintermediation“. Das elektronische Banking wird schließlich auch den Kleinanleger und den Kleingewerbetreibenden erreichen. Der Markt wird immer durchsichtiger, die Konkurrenz härter. Dazu kommt das Vordringen der japanischen Banken in Europa. Sie sind es aus ihrem Heimatland gewohnt, mit kleinen Spannen auszukommen. Der japanischen Offensive bei Kameras, Unterhaltungselektronik, Motorrädern und Autos wird in absehbarer Zeit die Offensive im Bankwesen folgen.

Das Verhalten der Bankkunden hat sich in den letzten Jahren geändert. Früher gab es die Hausbank. Der Bankier war, je nach Situation Freund, Berater, Zuchtmeister, Aufseher. Aus Sicht der Bank verhielt sich das ebenso. Eine Hausbank kann ihren Kunden nicht fallenlassen, wenn Schwierigkeiten auftreten. Sie muß versuchen, ihn über Wasser zu halten, notfalls den Betrieb still zu liquidieren. Ein anderes Verhalten - die sogenannte Regenschirmpolitik - ist für den Ruf einer Hausbank tödlich. Heute verliert das Hausbankprinzip mehr und mehr an Bedeutung. Der Kunde schließt einmal hier, einmal dort einen Kredit ab. Selbst mittelgroße Unternehmen arbeiten oft mit dreißig häufig wechselnden Banken. Damit verändert sich das Verhältnis zwischen Banken und ihren Kunden. Keine der vielen Banken ist über ihren Kreditnehmer so gut informiert, wie es die alte Hausbank war, keine fühlt sich aber auch verantwortlich. Treten Schwierigkeiten auf, dann werden Kredite gekündigt. So kann es zu Konkursen kommen, die vermeidbar gewesen wären. Fälle wie Bauknecht, Wienerwald, Pelikan wären beim guten alten Hausbankprinzip kaum vorgekommen.

Nicht nur das geringere Risiko, auch die niedrigeren Kosten sprechen für das Hausbankprinzip, neudeutsch „relationship-banking". Für die Betriebskosten einer Bank ist es ganz gleichgültig, ob sie einen Kredit von einer oder zehn Millionen Mark vergibt. Wenn also ein Unternehmen mit insgesamt zehn Millionen Mark Bankschulden zwanzig kreditgebende Banken hat, dann fallen die Kosten der Kreditwürdigkeitsprüfung und - überwachung zwanzigmal an. Dasselbe gilt für die Zahl der Buchungen. Mehr noch: Eine Hausbank kann in der Regel auf Sicherheiten verzichten. Sie machen bekanntlich die Kredite insgesamt nicht sicherer, sondern verändern nur den Rang der Gläubiger untereinander. Bei zwanzig Kreditgebern müssen zwanzigmal Sicherheiten bestellt und verwaltet werden, die bei einer einzigen Bank ganz überflüssig sind. Schließlich braucht das Unternehmen mit zwanzig Bankverbindungen ein aufwendiges Cash-Management, das sich bei nur einer Bankverbindung erübrigt.

Erstaunlich ist also, daß die ökonomische Logik in jeder Beziehung für das Hausbankprinzip, mehr noch das Exklusivbankprinzip spricht, daß aber die tatsächliche Entwicklung zum Einzelabschluß („deal-based banking") tendiert. An den Finanzmärkten funktioniert der Wettbewerb eben noch nicht besonders gut. Das hängt insbesondere mit der recht undurchsichtigen Preispolitik der Banken zusammen. Es gibt im Kreditgeschäft keine Preislisten. Die Bank versucht bei jedem Abschluß, die günstigst möglichen Konditionen herauszuholen. Der Kunde mit wenig Verhandlungsmacht und schlechten Informationen zahlt eben mehr als der gutinformierte. Die Unternehmen scheuen deshalb die Abhängigkeit von einer Bank mit Recht. Solange die Banken nicht vom Basarpreisprinzip abgehen, zahlen sie dafür mit dem Niedergang der Hausbankenfunktion.

Wenn aber der Markt funktionsfähiger, der Wettbewerb härter wird, dann setzt sich das wirtschaftlich überlegene Prinzip auch durch. Die Bank wird Vertragsgestaltungsformen entwikkeln, die dem Kunden schon heute die Sicherheit geben, daß er in Zukunft Kredit zu günstigen Konditionen bekommt - etwa durch Bindung an einen Referenzzins („Libor plus eins"). Sie wird die Kostenvorteile einer Exklusivverbindung teilweise an den Kunden weitergeben und so andere Banken unterbieten können. Sie wird das Vertrauen schaffen, daß dem Kunden aus der Abhängigkeit von einer Haus- oder gar Exklusivbank keine Nachteile entstehen. Schließlich begibt sich auch jedermann ohne Sorge in die Abhängigkeit von einem Elektrizitätswerk. Denkt man die Entwicklung zu Ende, dann wird die Bank zu einer Art ausgelagerter Finanzabteilung ihres Kunden. Das, was sie heute unter Selbstkosten zugibt, die Dienstleistung, wird zum wichtigsten Erlösträger. Die Zinsspanne wird zweitrangig. So kehrt das alte Hausbankprinzip in moderner Form zurück.

April 1987

Das Prinzip des Managerschutzes

Anlegerinteressen bei Aktien

Das jüngste Hauptgutachten der Monopolkommission hat wohl selbst Wettbewerbsexperten überrascht. Die Kommission befaßt sich sonst mit Einzelbereichen der Wirtschaft und der Wettbewerbsgesetzgebung. Dieses Mal widmet sich ein ganzes Kapitel dem Gesellschaftsrecht und dem Kapitalmarkt - ein Kapitel, das man in Lehrbüchern der Wettbewerbspolitik vergeblich sucht. Auch das Kartellgesetz befaßt sich nur mit der Konkurrenz auf Märkten für Waren und Leistungen. Die beiden anderen großen Märkte - für Arbeit und für Kapital - sind ausgespart.

Am Arbeitsmarkt gibt es bekanntlich anstelle eines Kartellverbots den Kartellzwang der Tarifverträge. Am Kapitalmarkt, genauer am Markt für Eigenkapital, gibt es zwar so viele Anbieter und Nachfrager, daß die Gefahr einer Kartellbildung verhältnismäßig gering ist. Dafür tritt ein anderes Problem auf. Der allergrößte Teil des Eigenkapitals ist unbeweglich, kann also vom Wettbewerb am Kapitalmarkt nicht in die jeweils günstigste Verwendung gelenkt werden. Mehr noch: Selbst ein Teil des neugebildeten Kapitals wird statt durch den Markt durch ökonomische Macht dirigiert.

Wer Aktien einer Gesellschaft einmal gezeichnet hat, der ist sein Geld für immer los. Er kann nicht kündigen. Das Aktienrecht verbietet die sogenannte Einlagenrückgewähr. Die Gesellschaften schütten nur einen Teil der Gewinne an die Anteilseigner aus, einen anderen Teil verwenden sie, um Rücklagen zu bilden. Insoweit sind sie nicht auf den Kapitalmarkt angewiesen, wenn sie zusätzliches Eigenkapital brauchen. Die Rücklagen, die bei den meisten Gesellschaften das eigentliche Grundkapital weit übersteigen, führen weiter dazu, daß die Aktienkurse selbst dann über den Nennwert steigen, wenn die einbehaltenen Gewinne nicht optimal investiert sind. Reicht nun die Gewinnansammlung nicht aus, um den Eigenkapitalbedarf zu decken, muß die Gesellschaft also den Kapitalmarkt in Anspruch nehmen, dann kann sie junge Aktien weit unter Börsenkurs emittieren. Eine solche Emission kann selbst dann nicht scheitern, wenn die Gesellschaft gar keine vernünftigen Investitionsmöglichkeiten hat.

Dafür gibt es genügend Beispiele. Eine Emission unter Börsenkurs schädigt natürlich die Altaktionäre. Sie erhalten zum Ausgleich des unmittelbaren Schadens Bezugsrechte. Aber das ändert nichts an einem möglichen mittelbaren Schaden: Die Verwaltung kann die Aktionäre auch dann zur Zuzahlung zwingen, wenn diese rentablere Anlagemöglichkeiten als die Gesellschaft hätten.

Das ist eine alte Geschichte, doch scheint sie ewig neu: Nicht die Interessen der Eigentümer, also der Aktionäre, zählen, sondern die der Manager. Der Bankier Carl Fürstenberg meinte, Aktionäre seien frech und dumm - dumm weil sie Aktien zeichnen, frech, weil sie dann auch noch Dividende wollen.

Walther Rathenau, Politiker, Manager und Literat, hat die Enteignung der Aktionare gerechtfertigt: Die Verwaltung solle nicht Eigentümerinteressen verfolgen, sondern die Interessen des Unternehmens an sich. Sein Büchlein „Vom Aktienwesen" hat nicht nur den Boden für das Aktiengesetz von 1937 geebnet, sondern war auch die intellektuelle Basis der Mitbestimmung. Das Aktiengesetz, von dem man gemeinhin sagt, es stünde unter dem Prinzip des Gläubigerschutzes, steht in Wahrheit unter dem Prinzip des Managerschutzes. Das Führerprinzip des Aktiengesetzes von 1937 sollte dann in der Reform von 1965 korrigiert werden. Die Idee der Aktionärsdemokratie hat sich aber als unpraktikabel erwiesen. Das neue Gesetz hat an den alten Realitäten wenig geändert.

In den USA ist es - weil die Gesetzgebung Bundesstaatensache ist - zu einem Wettbewerb der Aktienrechte gekommen, und auf diese Weise haben sich die Aktiengesetze mit dem besten Anlegerschutz durchgesetzt. An den großen Börsen werden fast nur Aktien von Gesellschaften gehandelt, die nach den strengen Bestimmungen von Kalifornien oder New York verfaßt sind. Das viel laschere Recht von Delaware spielt nur am Over-the Counter-Markt eine Rolle. Auch bei uns werden alle anderen Kapitalmarktgesetze - Kreditwesengesetz, Hypothekenbankgesetz, Investmentgesetz und andere - vom Gedanken des Anlegerschutzes beherrscht. Nur für das Aktiengesetz soll das nicht gelten.

Werden die Interessen der Aktionäre vernachlässigt, so kommt das am Markt in niedrigen Aktienkursen zum Ausdruck. Deshalb sind deutsche seit eh und je fundamental so billig, ist die Finanzierung über den Aktienmarkt also so teuer. Bisher funktioniert bei uns auch die Managerkontrolle über den Markt noch nicht. In Amerika wären niedrige Kurse ein Signal, das feindliche Übernahme provoziert. Geringe Marktwerte lassen dort die Vorstandssessel wackeln. Je weniger lohnende Ziele es in den USA gibt, um so wahrscheinlicher greift die Entwicklung auch auf die Bundesrepublik über - bei uns sind fast alle Gesellschaften Leckerbissen für Raider.

Da wäre es freilich einfacher und zweckmäßiger, den Anlegerschutz im Aktien- und Börsengesetz sicherer zu verankern. Das bedeutet Interessengleichrichtung von Vorstand, Aufsichtsrat und Aktionären, also gesetzliche Tantiemeregelungen, strengere Regeln für Kapitalerhöhungen, Zulassung der Kurspflege für eigene Aktien, Erweiterung der Kompetenzen der Hauptversammlung, Strafandrohung für Insider-Trading und anderes mehr.

Würde in Amerika die Vorstandstantieme erhöht, wenn gleichzeitig Gewinne und Aktienkurse gefallen sind, so wäre das ein landesweit publizierter Skandal. Bei uns ist das häufig genug und wird nicht einmal zur Kenntnis genommen.

Mai 1989

Die Macht der Banken

Unternehmensbeteiligungen von Kreditinstituten

Immer, wenn die Nation keine ernsthaften Sorgen plagen, taucht das Thema „Macht der Banken“ in der öffentlichen Diskussion auf. Es läßt sich über hundert Jahre lang zurückverfolgen, übertrifft damit das Ungeheuer von Loch Ness um ein Mehrfaches. Die Zählebigkeit hängt wohl damit zusammen, daß es so wenig konkret ist. Sind die Sorgen greifbar wie Typhusepidemien, Inflationen oder Unwetterkatastrophen, dann stirbt die Diskussion, wenn das Problem gelöst ist. Unter der Macht der Banken kann man sich Gruseliges vorstellen. Etwa: Industriemanager verführt Frau eines Bankiers. Bankier wirft Industriemanager hinaus und sorgt dafür, daß er keine neue Stelle mehr findet. Industriemanager lebt fortan arm, aber reinlich von Gelegenheitsarbeiten. Die Geschichte wird ähnlich von Theodore Dreiser in „Eine amerikanische Tragödie“ erzählt.

In diesem Sommer wurde das Thema von verschiedenen Seiten angestoßen, unter anderem vom Grafen Lambsdorff, bis dann die Monopolkommission einen schweren Stein ins Wasser warf. Die Deutsche Bank solle sich von ihrem Daimler-Benz-

Aktienpaket trennen, rieten die Gutachter aus Anlaß der Fusion von Daimler-Benz und Messerschmitt-Bölkow-Blohm. Damit wird der Faden da wieder aufgenommen, wo er Anfang der siebziger Jahre im Universalbankenstreit fallengelassen worden war. Die deutschen Banken betreiben bekanntlich sowohl das Kredit- wie das Wertpapier- und Beteiligungsgeschäft, während im Ausland in der Regel das Trennbankensystem gesetzlich verankert ist: Eine Bank, die Kreditgeschäft betreibt, darf nicht mit Wertpapieren handeln oder Beteiligungen erwerben.

Das hat historische Wurzeln. In Frankreich brach Anfang des 18. Jahrhunderts John Laws Banque Royale zusammen, über ein Jahrhundert später der Credit Mobilier der Gebrüder Pereire. Diese und andere Finanzskandale boten den Anlaß, das Beteiligungsgeschäft vom Einlagengeschäft zu trennen - die Sparer erschienen allzu gefährdet bei einer Bank, die das riskante Beteiligungs- und Gründungsgeschäft betrieb.

Der Grund für die Trennung der Sparten war also nicht die Furcht, Banken könnten zu mächtig werden, sondern der Einlegerschutz. In Deutschland verlief die historische Entwicklung anders. Im vorigen Jahrhundert wurden die meisten Industriegründungen von oder mit Hilfe der Banken betrieben. Die Institute brachten zunächst Eigenkapital auf in der Hoffnung, das Unternehmen später mit Gewinn an die Börse bringen zu können.

Das scheiterte manchmal, und die Bank blieb dann auf ihrer Beteiligung sitzen. Der deutsche Gesetzgeber hat für den Einlegerschutz einen anderen Weg als im Ausland beschritten: Er hat die Risiken, die eine Bank übernehmen darf, durch die Eigenkapitalausstattung begrenzt. Diese deutsche Lösung setzt sich auch in der EG durch - Banken dürfen nur so viele Risiken übernehmen, wie sie notfalls mit ihrem Eigenkapital auffangen können.

Die Macht der Banken hat in dieser Diskussion keine Rolle gespielt; und es ist denn auch schwer zu sehen, was sie denn schaden sollte. Besitzt eine Bank durch Beteiligung einen starken Einfluß auf ein Unternehmen, so hat sie alles Interesse daran, daß das Unternehmen gut und rentabel geführt wird. Das nützt dem Kleinaktionär, der seinen theoretischen Einfluß in der Praxis nicht nutzen kann. Bei Daimler-Benz hat Flick im Falle Hitzinger - bei BMW Quandt im Falle Hahnemann - Machtkämpfe im Vorstand zum Nutzen des Unternehmens und des Aktionärs schnell unterbunden. Bei Volkswagen ist das in den Fällen Leiding beziehungsweise Lotz und Thomae zum Schaden des Unternehmens nicht geschehen, ebensowenig bei der AEG.

Ein Großaktionär mit Einfluß ist für ein Unternehmen vorteilhaft. Fehlt er, so hat das Management die Macht. Und wenn es ganz unvermeidlich ist, daß irgend jemand Macht haben muß, dann ist nicht einzusehen, warum sie beim Spitzenmanager einer Bank besonders schlecht aufgehoben sein sollte. Einmal darf man unterstellen, daß der Bankier sachkundig ist, zum zweiten aber sind die Entscheidungen einer Großbank in viel höherem Maße der öffentlichen Kritik ausgesetzt, als das etwa bei Flick oder Quandt der Fall war.

Im Ausland wird inzwischen längst erkannt, daß das deutsche Universalbankensystem dem Trennbankensystem überlegen ist. Derzeit wird bei uns die Neuordnung des Insolvenzrechts diskutiert mit dem Ziel, die Reorganisation zu erleichtern, um die Zerschlagung zu vermeiden.

Dieses Bemühen wäre vergeblich, wenn man Beteiligungen von Banken untersagte - wie der Fall Klöckner gezeigt hat. Es wäre gerade umgekehrt angezeigt, Rahmenbedingungen zu schaffen, die es den Banken erlauben, die Rolle wieder zu spielen, die sie in den Gründerjahren hatten: Unternehmer mit Ideen, aber ohne Kapital zu finanzieren. Dann könnte der Staat auf Gründungshilfen wie beim Tou-Programm oder auf Subventionen wie beim Airbus verzichten. Die Sparkassen könnten für die regionale Wirtschaft weit fruchtbarer sein, wenn sie außer Kredit auch Eigenkapital geben könnten, das sie später am Ort wieder plazieren würden.

Die Begrenzung des Anteilbesitzes der Banken wäre ein Irrweg, der manche Chancen verbaut. Die einzig sachgerechte Grenze für Bankenbeteiligungen ist die Sicherheit der Einleger.

August 1989

Mutwillig kastriert

Die Renaissance der Aktie

Marktwirtschaft alleine bringt noch keinen Wohlstand hervor. Über Jahrtausende hinweg waren die Staatseingriffe in die Wirtschaft weit geringer, als sie es heute sind, ohne daß die Völker reich geworden wären. Erst die Bildung und Organisation von Vermögen ließen den modernen Kapitalismus entstehen, eine Wirtschaftsordnung, in der selbst noch die Armen ein Luxusleben führen, vergleicht man mit früheren Zeiten oder anderen Ländern. Im Zentrum der Kapitalorganisation stand die Aktiengesellschaft, eine Erfindung, die für die moderne Wirtschaft wohl von größerer Bedeutung war als die Dampfmaschine oder das Automobil.

Gleich am Anfang ihrer Geschichte gab es zwei Skandale, die Südseeblase in London und der Mississippi-Schwindel in Paris, beide im Jahre 1720. Dabei hat in England die Deckelung des Aktienwesens durch den Bubble Act die Wirtschaftsentwicklung des Landes wohl um Jahrzehnte verzögert. In Frankreich war der Aktien- auch ein Bankenskandal. Selbst das Wort „Banque“ geriet in Mißkredit. Charles Kindleberger, einer der besten Kenner der europäischen Wirtschaftsgeschichte, glaubt, daß der Mississippi-Schwindel Frankreich wirtschaftlich um ein Jahrhundert zurückgeworfen hat.

Als die Zeit der Aktiengesellschaft dann doch anbrach, erwies sie sich als unglaublich wirkungsvolles Instrument zur Organisation wirtschaftlicher Kräfte. Die britische ostindische Kompanie kolonisierte Indien, ein Land mit der mehrfachen Bevölkerung Britanniens, die holländische ostindische Kompanie kolonisierte gleichzeitig Indonesien. Amerika wurde nicht vom Staat, sondern von Aktiengesellschaften erschlossen. Die bauten Straßen, Kanäle, Eisenbahnen und nahmen dabei hohe Risiken auf sich. Der Suezkanal, der Panamakanal, die transsibirische Eisenbahn, die Bagdadbahn wurden durch Aktienemission finanziert. Aktiengesellschaften bauten und betrieben Häfen, Untergrundbahnen, Straßenbahnen, Stadtbeleuchtungen, Notenbanken, zoologische und botanische Gärten.

Der Erfolg hatte mehrere Ursachen. Erstens konnten die Aktiengesellschaften viele Kleinbeträge für ein großes Projekt bündeln. Zweitens konnten sie viel größere Risiken als Privatunternehmen eingehen. Der Anleger konnte auch bei bescheidenem Vermögen sein Risiko diversifizieren. Drittens schließlich wurden Eigentum und Management getrennt: Fähige Leute konnten Unternehmer werden, auch wenn sie kein eigenes Vermögen besaßen. Damit war die Aktie nicht nur eine bedeutende wirtschaftliche, sondern auch eine große soziale Erfindung. Auch der kleine Mann konnte sich am rentablen Produktionsvermögen beteiligen. Sein Einsatz war nicht groß, und er konnte sich darauf verlassen, daß sein Vermögen in seinem Interesse verwaltet wurde, auch wenn er weder genügend Zeit noch Sachkenntnis besaß, sich selbst um seine Anlagen zu kümmern.

Die ganze Herrlichkeit ist Geschichte. Die Zahl der Aktiengesellschaften ist seit 1913 auf einen Bruchteil zurückgegangen ebenso wie der durch Aktien verkörperte Teil des Volksvermögens. Neue Aktiengesellschaften werden kaum noch gegründet, allenfalls alte Unternehmen in die Form der AG gekleidet. Die Kapitalaufbringung über die Börse ist gänzlich unbeachtlich geworden, die Börse selbst ist heute eher ein Spielkasino als ein Instrument zur Kapitallenkung. Nach ihrer Logik ist die Aktie ein Instrument der Dekonzentration: Diversifikation im Unternehmen wird durch Diversifikation im Portefeuille des Anlegers ersetzt. Statt dessen ist die Aktie heute ein Konzentrationsinstrument.

Dabei wäre die Funktionsfähigkeit der Aktiengesellschaft heute noch wichtiger als im 19. Jahrhundert. Damals gab es einen dünnen Mittelstand, der Vermögen anzulegen hatte. Heute dagegen hat fast jedermann im Laufe seines Lebens Anlagebedarf. Unsere Zeit ist zudem schnellebiger. Der wissenschaftliche und technische Fortschritt haben sich beschleunigt. Entsprechend sollten auch mehr Risiken bewältigt werden. Paradoxerweise ist aber die Zahl der Haushalte, die in Aktien anlegen, nicht nur gering; sie wird auch immer kleiner. Verglichen mit dem 19. Jahrhundert werden heute selbst kümmerliche Risiken nur noch geschultert, wenn der Staat beisteht - Airbus, Transrapid, Mikroelektronik, Kernenergie.

Man hat die Aktiengesellschaft mutwillig kastriert. Nach ihrer wirtschaftlichen Logik ist sie eine Organisationsform, in der viele Kleine eine Chance gegen die Großen haben. Von der steuerlichen Logik dagegen eignet sich die Aktie nur als Anlageform für die Besserverdienenden. Wenn Risiken übernommen werden sollen, dann braucht man Risikokapital. Das aber wird mehrfach so hoch besteuert wie risikoarmes Fremdkapital. Vor allem aber kann sich der Anleger heute nicht mehr darauf verlassen, daß sein Vermögen auch in seinem Interesse verwaltet wird.

Hätten wir heute ein ebenso leistungsfähiges Aktienwesen wie bis zum Ersten Weltkrieg, wäre eine Fülle wirtschafts- und gesellschaftspolitischer Probleme, die uns heute plagen, gar nicht entstanden: Ballung des Produktivvermögens in immer weniger Händen, Umsetzung des technischen Fortschritts, Schaffung von Arbeitsplätzen, Konzentration, Belastung des Staates, besonders der Gemeinden, mit Aufgaben der Infrastruktur. Das Bundesforschungsministerium könnten wir schließen, die Förderung von Risikokapital einstellen, und um den Standort Deutschland brauchten wir uns keine Sorge zu machen. Woanders steht das Aktienwesen wahrscheinlich vor einer neuen Blüte: in China.

Juni 1994

Fundamentalismus

Dollar, Zinsen und Aktien

Der US-Dollar ist bei einem Konjunkturboom in Amerika gefallen. Der Kapitalmarktzins klettert, obgleich die Inflation zurückgeht. Die Aktienkurse sinken trotz immer deutlicherer Anzeichen für einen Aufschwung. Nach Meinung vieler Experten bewegen sich die Finanzmärkte gegen alle Fundamentalkräfte.

Normalerweise erwartet man, daß bei starkem Wirtschaftswachstum auch die Währung des betreffenden Landes steigt. Das hat aber nichts mit dem Aufschwung selbst zu tun, sondern damit, daß im Gefolge des Booms auch der kurzfristige Zins anzieht, daß also internationale Gelder in der betreffenden Währung angelegt werden. In Amerika hat aber das Federal Reserve Board den Geldmarktzins zu niedrig gehalten, um Auslandsgeld zu attrahieren. Mit dem Aufschwung kam es zu einem Importsog, also einem Leistungsbilanzdefizit, dem kein Zustrom kurzfristiger Gelder zur Finanzierung gegenübersteht. Der Dollar-Kurs ist deshalb gefallen - ganz in Übereinstimmung mit den Fundamentaldaten.

Der reale Kapitalmarktzins hängt vom Angebot an Ersparnissen und der Kapitalnachfrage ab. Da hat es seit den achtziger Jahren kräftige Verschiebungen gegeben. Erstens sind die Defizite in den öffentlichen Haushalten der Industrieländer erheblich gestiegen. In Amerika und Deutschland absorbiert der Staat inzwischen den größeren Teil der privaten Haushaltsersparnisse; die Überschüsse, die zeitweise in Japan und Großbritannien erzielt wurden, sind Defiziten gewichen. Bis 1990 gab es einen großen Kapitalimporteur, die USA, und zwei große Kapitalexporteure, Deutschland und Japan. Die Bundesrepublik hat die Seiten gewechselt: Aus einem Kapitalexport von über 100 Milliarden Mark (1989) wurde ein Import von rund 40 Milliarden Mark. Ein solcher Swing geht an den Weltkapitalmärkten nicht spurlos vorüber.

Ein weiterer Nachfragebrocken kommt hinzu. In den achtziger Jahren fielen die meisten Entwicklungsländer als Kapitalimporteure aus. Sie waren im Gefolge der Weltschuldenkrise nicht mehr kreditwürdig. Investitionen im Ostblock, China eingeschlossen, gab es ohnehin kaum. Nachdem die Schuldenkrise weitgehend überwunden ist und obendrein Südostasien, Lateinamerika und Teile des früheren Ostblocks gute Investitionsmöglichkeiten bieten, ziehen sie nun wieder einen merklichen und weiter steigenden Anteil der Weltersparnis auf sich.

Dem steht ein merkwürdiges, bisher ganz unerklärtes Phänomen gegenüber: In fast allen Industrieländern ist die gesamtwirtschaftliche Ersparnis (gemessen am Volkseinkommen) seit den siebziger Jahren im Trend und unter starken konjunkturellen Schwankungen zurückgegangen. Deutschland hatte im Jahre 1993 die geringste Kapitalbildung seit dem Zweiten Weltkrieg. Der gestiegenen Kapitalnachfrage steht also ein geringeres Kapitalangebot gegenüber. Diese Konstellation wurde von 1990 bis 1993 durch eine schwache Weltkonjunktur, also geringe private Investitionstätigkeit, überdeckt. Nun, im Aufschwung, wird die Kapitalknappheit sichtbar. Wir stehen vor einer Zeit hoher realer Kapitalmarktzinsen, und weil man kaum erwarten kann, daß die Inflationsrate unter das Niveau der achtziger Jahre fällt, bedeutet das auch hohe Nominalzinsen. Der Gipfel ist noch nicht erreicht.

Die Aktienkurse haben in den beiden vergangenen Jahren manche Rätsel aufgegeben. Zwar ist es nicht ungewöhnlich, daß die Aktienmärkte einen Aufschwung vorwegnehmen. Erstaunlich war freilich das Kursniveau, das dabei erreicht wurde. Im Frühjahr 1994 lag das durchschnittliche Kurs/Gewinn-Verhältnis - je nach den Gewinnschätzungen die zugrunde gelegt wurden - deutlich über 20. Das entspricht einer Gewinnrendite von vier bis fünf Prozent, also weniger als dem Kapitalmarktzins. Dem konnten eigentlich nur zwei Erwartungen zugrunde liegen: Erstens, daß der Kapitalmarktzins sinken und zweitens, daß die Gewinne kräftig steigen würden.

Beides war unrealistisch. Die Zinshoffnungen sind schon enttäuscht worden und werden wohl weiter enttäuscht. Die Gewinnquote am Volkseinkommen hatte im Jahr 1991 ein Maximum (die Lohnquote entsprechend ein Minimum) erreicht. Der Gewinneinbruch der Jahre 1992 und 1993 war verhältnismäßig milde. Also war schon von den volkswirtschaftlichen Daten kaum mit einem drastischen Gewinnsprung zu rechnen. Es kommt hinzu, daß die realen Haushaltseinkommen in diesem und voraussichtlich auch im nächsten Jahr sinken werden und daß die Arbeitslosigkeit steigt. Also ist auch nicht mit einem rasanten Aufschwung zu rechnen: Die größte Nachfragekomponente, der private Konsum, wird zumindest nicht zunehmen, eher abnehmen; der Aufschwung muß also alleine vom Export und der Investitionsnachfrage getragen werden.

Unter diesen Annahmen wären Aktien mit dem 15fachen Jahresgewinn (Basis 1994) schon reichlich bewertet - eine Marke, von der wir noch ein gutes Stück entfernt sind. Die Baisse der vergangenen Wochen erweist sich als Korrektur einer Übertreibung nach oben.

Überall war in der internationalen Fachpresse über Untersuchungen berichtet worden, nach denen sich Aktien in der Vergangenheit über lange Perioden besser rentiert hatten als Renten. Also haben alle Anlageberater ihren Kunden empfohlen, mehr Aktien ins Portefeuille zu nehmen. Damit hat sich die Prognose zunächst selbst erfüllt: Die Kurse stiegen. Auf der Kursbasis, die damit erreicht wurde, sind die Aussichten auf eine langfristig überlegene Performance eher schlecht: Die Prognose zerstört sich nun selbst.

Juli 1994

Flüchtige Beziehungen

Bankiers und Banker

Geraume Zeit bestritt Otto Graf Lambsdorff die Diskussion als Alleinunterhalter. Inzwischen gewinnt Lambsdorff immer mehr Mitstreiter. Das Ansehen der Banken hat bei Deutschlands Managern arg gelitten.

Dabei geht es allerdings nicht um Industriebeteiligungen oder Aufsichtsratssitze. Wo eine Bank einem Unternehmen, sei es über einen Anteil, sei es über ein Mandat im Aufsichtsrat, verbunden ist, da kann der Unternehmer ruhiger schlafen. Es geht um die Regenschirmpolitik: Kredit ist wie ein Regenschirm, der bei Sonnenschein verliehen wird, den man aber abgeben muß, sobald es anfängt zu regnen. Immer mehr Unternehmer fürchten, daß die Banken sie im Notfall im Regen stehenlassen.

Es ist schwer zu beurteilen, ob diese Furcht berechtigt ist. Fast jedes Unternehmen, das in Schwierigkeiten kommt, schiebt einen Teil der Schuld den Banken zu. In schwierigen Zeiten kommen eben viele Unternehmen unter Druck - also gibt es auch viele Klagen über die Banken.

Auf der anderen Seite ist in jüngerer Zeit ein überaus fragiles Finanzgebäude entstanden. Die Unternehmen sind erstens hochverschuldet. Das ist eine Konsequenz aus unserem Steuerrecht. Weil Eigenkapital erheblich höher besteuert wird als Fremdkapital, sind die Eigenkapitalquoten niedrig. Zu Zeiten, als die Besteuerung noch weniger diskriminierte als heute - bis zum Ersten Weltkrieg -, hatten Industrieunternehmen 80 bis 90 Prozent Eigenkapital, und selbst bei den Banken waren es 40 Prozent. Daraus sind 20 und 5 Prozent geworden. Das hat die Unternehmen krisenanfälliger gemacht. Eine Depression wie die Weltwirtschaftskrise könnten heute nur wenige Unternehmen überleben.

Labil wurde dieses Kreditsystem aber erst durch das sogenannte Transactional Banking. Mittlere und selbst kleine Unternehmen arbeiten mit mehreren oder gar vielen Banken zusammen, und sie wechseln ihre Kreditgeber häufiger, je nachdem wer gerade ein günstiges Angebot macht. Die Kreditgeber lassen Sicherheiten bestellen, und das müssen sie auch, wenn sie nicht im Falle einer Insolvenz mit leeren Händen dastehen wollen. Bei den meisten Pleiten reicht die Masse heute nicht mehr aus, um das Konkursverfahren überhaupt zu eröffnen.

Wenn nun ein Unternehmen mit beispielsweise 100 Millionen Mark Umsatz 15 kreditgebende Banken und weitere 30 Lieferanten mit Lieferkrediten hat, so weiß kein einziger Gläubiger wirklich noch gründlich über dieses Unternehmen Bescheid. Alle haben irgendwelche Sicherheiten oder Waren unter Eigentumsvorbehalt geliefert. Geht in dieser Lage ein nachteiliges Gerücht um, so erscheint es jedem Gläubiger ratsam, den Kredit vorsichtshalber zu kündigen oder nur noch gegen Vorkasse zu liefern. Das Unternehmen wird zahlungsunfähig, selbst wenn es dafür keinen vernünftigen Grund gibt.

Früher nannte man das einen Run. Er galt als typische Gefahr für Banken: Die Einleger sind über die Solvenz ihrer Bank schlecht informiert; sie rennen auf das kleinste Gerücht hin zum Bankschalter, um ihr Geld abzuheben. Heute ist der Run auf eine Bank nicht mehr vorstellbar; dafür berennen die Banken ihre Kreditnehmer. Dazu sind sie möglicherweise sogar gezwungen. Wenn der Run die Insolvenz erst auslöst, dann muß auch der mitrennen, der an das Gerücht nicht glaubt. Die altmodische Hausbank stand stets vor der Frage, ob sie einen Kunden, der in Schwierigkeiten war, mit weiteren Krediten stützen und damit möglicherweise retten sollte, oder ob der erste Verlust auch der beste sei. Ein Kreditgeber, der über genügend Sicherheiten verfügt, braucht diese Überlegung gar nicht erst anzustellen. Er kündigt den Kredit.

Es ist nicht leicht zu ergründen, warum sich solch ein labiles Kreditgebäude überhaupt entwickeln konnte. Das System ist nicht nur riskant, sondern auch ineffizient. Bei 30 Kreditgebern muß die Kreditwürdigkeit dreißigmal geprüft und überwacht werden. Die Bestellung von Sicherheiten bringt den Gläubigern insgesamt gar nichts. Sie bestimmt nur ihre Rangfolge im Falle des Konkurses. Dafür kostet sie viel Geld.

Die Versicherungswirtschaft hat für ein ähnliches Problem eine weit effizientere Organisationsform gefunden. Auch hier wird ein Großrisiko oft auf 100 Gesellschaften verteilt. Aber diese 100 Versicherer erscheinen nicht alle in den Räumen des Versicherungsnehmers, um das Brandrisiko abzuschätzen. Das tut nur der Erstversicherer, der im Innenverhältnis den größeren Teil des Risikos an einen Rückversicherer abtritt, der es seinerseits noch weiter streut. Eine „Rückbank" in Analogie zum Rückversicherer gibt es nicht, und ihr Gegenstück im Bankwesen, das Konsortium, ist ein überaus unbeholfenes Instrument.

Das Hausbankprinzip ist also dem Transactional Banking nicht nur aus Risikogründen, sondern auch wegen der viel niedrigeren Kosten überlegen. Das Großkreditrisiko einer Hausbank läßt sich eleganter lösen als durch die Multibankverbindung des Kreditnehmers.

Das Problem hat auch seine moralische Seite. Der Bankier war mehr als bloß Geschäftspartner. Er war Berater, und man erwartet von ihm, daß er seine Kunden eben nicht im Regen ohne Schirm stehenläßt. Aus diesem altmodischen Bankier ist der neumodische Banker geworden. An die Stelle der Ehe mit der Hausbank ist die Promiskuität flüchtiger Beziehungen getreten. Damit ging auch das Ethos der Treue verloren. Und wie man weiß, sind viele flüchtige Beziehungen viel gefährlicher als eine gute Ehe.

November 1994

No Futures?

Terminmärkte und Spekulation

Die Terminmärkte haben sich in den vergangenen Jahren geradezu explosiv entwickelt und dabei manche Opfer auf ihrem Höhenflug zurückgelassen. Allein in Deutschland haben das Bankhaus Herstatt, die WestLB, das Volkswagenwerk, Klöckner & Co., die Metallgesellschaft, die Colonia, die Gothaer und die Hannover Rück hohe Verluste erlitten. Nun hat es eines der ältesten Bankhäuser der Welt, Barings plc, erwischt.

Das ist ein Schock für die Fachwelt. Man hatte allgemein angenommen, gerade die Banken hätten inzwischen leistungsfähige Kontrollsysteme entwickelt, um die Risiken in Schach zu halten. Der Fall Barings ist aber nur erklärbar, wenn ein solches System entweder fehlte oder die Geschäftsleitung die Risiken sehenden Auges in Kauf genommen hat.

Internationale Gremien wie die Group of Thirty oder die Bank für internationalen Zahlungsausgleich fürchten den sogenannten Domino-Effekt: Ein großer Teilnehmer am Handel mit Derivaten verspekuliert sich, bricht zusammen, kann seinerseits seine Verpflichtungen nicht mehr erfüllen und reißt andere Unternehmen mit in den Strudel. Dafür war die Bankengruppe Barings zu klein. Hätte es sich jedoch um einen großen Mitspieler im Geschäft gehandelt, so hätte die Bank von England oder eine andere Zentralbank eingreifen müssen, um eine Bankenkrise zu vermeiden.

Terminkontrakte und Derivate sind im Prinzip nichts anderes als Wetten (und konnten deshalb in Deutschland lange Zeit nicht rechtswirksam abgeschlossen werden). Der Terminverkäufer einer Aktie oder eines Aktienindex wettet darauf, daß der Kurs sinkt; der Käufer wettet, daß er steigt. Geliefert wird auf Terminmärkten fast nie; ein Käufer von Aktien, Schweinebäuchen, Sojaschrot oder Kammzügen braucht nicht zu befürchten, daß ihm am Verfalltag auch Sojaschrot oder Schweinebäuche geliefert werden. Es wird lediglich die Differenz zwischen Kontraktpreis und Tagespreis ausgeglichen; manche Handelsobjekte sind sogar synthetisch, es gibt sie also in der Realität nicht. So etwa kann der Dax-Future oder der Bund-Future nicht geliefert werden, es handelt sich um Rechengrößen. Allein daran läßt sich erkennen, daß es nicht um Handelsgeschäfte, sondern um Wetten geht.

Und doch ist es nicht die Spielleidenschaft, die diese Märkte so groß gemacht hat, sondern der Bedarf an Risikoabsicherung. Bei stark schwankendem Dollar-Kurs kann ein Unternehmen an einer hohen Dollar-Schuld zugrunde gehen, und bei Zinsen, Aktienkursen oder Warenpreisen kann es ähnlich sein. Kauft es Dollar per Termin, also wenn die Schuld fällig wird, steht dem Verlust aus der Kurssteigerung des Dollar ein gleichgroßer Gewinn aus dem Termingeschäft gegenüber. Das Kursrisiko ist verschwunden. Aber unglücklicherweise kann jedes Instrument, daß sich zur Risikoabsicherung eignet, auch zur Spekulation verwandt werden.

Wenn wir also aus dem Geschäftsbericht erfahren, das Engagement der Deutschen Bank in Derivaten betrage ein Mehrfaches der Bilanzsumme, so kann man dieser Angabe nicht entnehmen, ob es sich um eine sichere, sogenannte geschlossene Position handelt oder aber um ein hochspekulatives Engagement. Der Gesetzgeber hat zwar im Grundsatz Ia des Kreditwesengesetzes der Übernahme von Risiken durch Banken Grenzen gesetzt. Im Ernstfall könnte jedoch das Bundesaufsichtsamt gar nicht schnell genug prüfen, ob der Grundsatz auch eingehalten wird. Es kommt hinzu, daß die Risiken bei einfachen Termingeschäften - Futures oder Forwards - verhältnismäßig leicht zu erfassen sind, daß es aber bei komplizierteren, wie Swaps, Options oder Swaptions schon sehr schwieriger mathematischer Modelle und deren Umsetzung in Rechnerprogramme bedarf.

Ein Bankier der alten Schule hat nicht die Ausbildung für den Umgang mit diesen Risiken genossen, er muß sich in die Hände von jungen, gescheiten Mathematikern begeben und denen vertrauen. Es mag also sein, daß Peter Baring wochenlang auf einem Vulkan gesessen hat, ohne daß er merkte, daß sein Hosenboden heiß wurde.

Wie kompliziert die Zusammenhänge sind, zeigte sich an zwei deutschen Fällen. Vor einigen Jahren hieß es, die Lufthansa habe Hunderte von Millionen aus einer Dollar-Spekulation verloren. Wenig später meldeten sich andere Fachleute mit der Behauptung, die Lufthansa habe zwar in Dollar spekuliert, aber daran nicht etwa große Summen verloren, sondern gerade umgekehrt große Summen verdient. Und schließlich ließ sich die Lufthansa selbst hören: Sie habe überhaupt nicht in Dollar spekuliert, also weder Verlust erlitten noch Gewinn erzielt. Allen Deutungen lag wohlgemerkt derselbe Sachverhalt zugrunde, nur seine Bewertung war verschieden. Der zweite Fall ist noch nicht ausgestanden: die Metallgesellschaft. Da gibt es bis heute hochrenommierte Fachleute, die zu dem Ergebnis kommen, die Gesellschaft habe eine vorsichtige und kluge Geschäftspolitik betrieben, während andere von Exzessen der Spekulation reden.

Termingeschäfte und Derivate sind in unserer Zeit extremer Volatilität an Devisen-, Zins-, Aktien- und Warenmärkten unverzichtbar. Heute geht es darum, die Kontrollsysteme zu verbessern, durch die den Risiken Grenzen gesetzt werden.

Dabei kommt einem freilich ein ketzerischer Gedanke: Wir häufen immer mehr feuergefährliches Material an und sorgen uns darum, ob im Ernstfall die Feuerwehr auch schnell genug da ist. Wäre es da nicht weiser, die Gefahren von vornherein geringer zu halten, also die Finanzmärkte so zu ordnen, daß die exzessive Volatilität, die Ursache aller Risiken, erst gar nicht entsteht.

März 1995

Lahmer EMU

Über die Europawährung

Die Europäische Gemeinschaft will sich eine einheitliche Währung - abgekürzt EMU (European Monetary Unit) - geben. Das ist eine Chance, die wohl ein Jahrhundert lang nicht wiederkehren wird: Die Chance, ein wirklich gutes Geld zu schaffen. Heutzutage gilt die Deutsche Mark als gute Währung. Tatsächlich ist sie allenfalls der Einäugige unter den Blinden. Die Mark hat seit ihrer Einführung zwei Drittel ihres Werts verloren. Dagegen herrschte zu Beginn des Ersten Weltkriegs in Europa das gleiche Preisniveau wie zum Ende der Napoleonischen Kriege.

In den heutigen Währungen kommen langfristige Verträge überhaupt nicht mehr zustande. Scheidungs- oder Altenteilverträge werden indexiert. Die gesetzliche Rentenversicherung gibt Rentenzusagen ab, die auf eine Kunstwährung lauten, die „Allgemeine Bemessungsbasis“. Sogar die Mitglieder unseres Zentralbankrats würden es für eine Zumutung halten, würde man ihre Renten in festen Mark-Beträgen festlegen. Ein langfristiger Zins existiert nicht mehr. Und weil es ihn in Amerika noch lange gab, ohne daß man seine Risiken erkannt hätte, die Savings and Loan Associations, fast vollständig zusammengebrochen.

Im 19. Jahrhundert nannte man einen Zins nur dann langfristig, wenn er über mehr als 20 Jahre vereinbart war. Die bevorzugte Anlage zur Alterssicherung waren ewige Renten, die zu einem Zins von 3,5 bis 4,0 Prozent emittiert wurden. Das Geld des 19. Jahrhunderts war international. Man konnte Reichsmarkmünzen in London in Pfundmünzen umschmelzen lassen. Es existierten weder Kapitalverkehrskontrollen noch Devisenbewirtschaftung. Zahlungsbilanzkrisen waren unbekannt.

Die Goldwährung war freilich nicht optimal. Man mußte unter großen Kosten Gold aus tiefen Löchern in Südafrika ausgraben, um es dann in anderen tiefen Löchern, den Kellern der Zentralbanken, wieder zu begraben. Das Preisniveau hing von den Zufälligkeiten der Edelmetallfunde ab.

Vom Standpunkt der Theorie ist überdies nicht ein Geld optimal, in dem gemessen das Preisniveau konstant ist, sondern eines, in dem das Preisniveau mit zunehmender Produktivität sinkt. Aus dieser Sicht wäre die „Allgemeine Bemessungsbasis" unserer Rentenversicherung ideal, würde man sie als Geld und nicht nur als Recheneinheit benutzen.

Das Gold war zwar als Instrument zur Verankerung des Geldes in der Welt der realen Dinge nur unzureichend geeignet. Als man aber glaubte, auf einen solchen Anker ganz verzichten zu können, endete das zwischen den Weltkriegen in Hyperinflationen, in der Weltwirtschaftskrise und später in der Devisenzwangswirtschaft.

Mit dem System fester Wechselkurse wurde nach dem Zweiten Weltkrieg wieder ein Anker geschaffen. Alle Notenbanken mußten in Dollar zahlen, und das Federal Reserve System mußte Schulden in Gold begleichen. Das dauerte so lange, bis sich die Amerikaner unter der poetischen Bezeichnung „Schließung des Goldfensters“ für zahlungsunfähig erklärten.

Die folgende kurze Periode eines frei manipulierten Papiergeldes - etwa von 1973 bis 1979 - hat schlechte Ergebnisse gebracht. Der spätere Versuch, dem Geldsystem dadurch wieder ein Korsett anzulegen, daß man die Geldmenge steuerte, ist noch schneller gescheitert. Heutzutage wissen wir weder, was eigentlich die Geldmenge ist, noch wie man sie steuern soll, noch welche Wirkungen es hätte, wenn man sie steuern könnte. Das jährlich verkündete Geldmengenziel der Deutschen Bundesbank ist nicht viel mehr als ein Propagandainstrument zu dem Zweck, Vertrauen im Publikum zu schaffen und die Gewerkschaften von überhöhten Lohnforderungen abzuhalten. Die vernünftigste Verankerung des Geldes wäre wohl ein festes Verhältnis von Geldwerten zu Sachwerten, mit der Folgerung, daß die Zentralbank nicht den kurzfristigen Zins, sondern das Aktienkursniveau regulieren müßte.

Das ganze Instrumentarium unserer Notenbanken stammt überwiegend aus der Zeit der Goldwährung. Die Regulierung über Diskontsatz und Lombardsatz, das Verbot von Einlagezinsen der Notenbank oder die Abstinenz am Renten- und Aktienmarkt machen unter den heutigen Bedingungen wenig Sinn, die Mindestreserven sind nicht nur sinnlos, sie sind schädlich. Der höchste geldpolitische Ehrgeiz scheint heute darin zu bestehen, eine Europawährung zu schaffen, die nicht noch schlechter ist als die Deutsche Mark. Die Jahrhundertchance für ein wirklich gutes Geld, für eine Modernisierung des Trödelladens unserer Notenbankverfassungen, wird noch nicht einmal wahrgenommen. Der EMU steckt seinen Kopf in den Sand.

Juni 1990

Völkerfamilie

Der Vertrag von Maastricht

In der Öffentlichkeit wird gejammert, die Bundesrepublik habe im Vertrag von Maastricht die Deutsche Mark einer Europawährung geopfert, ohne daß substantielle Fortschritte bei der politischen Union erzielt worden seien. Verquere Logik: Die Währungsunion ist ein Vorteil auch für Deutschland, während die politische Union uns teuer zu stehen käme. Wenn der Vertrag von Maastricht aus deutscher Sicht zu tadeln ist, dann deshalb, weil er gefährliche Ansätze zu einer politischen Union enthält.

Die Europäische Gemeinschaft ist bisher ein Verbund von Ländern zu gegenseitigem Vorteil. Sie ist gewissermaßen eine offene Handelsgesellschaft - die Partner haben sich zu gemeinsamem Handeln entschlossen, weil jeder davon profitiert. Die deutsche Wiedervereinigung führte zu einem Verbund ganz anderer Art. Seine Zentralidee ist das Teilen des Erreichten. Deutschland als Verbund ist keine OHG, sondern eine Familie: Zwar wird die Vereinigung wohl auf Dauer für alle von Vorteil sein, aber zunächst einmal müssen die einen für die anderen zahlen.

Würden wir das Prinzip der deutschen Einigung auf Europa übertragen, also aus der offenen Handelsgesellschaft eine Familie machen, dann müßten die Deutschen zahlen; die Spanier, Portugiesen, Griechen, Iren, Süditaliener und selbst die Briten würden unterstützt. Wäre die Herstellung einheitlicher Lebensverhältnisse das Ziel, dann wäre das für Deutschland insgesamt viel teurer, als es die West-Ost-Transfers innerhalb Deutschland - 1992 rund 180 Milliarden Mark - heute sind.

Das Gefährliche am Vertrag von Maastricht ist die Tatsache, daß die Umverteilung zwischen reicheren und ärmeren Ländern in Form des Kohäsionsfonds erstmals offiziell etabliert wird. Bisher gab es nur den Strukturfonds. Er entstand, weil Großbritannien, obgleich sein Einkommen unter dem EG-Durchschnitt lag, zum Nettozahler geworden war. Margaret Thatcher wollte ihr Geld zurück. Demgegenüber haben Spanien, Portugal und Griechenland, obwohl schon bisher Nettoempfänger von EG-Geldern, nun das Prinzip durchgesetzt, daß die reicheren an die ärmeren Länder zahlen. Sollte es zu einer politischen Union, also einem Staatenbund oder Bundesstaat kommen, dann wären für Deutschland schwere Finanzlasten zu erwarten. Wir haben keinen Grund, eine politische Union zu wünschen, allen Grund, sie zu verhindern. Die Währungsunion dagegen bedeutet weder für Deutschland noch für die Partnerstaaten ein Opfer. Die Deutsche Mark war zwar unter den beteiligten Währungen bisher die beste. Sie war aber nicht gut. Seit 1948 hat sie über zwei Drittel ihres Wertes verloren. Im Vertrag von Maastricht wird das Europäische Zentralbanksystem (EZBS) viel eindeutiger auf das Ziel der Geldwertstabilität verpflichtet, und die Unabhängigkeit der Gouverneure ist besser gesichert als im Falle der Deutschen Bundesbank.

Noch wichtiger als die Unabhängigkeit von politischen Eingriffen ist Unabhängigkeit von den Tarifpartnern. Den Phasen hoher Inflationsraten Anfang der siebziger und Anfang der achtziger Jahre waren übermäßige Tarifabschlüsse vorausgegangen. In beiden Fällen hat die Bundesbank nicht gewagt den Geldwert konsequent stabil zu halten, aus Furcht vor einer schweren Krise. Umgekehrt hatten auch die Tarifpartner darauf spekuliert, die Bundesbank werde schon nachgeben. Weil es nun auf Jahrzehnte hinaus noch keine europaweiten Tarifverhandlungen geben wird, so kann das EZBS auch nicht von nationalen Abschlüssen unter Druck gesetzt werden. Die Tarifpartner werden die Geldpolitik als ein Datum hinnehmen, das sie nicht ändern können.

Roland Vaubel hat in der „Frankfurter Allgemeinen Zeitung" argumentiert, die Zentralbankgouverneure würden, gerade weil sie unabhängig sind, so handeln, daß sie zu möglichst großem Ansehen in ihren Heimatländern gelangen. Weil nun Portugiesen, Griechen oder Italiener auf Geldwertstabilität weniger Wert legen als die Deutschen, so werde auch die Europawährung weniger stabil als die Mark. Dieser Logik kann man folgen, aber die Tatsachenbehauptung ist falsch. Auch die Griechen, Spanier, Portugiesen schätzen stabiles Geld höher als inflatorisches. Die Regierungen konnten es ihnen nur nicht liefern. Gerade weil die Notenbankiers Ansehen in ihren Heimatländern gewinnen wollen, werden sie das Geld stabil halten. Peter Gauweilers abwertende Bezeichnung „Esperanto-Geld" war zwar publikumswirksam, verrät aber doch nur, wie wenig Einser-Juristen vom Geldwesen verstehen. Das Elend des Geldwesens begann, als das transnationale Geld nach dem Ersten Weltkrieg durch nationales Geld ersetzt wurde. *April 1992*

Nirwana-Ökonomie

Wissenschaft und Währungsunion

Es wurde schon in der Presse angekündigt, daß es demnächst eine Initiative deutscher Professoren gegen die europäische Währungsunion geben werde, die von Renate Ohr und Wolf Schäfer organisiert wird. Liest man den Text des Resolutionsentwurfs, so ist man zunächst irritiert, weil seine theoretische Basis nicht auszumachen ist.

In den siebziger Jahren stand die Geldpolitik hoch im Kurs. Die Inflation galt als ein Schmiermittel der Wirtschaft, mit der man Arbeitslosigkeit bekämpfen und das Wachstum beschleunigen könnte. Die Abwertung wurde als Instrument angesehen, um die Sünden der Lohnpolitik zu heilen. Diese keynesianische Theorie ist an der Erfahrung gescheitert. Heute ist man der Meinung, daß das beste Geld stabiles Geld sei. Beim ersten Anlauf zu einer europäischen Währungsunion, dem Werner-Plan, herrschte noch die keynesianische Theorie. Folgerichtig wurde damals gefordert, daß erst die Inflationsraten, die Staatsverschuldung, die Arbeitslosigkeit und das Wachstum harmonisiert werden müßten, bevor eine Währungsunion möglich sei. Wenn die Geldpolitik ein so wichtiges Werkzeug nationaler Wirtschaftssteuerung ist, dann kann sie nur dann vergemeinschaftet werden, wenn die Voraussetzungen in allen Ländern gleich sind. Das war die Krönungstheorie seligen Angedenkens: Erst wenn alles harmonisiert ist, kann eine Währungsunion den Abschluß bilden.

Nach heutiger Theorie dagegen ist die Konvergenz der Nationalwirtschaften von untergeordneter Bedeutung. Für eine Währungsunion kommt es nicht darauf an, daß die Arbeitslosigkeit gleich ist, weil man sie ohnehin nicht mit geldpolitischen Mittel bekämpfen kann. Das Wachstum kann weit divergieren; der Staatsanteil und das Staatsdefizit brauchen nicht gleich zu sein, und die Harmonisierung der Inflation ist die Folge, nicht Voraussetzung einer Währungsunion. In den Punkten 2, 3 und 9 des Resolutionsentwurfs wird die Krönungstheorie noch rigoroser als im Werner-Plan vertreten. In den Punkten 7 und 8 wird behauptet, es müsse in den schwächeren Ländern zu Arbeitslosigkeit kommen, und deshalb gäbe es einen erhöhten Transferbedarf. Das ist Keynesianismus reinsten Wassers. In den Punkten 3, 4 und 5 wird dann freilich Preisstabilität als oberstes Ziel der Geldpolitik festgehalten. Auf irgendeine Theoriebasis hätten sich die Autoren schon einigen sollen: Wenn die Manipulation des Geldwertes ein ungeeignetes Mittel der Wirtschaftspolitik ist, dann fällt auch die Krönungstheorie unter den Tisch, dann braucht man auch kein Mitgliedsland dafür zu entschädigen, daß es dieses Werkzeug nicht mehr benutzen kann. Wenn aber Geldpolitik zur Konjunktursteuerung notwendig ist, dann kann man nicht im selben Atemzug absolute Geldwertstabilität fordern.

Im Punkt 5 wird behauptet, eine europäische Zentralbank werde keine Stabilitätspolitik betreiben und betreiben wollen. Nun ist im Vertrag von Maastricht die Stabilitätsverpflichtung viel eindeutiger vorgegeben als im Bundesbankgesetz, und die Gouverneure sind viel besser gegen staatliche Pressionen geschützt als die Mitglieder unseres Zentralbankrats. Wer die Gouverneure der europäischen Zentralbank sein werden, weiß man noch nicht. Also kann man sie auch vorab verdächtigen, gegen ihre Pläne zu handeln, ohne sich eine Verleumdungsklage zuzuziehen.

In Punkt 3 wird absolute Preisstabilität über eine längere Zeit in allen Mitgliedsländern als Vorbedingung für eine Währungsunion gefordert. Die Deutsche Mark als eine der solidesten Währungen der Welt ist seit 1948 nur in ganz wenigen Jahren absolut stabil geblieben. Mit einer derartigen Forderung begeben sich die Autoren ins ökonomische Nirwana. In Punkt 7 wird behauptet, die schwächeren Partnerländer würden in einer Währungsunion einem verschärften Konkurrenzdruck ausgesetzt. Wie das? Die Konkurrenz wächst in allen Ländern mit der Abschaffung der Zölle und der Vollendung des Binnenmarktes. Das ist gerade der Sinn der Gemeinschaft. Die Währungsunion fügt noch einige Promille ersparter Geldwechselkosten hinzu. Und die sollen den Konkurrenzdruck auslösen?

Wegen der verschärften Konkurrenz kommt es in Punkt 8 zu einem stark steigenden Transferbedarf. Das ist ein ökonomischer Purzelbaum: Weil wir den Griechen leistungsfähige Maschinen und Pharmazeutika liefern, müssen wir ihnen obendrein auch noch Geld zahlen.

In Punkt 10 schließlich ist von einer „überhasteten Einführung der Europäischen Währungsunion“ die Rede. Das Datum für die Einführung der Europawährung ist 1999. Vielleicht sollte man es auf 2040 oder gar auf den Sankt-Nimmerleins-Tag verschieben.

Juni 1992

Völker haben Interessen

Der europäische Bundesstaat

Die Verhandlungen der Efta-Länder über den Beitritt zur Europäischen Gemeinschaft sind viel schneller vorangekommen, als man aus früheren Erfahrungen kennt. Ganz im Gegensatz dazu wurde der Beitrittswunsch der Türkei vorläufig abgewimmelt, und das Interesse der CSFR, Polens und Ungarns auf eine so lange Bank geschoben, daß man deren Ende kaum noch sehen kann. Dafür gibt es natürlich ehrbar klingende Gründe; in Wahrheit geht es um klingende Münze.

Nach den Regeln der EG wären die wohlhabenden Efta-Länder Nettozahler in den Topf der Gemeinschaft, die Türkei, Polen, Ungarn und die CSFR dagegen Nettoempfänger. Im Falle der Efta-Länder war der Eintrittspreis auch schon ausgehandelt: vier Milliarden Mark bis 1997. Nachdem die Schweizer bereits den europäischen Wirtschaftsraum - Vorstufe zur EG - abgelehnt haben, wird jetzt in aller Unverschämtheit gefordert, die restlichen Efta-Länder müßten den Schweizer Anteil von rund 25 Prozent zusätzlich übernehmen. Legen wir also all die hehren Sprüche vom gemeinsamen Haus Europa, von Einheit und Vielfalt europäischer Kultur, von Freundschaft und Gemeinschaft beiseite: Es geht ums Geld.

Wer den Sinn für die Realitäten bewahrt hat, der kann darüber nur beruhigt sein, Ideale und Leidenschaften sind flüchtig und wandelbar; Interessen lassen sich kalkulieren. Charles de Gaulle hat seinen Nachfolgern ein Vermächtnis hinterlassen, das alle gewahrt haben: Völker haben keine Freunde; Völker haben Interessen.

Im Europa der Römischen Verträge und auch noch der einheitlichen europäischen Akte lagen diese Interessen freilich noch anders. Dieses Europa war lediglich ein Wirtschaftsraum offener Grenzen für Waren, Dienstleistungen, Kapital und Menschen, eine Gemeinschaft auf Gegenseitigkeit. Von diesem Europa profitierten arme Länder ebenso wie reiche. Die Interessenlagen sind erst mit dem Vertrag von Maastricht gekippt. Bis dahin galt das Prinzip, daß jedes Land seine Entwicklung selbst zu verantworten habe. Eine Einkommensverteilung zwischen armen und reichen Ländern war nicht vorgesehen. Zwar zahlten einzelne Länder mehr in die Gemeinschaftskasse ein, als sie zurückbekamen. Das war aber im wesentlichen eine unbeabsichtigte Nebenfolge der gemeinsamen Agrarpolitik.

In Maastricht wurde ein neuen Prinzip etabliert: Die Gemeinschaft wird explizit auf das Ziel verpflichtet, die Lebensbedingungen in den Mitgliedsländern anzugleichen. Brüssel erhält im Rahmen der Sozialunion die Kompetenz, Arbeitsbedingungen und Sozialgesetze europaeinheitlich festzulegen. Darüber hinaus wird mit dem sogenannten Kohäsionsfonds ein Instrument zur Umverteilung zwischen reichen und armen Ländern geschaffen. Dieser Fonds ist zunächst nur bescheiden dotiert. Nachdem aber das Umverteilungsprinzip einmal anerkannt ist, wird sich das wohl rasch ändern. Erst dadurch wird der Beitritt eines reichen Landes ein Vorteil für die Altmitglieder der Gemeinschaft, der Beitritt eines armen Landes gerät zum Nachteil. Seitdem ist die Tür für die armen Länder Osteuropas zugeschlagen, während das reiche Schweden willkommen ist.

Für Deutschland ist die Entwicklung Europas vom Staatenbund zum Bundesstaat gefährlich. Das Debakel der deutschen Wiedervereinigung könnte sich wiederholen. Blättern wir zurück: Mit dem Beitritt der neuen Bundesländer wurde auch die Sozial- und Steuergesetzgebung auf den Osten übertragen. Die Tarifpartner verfolgten eine Politik der Lohnangleichung, weil in einem Bundesstaat auch gleiche Lebensverhältnisse hergestellt werden sollen. Weil aber die Produktivität in den neuen Bundesländern nicht ausreicht, solche Löhne und Sozialleistungen zu erwirtschaften, ist die Industrie zusammengebrochen. Daraus ergibt sich für 1993 ein Transferbedarf von West nach Ost in der Größenordnung von 200 Milliarden Mark.

Wenn es in den ärmeren Ländern der Gemeinschaft zu einer ähnlichen Entwicklung wie in den neuen Bundesländern kommt, dann werden sie unter Berufung auf den Vertrag von Maastricht fordern, daß die anderen Mitgliedsländer ihnen finanziell beispringen. Die Lasten, die daraus auf Deutschland zukommen könnten, sind unabsehbar. Natürlich braucht es so schlimm nicht zu kommen. Aber selbst wenn sich das Fehlverhalten der deutschen Wiedervereinigung in Europa nicht wiederholt, so müssen wir doch mit stark steigenden Zahlungen nach Brüssel rechnen.

Deutschland war schon bisher mit weitem Abstand der größte Nettozahler für die Gemeinschaft. Daran hat sich merkwürdigerweise auch durch die deutsche Wiedervereinigung nichts geändert, obwohl ganz Deutschland nun nicht mehr zu den reichen Ländern der Gemeinschaft zählt. Um so merkwürdiger ist es, daß ausgerechnet die deutsche Regierung die Gemeinschaft auf den Weg vom Staatenbund zum Bundesstaat drängt. Das kann nicht in unserem Interesse sein.

Das, was die Deutschen für unsere Partner so unheimlich macht, ist die Beobachtung, daß wir offenbar bereit sind, unsere Interessen einer Idee zu opfern. Die Deutschen, die sich in Maastricht und Edinburgh so vehement für die europäische Idee einsetzten, sollten sich nicht scheuen, ihre Interessenlage zu präzisieren. Wir brauchen die Einbindung in Europa, wir brauchen den Binnenmarkt und wir profitieren - am Ende eines wirtschaftlichen Harmonisierungsprozesses - auch von der Währungsunion. Der Nutzen einer großen Umverteilung ist dagegen nicht erkennbar. Wie gesagt: Interessen sind kalkulierbar, Ideale sind es nicht. Jeder einzelne von uns hat Freunde; Deutschland aber hat Interessen.

Dezember 1992

Ein doppeltes Finanzsystem

Über den Finanzsektor

Die „Macht der Banken" ist ein politisches Dauerthema, das aber eigentlich nur dann hochkocht, wenn die Nation keine ernsthaften Sorgen hat. Im letzten Jahrzehnt war das anders: Da hatte die Nation zwar Sorgen, merkte es aber nicht, weil die Herren Blüm, Geißler, Dressler, Ruland die Zukunft mit rosaroten Vorhängen zugedeckt haben.

Dabei hat sich unter der zunächst etwas fremdartigen Bezeichnung „Disintermediation" - mehr im Ausland als in Deutschland - längst ein zweites Finanzsystem außerhalb der Banken entwickelt. Die Konzernzentralen sind selbst zu Banken geworden. Sie nehmen keine Einlagen entgegen, sondern finanzieren sich unmittelbar an den Kapitalmärkten, und die Banken treten nur noch als Anleger auf. Die Fakten sind bekannt. Anders ist es mit der betriebswirtschaftlichen Deutung. Wenn es, wie die Theorie behauptet, keine Finanzsynergie gäbe, wäre die Entwicklung bedeutungslos. Sie ist es aber nicht. Man hat die Transaktionskosten vergessen.

Es geht um zwei konkurrierende Systeme, nämlich die Kapitallenkung an Unternehmen über Banken oder - innerbetrieblich - über Konzernzentralen. Das zweite System gewinnt ständig an Bedeutung, was darauf hindeutet, daß es leistungsfähiger ist. Damit gewinnt das Thema Bankregulierung einen anderen Aspekt. Je stärker wir die Banken an die Kandare nehmen, um so mehr begünstigen wir das System der innerbetrieblichen Kapitallenkung.

Daß dieses System Vorteile hat, liegt auf der Hand: Eine Konzernzentrale gibt Finanzmittel an ihre angeschlossenen Betriebe im Prinzip als Eigenkapital. Dieses Kapital wird an der Konzernspitze nach seinen Risiken in Eigenkapital, Fremdkapital und andere Partizipationsformen aufgeteilt. Damit leistet die Konzernzentrale bereits ein höheres Maß an Finanztransformation als die Banken. Die Banken geben nämlich nur Kredite, wobei die Kreditvergabe sehr teuer organisiert ist. Wenn ein Unternehmen zehn oder mehr Kreditgeber hat, dann muß nicht nur die Kreditwürdigkeit in allen Fällen unabhängig voneinander geprüft werden. Jeder Kapitalgeber muß sich auch gegenüber allen anderen sichern, damit er im Falle des Konkurses nicht leer ausgeht. Die Bestellung und Verwaltung von Kreditsicherheiten ist aufwendig. Das alles spart sich eine Konzernzentrale.

Man darf also mit geringem Risiko voraussagen, daß das zweite Finanzsystem immer stärker auf Kosten des ersten gewinnen wird. Die wirtschaftspolitische Frage ist nur, ob das unserer Wirtschaftsordnung zuträglich ist oder nicht. Dazu müssen die mannigfachen Defekte unseres Banken- und Kreditsystems den Mängeln des zweiten Finanzsystems gegenübergestellt werden.

Die konnten wir in den letzten Jahrzehnten immer dann beobachten, wenn Konzerne in auffälliger Häufung Unternehmen zu Preisen aufkauften, die sich schwer rechtfertigen ließen. Wenn ein Konzern selbst an der Börse mit dem zwölfeinhalbfachen Jahresgewinn bewertet wird, dann zerstört er im Prinzip Werte, wenn er ein anderes Unternehmen zum zwanzigfachen Jahresgewinn einkauft - es sei denn, es gäbe Transaktionskostenersparnisse oder Synergien. Genau mit diesen Vorteilen wurden zumeist die hohen Preise begründet, wobei so mancher Konzernlenker nun schon seit Jahren vergeblich auf diese Synergieeffekte wartet. Hinter der scheinbar rationalen Begründung zum Aufkauf steht oft genug ein irrationales Streben nach Größenwachstum, das wirtschaftlich nichts bringt - außer Gehalt und Sicherheit für den Vorstand. Deshalb bezahlen die Konzerne die Vorteile ihrer innerbetrieblichen Kapitallenkung mit Nachteilen bei den Eigenkapitalkosten. Sie werden von der Börse in der Regel schlecht bewertet.

Die Wirtschaftspolitik steht also vor strategischen Entscheidungen. Das alte Finanzsystem ist stark reguliert, das neue entwickelt sich ungefesselt. Läuft das so weiter, haben wir in zwanzig Jahren eine Konzernwirtschaft, an der die Banken nur noch passiv teilnehmen. Dabei läßt sich eine ganze Reihe von Modellen vorstellen, in denen ein bankengeführtes Finanzversorgungssystem erfolgreich mit einem konzerngeführten konkurrieren kann. Und das zur beiderseitigen Erhöhung der Leistungsfähigkeit, geht es doch immer um dieselbe Aufgabe: knappe Finanzmittel in möglichst produktive Investitionen umzusetzen.

Heute werden Investitionen eher nach ihrer Kreditwürdigkeit als nach ihrer Produktivität finanziert, mit der Folge, daß zwischen Kreditwürdigkeit und Produktivität eine erhebliche Lücke klafft. Nicht zu vergessen: Mit der Finanzierung selbst ist es noch nicht getan. Die Investition muß auch gemanagt werden, eine Aufgabe, bei der die Kapitalmärkte weitgehend versagen. Zu allem Überfluß sind in Deutschland bereits die gesetzlichen Rahmenbedingungen so ausgerichtet, daß sie ein erhebliches Maß an Kapitalfehlleitung erzeugen (Steuer- und Subventionsrecht und anderes).

Vielleicht wäre es an der Zeit, zur Analyse der schleichenden und säkularen Bewegung an den Finanzmärkten und zur Bewältigung der wirtschaftspolitischen Aufgabe eine Gruppe der besten Fachleute einzusetzen. Zu groß ist sonst die Gefahr, daß angesichts der Turbulenzen an den Devisenmärkten, der Ausuferungen im Derivategeschäft und immer neuer Finanzskandale solche langfristigen Entwicklungen übersehen werden. Die Experten müssen ja beim doppelten Finanzsystem und dem damit programmierten Wachstum der Konzerne nicht gleich an die Kartellgefahren der zwanziger Jahre denken. Eines gründlichen Nachdenkens bedarf die Entwicklung aber allemal.

April 1995

Falsches Argument

Arbeitskosten und Arbeitslosigkeit

Von Lohnrunde zu Lohnrunde hört man von Unternehmerseite das gleiche Argument: Starke Lohnerhöhungen gefährden angeblich die internationale Wettbewerbsfähigkeit der deutschen Wirtschaft und erzeugen so Arbeitslosigkeit. Doch selbst zur Zeit der stärksten Lohnsteigerungen - Anfang der siebziger Jahre - blieb die Handelsbilanz reichlich im Plus. Das Argument ist den Unternehmern nun aus der Hand geschlagen, durch eine Untersuchung des Bundesarbeitsministeriums.

Setzt man die Löhne zur Produktivität in Beziehung, dann ergeben sich die sogenannten Lohnstückkosten. Will man Veränderungen der internationalen Wettbewerbsfähigkeit erkennen, dann muß man die Lohnstückkosten um Veränderungen der Wechselkurse bereinigen. Diese wechselkursgewichteten Lohnstückkosten haben nun im letzten Jahrzehnt in der Bundesrepublik schwächer zugenommen als in den meisten anderen Industrieländern. Daran gemessen hätten also die Löhne noch stärker steigen können, als sie gestiegen sind, und die Arbeitslosigkeit hätte eigentlich zurückgehen müssen.

Dieses Ergebnis wird nun als Beleg für die These herumgereicht, unsere Arbeitslosigkeit habe mit der Höhe der Arbeitskosten nichts zu tun. In der Wissenschaft gibt es kaum Streit darüber, daß die Beschäftigung von der Höhe der Löhne abhängt. Wie an anderen Märkten auch, so sinkt die Nachfrage nach Arbeitskräften, wenn Arbeit teurer wird. Der Zusammenhang ist so offensichtlich, daß es keiner Gelehrsamkeit bedarf, um ihn einzusehen. Wenn ein Weber einen Meter Tuch produziert und einen realen Lohn erhält, der zwei Metern Tuch entspricht, dann bringt die Tuchherstellung Verlust. Und da niemand freiwillig Verluste hinnimmt, so wird sich auch kein Unternehmer finden, der unseren Weber beschäftigt. Streit gibt es nur darüber, wie eng der Zusammenhang zwischen Reallohn und Beschäftigung sei, wie viele Arbeitsplätze also durch eine Reallohnerhöhung von beispielsweise zehn Prozent verlorengehen und wie lange es dauert, bis sich die Wirkung der Lohnerhöhung am Arbeitsmarkt zeigt. Der Mechanismus, der steigende Löhne in geringere Nachfrage nach Arbeitskräften umsetzt, ist nicht die internationale Wettbewerbsfähigkeit, sondern die Kapitalintensität der Produktion.

Die Arbeitsproduktivität - also das, was ein Arbeiter pro Stunde erzeugt - hängt vornehmlich davon ab, wie leistungsfähig die Werkzeuge sind, die ihm zur Verfügung stehen. Je besser die Werkzeuge, je höher also der Einsatz von Realkapital pro Arbeitsplatz, um so produktiver wird auch die Arbeit, um so mehr Lohn kann erwirtschaftet werden. In der Bundesrepublik stiegen die Arbeitskosten in der ersten Hälfte der siebziger Jahre schneller als zuvor, während der Zuwachs an Realkapital, die Nettoinvestition, immer stärker zurückging. Die Quote der Nettoinvestitionen in der Wirtschaft, gemessen am Sozialprodukt, lag 1982 nur noch bei einem Drittel des Niveaus von 1970 und hat sich seither wenig erhöht. Das führte zur Freisetzung von Arbeitskräften.

Nehmen wir eine vollbeschäftigte Volkswirtschaft mit 100 Arbeitskräften, die mit je 10000 Mark Kapital ausgestattet sind. Werden die Löhne nun erhöht, ohne daß das Realkapital vermehrt oder verbessert würde, dann deckt die (Grenz-)Produktivität die Löhne nicht mehr. Die Arbeitsplätze werden unrentabel. Die Unternehmen reagieren damit, daß sie das vorhandene Kapital auf weniger Arbeitsplätze konzentrieren. Wenn eine Kapitalausstattung von 12500 Mark nötig ist, um die neuen, höheren Löhne zu erwirtschaften, dann werden 80 Arbeitsplätze geschaffen, die wieder rentabel sind, und 20 Arbeitskräfte werden freigesetzt. Die Löhne passen sich dann nicht an die Produktivität an, sondern die Produktivität wird auf die Höhe der Löhne gebracht. Man mag darüber streiten, ob die Lohnerhöhung oder der Kapitalmangel an der Arbeitslosigkeit schuld sei - sie wäre jedenfalls vermieden worden, wenn es entweder keine Lohnerhöhung gegeben hätte oder wenn zusätzlich 250000 Mark investiert worden wären.

Die Paradoxie unserer heutigen Situation liegt darin, daß die privaten Haushalte - und das sind überwiegend Arbeitnehmerhaushalte - inzwischen 1,7 Billionen Mark Geldvermögen angesammelt haben, mehr als viermal soviel wie das gesamte Eigenkapital der Wirtschaft, und daß dieses Kapital aber den Weg in arbeitsplatzschaffende Investitionen nicht findet.

Die Beteiligungen der Arbeitnehmer am Produktionsvermögen, also in der Form von Eigenkapitalansprüchen, sind im letzten Jahrzehnt eher zurückgegangen. Die Kehrseite der Medaille ist eine seit Jahrzehnten rückläufige Eigenkapitalquote der Wirtschaft. Der Mangel an Eigenkapital ist seinerseits ein wichtiges Investitionshemmnis. Vermögenspolitik wurde stets als Teil der Sozialpolitik gesehen. Sie ist Wirtschaftsordnungspolitik: Was beim Arbeitnehmer Produktivvermögen ist, das ist beim Unternehmen Eigenkapital.

Zwar läge es im kollektiven Interesse aller Arbeitnehmer, ihre Ersparnisse würden sich zu Investitionen in der Wirtschaft verwandeln, das liegt aber nicht im individuellen Interesse jedes einzelnen, weil Beteiligungen als zu unrentabel und riskant gelten. Gelingt es nicht, die Unternehmen mit mehr Kapital auszustatten, dann können die Arbeitsplätze nicht geschaffen werden, auf denen unsere heutigen Arbeitskosten auch verdient werden. Dann bleibt, soll Vollbeschäftigung wiedererlangt werden, nur die Zurückhaltung in der Lohnpolitik. Beteiligungskapital muß für die Arbeitnehmer attraktiver werden. Das wäre Aufgabe der Tarifvertragsparteien.

Dem Bundesarbeitsministerium bleibt das Verdienst, ein falsches Argument als falsch enthüllt zu haben. Die internationale Konkurrenzfähigkeit wird über den Wechselkurs reguliert. Der hängt eher von den Zinsen als von den Löhnen ab.

August 1984

Der Richter und sein Lenker

Die Ursachen und Folgen der Rechtsunsicherheit

In Zukunft werden die Renten aus der gesetzlichen Rentenversicherung schmaler ausfallen müssen als bisher. Also sind die Menschen darauf angewiesen, ihren Lebensstandard im Alter aus anderen Quellen zu speisen. Dafür kommt die betriebliche Altersversorgung in Frage. Nun hörte man auf der jüngsten Tagung der Arbeitsgemeinschaft für betriebliche Altersversorgung, daß die Pensionszusagen zurückgehen, insbesondere, daß Unternehmen dazu übergehen, neue Mitarbeiter nicht mehr in die Altersversorgung aufzunehmen.

Man hat das kommen sehen. Der Gesetzgeber hatte zwar die Konditionen für die Unternehmen verschlechtert (Mitnahme der Anwartschaft beim Ausscheiden, Erhöhung des Rechnungszinsfusses auf sechs Prozent). Die Bereitschaft der Unternehmen, Pensionen zuzusagen, blieb davon unberührt. Die eigentliche Hemmschwelle hat nicht der Gesetzgeber, sondern die Justiz errichtet: Betriebsrenten müssen von Zeit zu Zeit an die Entwicklung der Lebenshaltungskosten angepaßt werden.

Die Entscheidung klingt plausibel. Der Richter hat es mit den Betriebsrentnern gut gemeint. Er hatte gewiß das Bewußtsein, ein Stück zur sozialen Gerechtigkeit beizutragen. Für die Unternehmen bedeutet das Urteil, daß sie nicht mehr wissen können, was sie später zu bezahlen haben. Betriebliche Rentenzusagen werden zum unkalkulierbaren und unversicherbaren Risiko. Mehr noch: Die Unternehmer sind verunsichert. Sie wissen nicht, was noch alles auf sie zukommen könnte. Wird ein Gericht in drei Jahren vielleicht entscheiden, daß Betriebsrenten an die Nominallöhne oder die Arbeitskosten anzugleichen seien? Für ein Unternehmen mit schrumpfender Belegschaft - also vielen Rentnern und wenigen Beschäftigten - kann das zur Existenzfrage werden. Das wohlmeinende Urteil eines Richters gerät zum Schaden für die Begünstigten - es werden immer weniger Renten zugesagt.

Stellen wir uns vor, die Kreissparkasse Oberwalden habe der Firma Schmitz & Co. ein zwanzigjähriges Darlehen gegeben. Der Unternehmer zahlt 1985 zurück. Die Sparkasse klagt, daß das Geld an Wert verloren habe und will statt einer Million Mark zwei zurückhaben. Würde ein Richter die Unternehmung zur Inflationsanpassung verpflichten, so wäre das das Ende des langfristigen Kreditverkehrs. Dabei geht es nicht um die Indexierung des Kredits. Schmitz & Co. hätten vielleicht gerne einen Kredit mit Geldentwertungsklausel genommen (bei entsprechend niedrigen Zinsen). Es geht darum, daß Verträge mit unabsehbaren Rechtsrisiken belastet werden.

Die Grundlage jeder modernen Wirtschaft ist Rechtssicherheit. Noch nie ist ein Volk zu Wohlstand gelangt ohne ein funktionierendes Rechtssystem - und das heißt Vorhersehbarkeit der Rechtsanwendung. Diese Prognostizierbarkeit - und damit der Kern des Rechtsstaats - geht immer mehr verloren. Die

Entwicklung hat zwei Wurzeln. Auf der einen Seite ist das deutsche Rechtssystem vom romanischen Gesetzesrecht (im Gegensatz zum angelsächsischen Richterrecht) geprägt. Der Gesetzgeber war aber in vielen Fällen zu schlampig oder zu faul oder zu feige, um seine Absichten eindeutig zu formulieren. Damit wurde das Tor zum Richterrecht aufgestoßen. Auf der anderen Seite sind Rechtsschulen entstanden, die im Richter nicht den Exekutor des Willens des Gesetzgebers sehen. Der Richter soll zum innovativen Sozialingenieur werden.

Wenn weder das Gesetz - weil zu allgemein formuliert - noch der Präzedenzfall den Richter bindet, dann entsteht Rechtsunsicherheit.

Zum Sozialingenieur ist der Richter denkbar schlecht geeignet. Er hat einen konkreten Fall zu entscheiden. Vor ihm erscheint der Buchhalter Pingel mit kranker Frau und behindertem Kind und klagt gegen die Hoechst AG. Den Buchhalter berührt das Urteil in seiner Existenz. Die Hoechst AG und ihre Aktionäre nehmen es kaum zur Kenntnis. Dieser Unterschied in der Betroffenheit beeinflußt den Richter zu Pingels Gunsten. Die sozialen Wirkungen des Urteils sieht der Richter nicht: Nicht nur die Hoechst AG, sondern alle Unternehmen werden das Urteil künftig in ihrer Einstellungspolitik, Personalpolitik, Lohnpolitik berücksichtigen. Pingels obsiegendes Urteil kann Millionen anderen Arbeitnehmern zum Schaden gereichen. Diese Millionen sind aber im Gerichtssaal nicht vertreten.

Zum Sozialingenieur fehlt dem Richter auch die Sachkenntnis. Er hätte Ökonomie, Soziologie, Politologie, nicht aber die Rechtswissenschaften studieren müssen, um die Kompliziertheit gesellschaftlicher Prozesse zu verstehen. Der Gesetzgeber verfügt über diese Sachkenntnis. Ein Gesetz wird in einem langwierigen Verfahren vorbereitet. Sämtlicher verfügbarer

Sachverstand kann mobilisiert werden. Progressive Juristen fühlen sich besonders zur Sozial- und Arbeitsgerichtsbarkeit hingezogen. Sie haben dort ein Recht geschaffen, daß zu einem der wichtigsten Beschäftigungshindernisse geworden ist. Die Richter haben Recht gesprochen - mit guten sozialen Absichten, aber mit üblen sozialen Folgen.

Der Gesetzgeber, der den Richter lenken sollte, hat die Zügel schleifen lassen. Er hat die ihm und nur ihm zustehende Gewalt, Gesetze zu erlassen, im Mantel von Gesetzen an die Richter delegiert. Das wirft eine Verfassungsfrage auf: Ob denn die Unbestimmtheit vieler Gesetze nicht eine Kompetenzverlagerung darstellt, zu der der Gesetzgeber nach dem Grundgesetz gar nicht befugt ist.

Mai 1985

Arbeitsbörsen

Die ungenutzten Chancen der Arbeitnehmerüberlassung

In einer Marktwirtschaft müssen Unternehmen flexibel bleiben. Der Bedarf an Anpassungsfähigkeit ist in den letzten Jahrzehnten stark gewachsen: Die Nachfrage ändert sich rascher; die Produktlebenszyklen sind kürzer geworden. Je geringer die Flexibilität ist, um so höher sind die Risiken. Die Fähigkeit der Unternehmen, Risiken zu tragen - ausgedrückt durch die Eigenkapitalquote -, ist aber immer geringer geworden.

Auf Nachfrageschwankungen kann ein Unternehmen dadurch reagieren, daß es die Preise senkt, oder dadurch, daß es die Produktion einschränkt. Vor hundert Jahren war die erste Reaktion normal. Die Unternehmen versuchten durch Preissenkungen die Nachfrage anzukurbeln, und sie drückten die Löhne. Den Gewerkschaften ist es gelungen, die Löhne nach unten zu stabilisieren. Seitdem sehen Konjunkturkrisen ganz anders aus: Die Preise sind starr geworden; statt dessen schwankt die Beschäftigung. In den letzten Jahrzehnten, besonders in den siebziger Jahren, wurde den Betrieben auch diese Form der Anpassung durch Kündigungsschutz, Sozialplan,

Mitwirkungsrechte des Betriebsrats, Rationalisierungsschutzabkommen erschwert.

Der Versuch, die Arbeitsplätze auf diese Weise sicherer zu machen, ist insgesamt gescheitert. Es ist Massenarbeitslosigkeit entstanden. Vom Standpunkt des Unternehmens sind Arbeitskosten zu Fixkosten geworden. Die Unternehmerrisiken haben sich weiter erhöht. Die Reaktion der Betriebe ist Vorsicht in der Personalpolitik. Sie stellen nur noch so viele Leute ein, wie sie auch bei schlechtem Geschäftsgang beschäftigen können. Auftragsspitzen führen nicht mehr zu Neueinstellungen, sondern zur Rationalisierung der Produktion, zur Verlängerung der Lieferfristen, zur Preiserhöhung. Selbst im stärksten Boom gibt es Betriebe und ganze Branchen, die schrumpfen, selbst in der Krise wachsen viele Unternehmen. So liegt heute die Gesamtbeschäftigung - ob im Aufschwung oder in der Rezession - niedriger, und Konjunkturen sind am Arbeitsmarkt später und schwächer zu spüren als früher. Der Aufschwung seit 1982 zeigt ein ganz anderes Bild als etwa der Aufschwung von 1967 bis 1970.

Zwischen der Notwendigkeit der Flexibilität des Unternehmens und dem Wunsch des Arbeitnehmers nach einem sicheren Arbeitsplatz scheint es einen kaum überbrückbaren Konflikt zu geben. Mit dem Beschäftigungsförderungsgesetz hat die Bundesregierung einen ersten Versuch unternommen, den Unternehmen Neueinstellungen zu erleichtern.

Es geht heute darum, die Verstopfung am Arbeitsmarkt zu beseitigen. Die Grundidee zur Lösung des Problems stammt von den französischen Frühsozialisten: die bourse du travail. Es geht darum, die Sicherheit der Beschäftigung eines Arbeitnehmers vom Geschäftsgang eines bestimmten Unternehmens zu lösen. Die Arbeitsbörse stellte man sich als eine gewerkschaftlich organisierte Börse vor, über die Angebot und Nachfrage nach Arbeit zum Ausgleich gebracht werden sollten. Das war sowohl ein beschäftigungspolitisches Werkzeug als auch eine Idee zur Humanisierung der Arbeitswelt. Die Abhängigkeit eines Arbeiters von einem bestimmten Fabrikherrn sollte gelockert und seine Möglichkeiten zur Gestaltung von Arbeitszeit und Arbeitsort erweitert werden. Dieser Grundgedanke wurde in den letzten Jahrzehnten in Form der Leiharbeit (Arbeitnehmerüberlassung) kommerziell verwirklicht. Hier ist der Arbeitnehmer beim Verleihunternehmen fest angestellt und genießt den ganzen Schutz, den Gesetz und Tarifvertrag bieten. Das Unternehmen, das den Leiharbeiter letztlich beschäftigt, ist dagegen nicht gebunden.

Würde man der Entwicklung freien Raum lassen, so könnte die Arbeitnehmerüberlassung zu einem wirksamen Instrument der Beschäftigungspolitik werden. Es wäre vorstellbar, daß kleine und mittlere Unternehmen überhaupt keine Arbeitnehmer mehr beschäftigen, sondern die gesamte Personalpolitik auf ein Personalunternehmen übertragen - so wie sie schon heute Maschinen nicht mehr kaufen, sondern leasen. Es ist insbesondere gut vorstellbar, daß Unternehmen eine Stammbelegschaft haben, die sie auch in Krisenzeiten durchhalten können, und daß sie darüber hinaus regelmäßig 10 bis 20 Prozent Leiharbeiter beschäftigen. Das entspräche den Stammarbeitern und Gelegenheitsarbeitern japanischer Unternehmen. Eine solche Entwicklung hätte eigentlich nur Vorteile. Die Gesamtbeschäftigung wäre höher. Arbeitnehmer, die die Abwechslung lieben oder ihr Leben freier gestalten wollen (also vor allem jüngere), hätten die Möglichkeit dazu.

Der Gesetzgeber hat die Entwicklung der Arbeitnehmerüberlassung gestoppt, noch bevor sie sich recht entfalten konnte.

Im Arbeitnehmerüberlassungsgesetz wurden den Verleihfirmen enge Fesseln angelegt, in der Bauwirtschaft wurde Leiharbeit ganz verboten. Merkwürdigerweise ging der politische Druck dazu von den Gewerkschaften aus. Sie befürchten einerseits, daß sich Leiharbeiter nur schwer gewerkschaftlich organisieren lassen. Sie argwöhnen andererseits, daß die Arbeitnehmerüberlassung zu einem Instrument zur Aushöhlung der Mitbestimmung werden könnte. Die Interessen der Gewerkschaften als Organisation geraten in Konflikt mit den Interessen der Arbeitnehmer, die sie vertreten. Wohin diese Politik führt, sieht man in der Bauwirtschaft. Die Arbeitnehmerüberlassung wurde nicht verhindert, sondern nur in die Illegalität abgedrängt. Dort trifft der Arbeitnehmer dann allerdings oft miserable Arbeitsbedingungen an.

Oktober 1985

Weitzmanns Idee

Weg zur Vollbeschäftigung

Arbeitslosigkeit ist im Kern immer eine Frage des Verhältnisses von Arbeitskosten und Arbeitsproduktivität. Die Unternehmen stellen solange zusätzlich Leute ein, als diese mehr bringen als sie kosten. Ist das, was ein Arbeitnehmer an Werten schafft, geringer als das, was er an Kosten verursacht, dann erleidet das Unternehmen Verlust. Und da kein Unternehmen auf Dauer zusetzen kann, so wird der Arbeitsplatz abgebaut.

Nun könnte es freilich möglich sein, daß die Arbeitnehmer insgesamt bei Arbeitslosigkeit mehr verdienen als bei Vollbeschäftigung. Würde beispielsweise die Beschäftigung um vier Prozent sinken, wenn der Lohn um zehn Prozent steigt, dann wäre die gesamte Lohnsumme immer noch um rund dreieinhalb Prozent höher als im Ausgangszustand. Unter solchen Verhältnissen könnte es für die Arbeitnehmer in ihrer Gesamtheit rational sein, ein gewißes Maß an Unterbeschäftigung hinzunehmen. Entsprechend kann man auch Fälle konstruieren, in denen es für die Unternehmen insgesamt von Nutzen wäre, nicht alle Arbeitnehmer zu beschäftigen.

Über diese Fragen hat es in mehreren Ländern umfangreiche empirische Untersuchungen gegeben - alle mit dem Ergebnis, daß Vollbeschäftigung sowohl für die Unternehmen wie für die Arbeitnehmer vorteilhafter ist als Unterbeschäftigung.

Unterbeschäftigung ist also - jenseits allen Leides, das sich daran knüpft - ein gesellschaftlich irrationaler Zustand. Diese Irrationalität ist aber zum Normalfall geworden.

Die Wirtschaftswissenschaften suchen seit eh und je nach praktikablen Wegen, um eine Wirtschaft bei Vollbeschäftigung zu stabilisieren. Ein amerikanischer Ökonom, Martin Weitzmann, hat einen ganz einfachen Vorschlag gemacht, der das Problem im Prinzip lösen würde. Die Idee besteht darin, die Löhne teilweise gewinnabhängig zu machen. So möge ein Betrieb eine Wertschöpfung von 1200 haben, von denen 1000 auf die Löhne und 200 auf den Gewinn entfallen. Bei 100 Arbeitnehmern verdient jeder im Durchschnitt zehn. Nun schließt der Betrieb mit seinen Arbeitnehmern einen Vertrag ab, nachdem der Festlohn um 20 Prozent gekürzt wird und die Arbeitnehmer zum Ausgleich die Hälfte des Gewinnes erhalten. Bei einer Wertschöpfung von 1200 sinkt die Lohnsumme auf 800; der Gewinn steigt auf 400. Da die Arbeitnehmer Anspruch auf die Hälfte des Gewinns haben, bleibt ihr Gesamteinkommen 1000, und der Gewinnanteil der Eigentümer bleibt ebenso 200.

Die Beschäftigungspolitik unseres Betriebes ändert sich allerdings drastisch. Nehmen wir an, der Beitrag des letzten Arbeitnehmers zur Wertschöpfung sei gerade gleich seinem Lohn, also zehn. Weitere acht Arbeitnehmer würden nur noch zusätzlich Werte von je neun schaffen. Bei einem festen Lohn von zehn würden sie also nicht beschäftigt. Bei einem Lohn von acht plus Gewinnbeteiligung wird die Einstellung für den Betrieb rentabel. Jeder zusätzliche Arbeitnehmer erhöht den

Gewinn um eine Einheit. Auch wenn die Anteilseigner davon nur die Hälfte bekommen, lohnt sich die Mehrbeschäftigung, Einstellungen sind also die Folge.

Umgekehrt funktioniert das ebenso. Gehen die Geschäfte unseres Unternehmens schlechter, dann bedeutet das, daß die Wertschöpfung pro Arbeitnehmer zurückgeht. Bei festem Lohn entläßt das Unternehmen alle Beschäftigten, die weniger als zehn zum Betriebsergebnis beitragen. Im Beteiligungsmodell dagegen ist ein Arbeiter immer noch rentabel, wenn er acht zur Wertschöpfung beiträgt. Das bedeutet konkret: Im Fixlohn-Modell wird sich der Betrieb dadurch einer geringeren Nachfrage anpassen, daß er die Produktion einschränkt; im Beteiligungsmodell dagegen senkt er die Preise und hält die Beschäftigung aufrecht. Die Arbeitsplätze werden sicherer. Dafür kann das Einkommen der Arbeitnehmer schwanken.

Würde man Weitzmanns Modell gewissermaßen durch Zauberschlag in allen Betrieben der Bundesrepublik einführen, so wäre die Arbeitslosigkeit mit an Gewißheit grenzender Wahrscheinlichkeit in kurzer Zeit überwunden, und eine zukünftige Rezession würde zwar verbreitet zu Preissenkungen führen, die Arbeitslosigkeit aber kaum ansteigen lassen. Das Modell hat aber noch eine Reihe weiterer Vorzüge. Der Betriebsrat geriete in eine ganz andere Rolle als heute: Er müßte sich um den Gewinn kümmern, also zusehen, daß effizient produziert und daß Verschwendung abgestellt wird. Der Konflikt um die Höhe der Löhne und der Gewinnbeteiligung bliebe erhalten. Ist beides ausgehandelt, dann wird der Betriebsrat zum Verbündeten der Geschäftsleitung - ähnlich wie heute in japanischen Unternehmen. Der Strukturwandel nähme andere Formen an. Schrumpfende Betriebe und Branchen müssen heute Arbeitnehmer entlassen. Im Beteiligungsmodell hätten solche

Betriebe niedrigere Gewinne, die Arbeitnehmer also geringe Einkommen aus Gewinnbeteiligung. Junge und mobile Arbeiter würden deshalb abwandern. Heute werden Arbeitnehmer aus schrumpfenden Betrieben hinausgedrückt, im Beteiligungsmodell würden sie herausgesogen. Mobilität ist unerläßlich - sie nähme aber menschlichere Züge an.

Das Beteiligungsmodell führt zu einem Einkommensrisiko für die Arbeitnehmer. Dafür vermindert sich das Arbeitsplatzrisiko. Dem Einkommensrisiko steht aber außerdem die Chance gegenüber, daß die Gewinnbeteiligung höher ausfällt, als bei Vertragsabschluß angenommen wurde.

Weitzmanns Idee ist attraktiv. Ihre Realisierung setzt lediglich voraus, daß alle Seiten ihre eigenen Interessen wahrnehmen. Das hört sich allerdings einfacher an als es ist.

November 1986

Schlupfloch aus der Verkrustung

Die neue und alte Selbständigkeit

In den letzten Jahren ist zunehmend eine neue Art von Erwerbstätigkeit entstanden - der abhängig Selbständige. Das begann schon vor Jahrzehnten im Journalismus mit den festen freien Mitarbeitern. Heute hat sie viele Formen: Lkw-Besitzer fahren für eine einzige Spedition; der Eigentümer einer Raupe arbeitet ständig als Subunternehmer für eine Baufirma; in Amerika besonders machen sich Wissenschaftler selbständig, forschen aber ständig für denselben Auftraggeber.

Der Grund für diese Form der Ausgliederung liegt in dem, was die Betriebswirtschaftslehre den „organisatorischen Schlupf" nennt. Es wird für die Vorgesetzten immer schwieriger, die Leistung ihrer Untergebenen zu kontrollieren und zu bewerten. Die meßbare Arbeit nimmt ab und mit ihr der Akkord. Ideenproduktivität, verantwortliches Handeln und Flexibilität werden wichtiger.

Nichts davon ist meßbar. Es kommt zu Effizienzeinbußen, die in der Organisationslehre heute ihren festen Platz als „principal agent"- Problem und als „Theorie des Bummelns" haben.

Die sogenannte neue Selbständigkeit ist Ausfluß solcher Organisationsprobleme. Der Selbständige ist besser motiviert; er steht unter größerem Druck, Ideen zu produzieren und Dienste zu verkaufen; er geht mit seinem Arbeitsgerät als Eigentümer pfleglicher um. Unser Arbeitsrecht hat das Seinige beigetragen.

Das auftraggebende Unternehmen muß für die Dienste des Selbständigen zwar oft mehr bezahlen, aber doch nur dann, wenn es diese Dienste braucht. Fixkosten werden variabel. Das Risiko nimmt ab. Die Leistung ist zeitlich leichter disponierbar. Wenn auf diese Weise organisatorischer Schlupf vermieden werden kann, dann ist das Arrangement für beide Teile vorteilhaft: Der Selbständige verdient mehr, als er als Arbeitnehmer verdienen könnte, ohne daß er für den Auftraggeber teurer wäre als ein Arbeitnehmer.

Aber nicht nur die neue, auch die alte Selbständigkeit nimmt zu. Seit 1981 wächst die Zahl der Selbständigen in der offiziellen Statistik, nachdem sie weit über hundert Jahre lang rückläufig war. Dabei verschweigt die Statistik vermutlich den größeren Teil der Wahrheit. Die Schattenwirtschaft kennt fast nur Selbständige. Dieser Teil der Wirtschaft wächst seit langem schneller als die Lichtwirtschaft. Der Wirtschaftsbereich, der den Statistikern entgeht, umfaßt nicht nur die illegale Schwarzarbeit, sondern auch die legale Nachbarschaftshilfe, die Rentner, die leerstehende Häuser betreuen, Buchhaltungen erledigen, Gärtnerarbeiten besorgen, die Studenten, die als Nachhilfelehrer, Fotomodell oder Übersetzer arbeiten. Schließlich verdienen viele Arbeitnehmer ganz offiziell aus selbständiger Nebentätigkeit. Faßt man alles zusammen, so werden aus den 2,4 Millionen Selbständigen unserer Statistik acht oder zehn Millionen, die ihren Lebensunterhalt ganz oder teilweise mit selbständiger Arbeit verdienen.

Auch diese Selbständigkeit nimmt weiter zu. Eine der Attraktionen des Arbeitnehmerdaseins war früher die soziale Sicherheit. Die Unterschiede im Lebensrisiko zwischen Selbständigen und Arbeitnehmern haben mit der Massenarbeitslosigkeit abgenommen. Früher haben sich Einzahlungen in die gesetzliche Rentenversicherung nach Steuern doppelt bis dreimal so hoch verzinst wie Anlagen am Kapitalmarkt; in Zukunft werden sie sich - wegen der Überalterung - geringer verzinsen. Die gesetzliche Krankenversicherung war früher billig, heute ist sie für viele Arbeitnehmer schon teurer als die private, und in nicht ferner Zukunft wird das für die Mehrzahl der Arbeitnehmer gelten.

Die Steuer- und Abgabenlast wird in den kommenden Jahrzehnten nahezu sicher stark anwachsen. Damit steht heute schon fest, daß die Schattenwirtschaft florieren wird.

Die Unternehmen gliedern schon seit Jahrzehnten Funktionen aus - einer der Gründe dafür, daß der Dienstleistungssektor statistisch so rasch wächst. Hier haben sich nicht nur alte Dienstleister - Steuerberater, Unternehmensberater, Assekuranzmakler, Werbeagenturen - vermehrt, es sind auch neue entstanden wie Arbeitnehmerüberlassung, Autoverleih, Software-Häuser, Catering, Gebäudereinigung, Zustelldienste. Früher stellten die Unternehmen ihren Vertriebsapparat von selbständigen Handelsvertretern auf angestellte Reisende um; heute ist es gerade umgekehrt.

So wie die neue Selbständigkeit auf organisatorischem Schlupf in den Unternehmen beruht, so beruht die Zunahme der Selbständigkeit insgesamt gewissermaßen auf gesamtgesellschaftlichem Schlupf. Die Leistungsfähigkeit der

Sozialversicherungssysteme nimmt ab; Massenarbeitslosigkeit ist nichts anderes als ein gesellschaftlicher Koordinationsfehler. Das Arbeitsrecht soll den Arbeitnehmer zwar schützen, aber der Preis ist für den Arbeitnehmer viel zu hoch.

Der Zug zur Selbständigkeit ist nichts anderes als eine Mobilisierung gesellschaftlicher Produktivitätsreserven. Die Gewerkschaften, aber auch Gesetzgebung und Justiz, stemmen sich der Entwicklung nach Kräften entgegen. Verhindern können sie sie nicht, allenfalls verlangsamen oder in die Illegalität treiben. Die Entwicklung der Arbeitswelt beginnt einen Investitionsrahmen zu sprengen, der für die Arbeitswelt des 19. Jahrhunderts geschaffen wurde.

April 1988

Die sogenannte soziale Gerechtigkeit

Über die Umverteilungspolitik

Der moderne Wohlfahrtsstaat ruht auf zwei Säulen: den staatlichen Zwangsversicherungen und der Umverteilung von Einkommen. Nach heute herrschender Auffassung gebietet die sogenannte soziale Gerechtigkeit einen finanziellen Ausgleich zwischen Leistungsfähigen und Bedürftigen. Das Werturteil selbst wird heute von fast allen Bürgern geteilt. Wer ein hohes Einkommen hat, der hat das überwiegend seinem Glück im Leben zu danken. Auch höhere Intelligenz, Tüchtigkeit, Geschicklichkeit oder Durchsetzungsvermögen sind nicht das Verdienst des Einzelnen. Es sind Gaben, die ihm die Natur mit in die Wiege gelegt hat, ebenso wie Gebrechlichkeit oder Untüchtigkeit nicht Schuld, sondern Unglück sind. Würde man Lieschen Müller fragen, wie denn die Aufgabe der Umverteilung am besten bewerkstelligt werde, so würde sie vermutlich anworten, der Staat solle denen, die viel verdienen, Geld wegnehmen und dieses Geld den Bedürftigen geben. Nach jahrzehntelanger intensiver Forschung sind die Wirtschaftswissenschaften zu genau demselben Ergebnis gekommen. Frau Professor Dr. Elisabeth Müller würde dies nur etwas anders ausdrücken: „Pareto-Optimalität der Redistribution setzt die Separation von Allokation und Distribution voraus.“

So wird das bei uns aber nicht gemacht. Unser Umverteilungssystem besteht zunächst aus sieben persönlichen Steuern mit der progressiven Einkommensteuer als Zentralelement. Dazu kommen etwa hundert Arten von Transferzahlungen, die von rund 40 verschiedenen Behörden verwaltet werden. Beispiele sind das Bafög und die Sozialhilfe. Weiter gibt es eine schwer abzählbare Zahl von Objektsubventionen mit Umverteilungsabsicht wie den sozialen Wohnungsbau oder die Staatsfinanzierung von Theatern und Universitäten. Hinzu tritt die sogenannte Sozialpolitik zu Lasten Dritter, eine Fülle von Maßnahmen, die nicht die Staatskasse, sondern irgendwelche Privaten - überwiegend Arbeitgeber und Hausbesitzer - belasten. Dazu zählt etwa die Lohnfortzahlung oder der Mieterschutz. Schließlich wird auch innerhalb des Sozialversicherungssystems in hohem Maße umverteilt. So richten sich die Beiträge zur gesetzlichen Krankenversicherung nicht nach dem Krankheitsrisiko, sondern nach dem Einkommen. Zudem gibt es kaum ein Gesetz ohne sogenannte soziale Komponente: Der Whisky-Trinker subventioniert den Weintrinker, der Mercedes-Fahrer den 2CV-Fahrer, der Stromverbraucher die Bergarbeiter, der Milchtrinker die Bauern et cetera.

Dahinter steht wohl die Vorstellung, viele soziale Komponenten ergäben auch viel soziale Gerechtigkeit. So ist es aber nicht. In zahlreichen Fällen kann man zeigen, daß nicht die Leistungsfähigen zahlen und die Bedürftigen unterstützt werden, sondern daß gerade umgekehrt Bedürftige zugunsten von Wohlhabenden belastet werden, daß die Fleißigen die Faulen subventionieren oder die Sparsamen die Verschwender. Insgesamt ist die Netto-Verteilungswirkung eines Systems von Hunderten von Sozialmaßnahmen gar nicht kalkulierbar. Niemand weiß mehr, wer seine Hand in wessen Tasche hat und wieviel er daraus entnimmt. In den meisten Fällen steckt der Staat das in die rechte Tasche, was er zuvor aus der linken genommen hat - nicht ohne einen gehörigen Verwaltungskostenbeitrag vorher abzuzwacken - natürlich für soziale Zwecke.

Dieses System ist nicht nur undurchschaubar und allein deshalb ungerecht - es ist auch überaus verschwenderisch. Die Belasteten müssen weit mehr zahlen, als die Bedürftigen erhalten. In manchen Fällen - wie in der Landwirtschaftspolitik oder im sozialen Wohnungsbau - kommt nur ein Bruchteil der Opfer der Zahler bei den gemeinten Empfängern an.

Welche Verwirrspiele in einem so undurchschaubaren System möglich sind, zeigt sich in der Diskussion um die gesetzliche Rentenversicherung. Die Rentenversicherungsträger verlangen höhere Subventionen, weil etwa ein Viertel ihrer Ausgaben in versicherungsfremden Leistungen bestünden, denen nur ein Staatszuschuß von rund 18 Prozent der Ausgaben gegenübersteht. In dieser Rechnung ist der größte Subventionsbrocken gleich vergessen worden: Sowohl die Rentenversicherungsbeiträge als auch die Renten sind de facto steuerfrei. Auch bei den Ausfall- und Ersatzzeiten handelt es sich nicht um versicherungsfremde Leistungen, sondern um Umverteilungsmaßnahmen innerhalb des Kreises der Versicherten: Nur Mitglieder des Systems kommen in den Genuß von Erziehungsjahren, Anrechnung von Ausbildung und Wehrdienst. Versicherungsfremd sind lediglich Leistungen an deutsche Volkszugehörige aus dem Osten. Hier werden Renten gezahlt an Personen, die in ihrer aktiven Zeit keine Beiträge geleistet haben. Das sind aber nur etwa drei Prozent der Ausgaben der Rentenversicherung. So verstehen es die Rentenversicherungsträger, den Eindruck zu erwecken, sie würden zugunsten der Allgemeinheit geschröpft, während sie in Wirklichkeit von der Allgemeinheit mit gewaltigen Mitteln subventioniert werden. Da aber fast jeder eine Sozialrente erwarten kann, läuft das auf den Griff in die eigene Tasche hinaus.

Auf die Frage, wie es denn zu einem so irrationalen System kommen konnte, gab es kürzlich eine gute Antwort in einer amerikanischen Karikatur. Da standen zwei Männer - als „Steuerzahler“ gekennzeichnet - und fütterten ein Pferd mit Hafer. In den Pferdeäpfeln dahinter pickten Sperlinge. Das Pferd trug die Aufschrift „Bürokratie“, die Spatzen waren „die Armen“. Fragt der eine Mann den anderen: „Warum verfüttern wir den Hafer nicht gleich an die Sperlinge?“ Antwortet der andere: „Das Pferd ist dagegen.“

Dezember 1988

Die Perversion des Sozialen

Über Einkommensumverteilung

In einem Sozialstaat gibt es zwei vertretbare Methoden der Einkommensumverteilung: Entweder die Bezieher hoher Einkommen werden zugunsten der Armen besteuert, oder diejenigen, die Glück hatten, müssen zahlen, und diejenigen, die unglücklicher waren, bekommen etwas. Beide Methoden werden angewandt. Die Umverteilung nach Glück und Unglück beherrscht das Sozialversicherungssystem, sei es die Kranken-, sei es die Arbeitslosenversicherung. Die Umverteilung zwischen viel und wenig Verdienenden findet sich vorwiegend im Steuersystem und bei der Sozialhilfe.

Ein großer Teil unseres Umverteilungssystems folgt freilich keinem dieser vernünftigen Prinzipien. Da zahlen die Armen an die Reichen, die Fleißigen an die Faulen, die Sparsamen an die Verschwender, die Whiskytrinker an die Weintrinker, die Raucher an die Nichtraucher et cetera. Das verrückteste Beispiel solch perverser Umverteilung ist die Landwirtschaftspolitik. Rechnet man alles zusammen - die Kosten der direkten Unterstützung, die Subventionen über hohe Nahrungsmittelpreise und über niedrige Steuern -, so hat ein

Vier-Personen-Haushalt in der EG im Durchschnitt rund 3000 Mark an Unterstützungen im Jahr zu tragen.

Diese Kosten sind aber ungleichmäßig verteilt. In der EG entsprach die Subvention der Landwirtschaft nach einer britischen Studie von 1982 einer Steuer von 4,5 Prozent im Durchschnitt aller Haushalte. Da aber die Armen einen höheren Anteil ihres Einkommens für Lebensmittel ausgeben als die Reichen, ergibt sich eine Belastung von 6,6 Prozent für die untere Einkommensgruppe, jedoch von nur 2,9 Prozent für die obere. In der Zwischenzeit ist nach einer OECD-Untersuchung die Landwirtschaftssubvention stark gestiegen. Heute dürfte die Durchschnittsbelastung bei sechs Prozent liegen, die der ärmeren Haushalte bei rund 7,5 Prozent, die der gehobenen bei 3,9.

Da die Subvention nicht an die Bedürftigkeit der Bauern, sondern an ihre Produktion geknüpft ist, erhalten kleine Landwirte nur geringe Hilfen, reiche Bauern dagegen hohe. Unter Verteilungsgesichtspunkten ist die gemeinsame Agrarpolitik deshalb ein Programm zur Unterstützung reicher Bauern durch arme Städter. Man wundert sich über die Gewerkschaften. Es gibt kaum ein politisches Thema, für das sie keine Zuständigkeit beanspruchen - daß jedoch ihre Mitglieder zum Vorteil von Großgrundbesitzern geschröpft werden, läßt sie anscheinend kalt.

Nun treten Verteilungseffekte bei allen möglichen staatlichen Programmen als unbeabsichtigte Nebenwirkungen auf. Wenn bei öffentlichen Gebäuden ein gewisser Betrag für Kunst am Bau aufgewandt werden muß, so werden einzelne Künstler zu Lasten der Allgemeinheit begünstigt. Der eigentliche Zweck des Programms ist aber die Förderung der Kunst; die Verteilungswirkung wird als unvermeidliche Nebenwirkung hingenommen. Für die Landwirtschaftspolitik trifft das nicht zu. Andere Ziele sind nicht in Sicht, ja sie werden verletzt. Nahrungsmittel kann man billig an den Weltmärkten kaufen, die Intensivlandwirtschaft verschmutzt die Umwelt, die Abschottung der Märkte schädigt unsere Handelspartner, besonders die Entwicklungsländer. Die Unterstützung reicher Bauern durch arme Städter ist also der eigentliche Zweck der Politik.

Von solchen Absurditäten wimmelt es in der Sozialpolitik. Ein Hilfsarbeiter mit drei Kindern muß in der Regel Steuern zahlen, obgleich sein Einkommen unter dem Sozialhilfeniveau liegt. Bei einem Sozialhilfeempfänger wird eigenes Einkommen voll auf den Unterstützungsanspruch angerechnet. Das entspricht einem Grenzsteuersatz von 100 Prozent - ausgerechnet bei den Allerärmsten. Ein Medizinstudium dürfte heute etwa eine viertel Million Mark kosten. Zum Studium wird aber nur zugelassen, wer ein ganz vorzügliches Abitur hat. Wer also das unverdiente Glück hat, eine intellektuelle Hochbegabung zu sein, dem schenkt der Staat eine viertel Million obendrein.

Im sozialen Wohnungsbau kommt von dem, was die Belasteten zu tragen haben, allenfalls ein Viertel auch bei den Begünstigten an. Diese Begünstigten haben zu erheblichen Teilen überdurchschnittliche Einkommen - wie umgekehrt ein wirklich Armer kaum eine Chance hat, eine Sozialwohnung zu bekommen, solange sich der Vermieter seine Mieter selbst aussuchen kann. Die Liste läßt sich noch sehr verlängern. In vielen, wenn nicht in den meisten Fällen ist der soziale Zweck, also die Umverteilung, nur der Mantel, unter dem starke Interessengruppen ihre Ziele durchsetzen. Der Begriff des Sozialen wird mehr und mehr entwertet. *März 1990*

Der Preis der Gerechtigkeit

Chancen- und Ergebnisgleichheit

Die staatliche Umverteilung von Einkommen läßt sich als eine Versicherung auf das allgemeine Lebensrisiko auffassen, einschließlich des Risikos dümmer oder untüchtiger als andere geboren zu werden. Jedermann würde vor seiner Geburt eine solche Versicherung abschließen, wenn er nur könnte. Der Staat ersetzt also das, was der Markt nicht leistet, weil Ungeborene noch keine Geschäfte abschließen können. Sind die Menschen geschäftsfähig, dann wissen sie auch, wie tüchtig sie sind. Der größte Teil des Glücks oder Unglücks im Leben ist bereits eingetreten. Nach Eintritt eines Schadenereignisses kommt keine Versicherung mehr zustande. Der Sozialstaat und sein zentrales Element, die Einkommensumverteilung, füllen im Interesse aller eine Lücke, die der Markt läßt. Er schafft mehr Sicherheit, als es der Markt könnte. Wäre es möglich, Glück und Unglück perfekt auszugleichen, so würde allein das Leistungsprinzip die Einkommensverteilung regeln. Da das Leistungsprinzip seinerseits den Wohlstand einer Gesellschaft fördert, so wäre eine derartige Gesellschaft auch wirtschaftlich leistungsfähiger als jede andere.

Freilich läßt sich eine solch maximal effiziente und gleichzeitig gerechte Gesellschaft praktisch nicht realisieren. Eine perfekte Marktgesellschaft würde jedes Handeln im Gesellschaftsinteresse belohnen und jedes Handeln gegen das Allgemeinwohl bestrafen. Es ist weder eine Gesetzgebung denkbar, die ein solches Ziel völlig erreichte, noch ein Justizsystem, das derartigen Gesetzen vollständig Geltung verschaffen könnte. Gäbe es diesen Staat, so wäre jede Ethik überflüssig. Der kategorische Imperativ besagt: „Handle so, daß die Maxime deines Willens jederzeit zugleich als Prinzip einer allgemeinen Gesetzgebung gelten könnte." Könnte man durch die Gesetzgebung eine perfekte Gleichrichtung von Eigeninteresse und Gemeinwohl erreichen, so würde der Imperativ verkürzt zu „Befrage die Gesetze". Würden Polizei und Justiz jeden Gesetzesbrecher alsbald ertappen, so gäbe es nur noch eine moralische Regel: Handle in deinem eigenen Interesse. Wenn also jede gute Tat alsbald ihre Belohnung, jede böse alsbald ihre Strafe in sich trüge, so gäbe es keine Uneigennützigkeit, kein Handeln aus Freundschaft, Liebe, Verantwortungsbewußtsein mehr. Familie und Freundschaft, Karitas und Mitleid wären rein ökonomische Veranstaltungen. Eine derartige Gesellschaft hätte keine Moral. Ebenso merkwürdig wären die Folgen, wenn es gelänge, Glück und Pech völlig auszugleichen, also dem Leistungsprinzip als einzigen Zuteilungsmechanismus zum Durchbruch zu verhelfen. Der Staat müßte in diesen Fällen messen können, welcher Teil eines Einkommens auf Glück und welcher auf Leistung beruht. Das Glückseinkommen würde vollständig weggesteuert und an die verteilt, die kein Glück hatten. Der wichtigste Glücksfall sind die angeborenen Eigenschaften wie robuste Gesundheit, Lebenstüchtigkeit, Intelligenz. Der Staat müßte etwa ein Intelligenzamt schaffen, das jedem Dummen eine staatliche Dummheitsrente zuteilt. Damit würde, zumindest was das Einkommen angeht, Startgleichheit geschaffen - aber um welchen Preis! Wer heute unten ist, der hat doch den Trost, daß ihn das Leben schlecht behandelt habe. Wer in einer perfekten Meritokratie unten wäre, der wüßte, daß er minderwertig ist.

Weil man den Anteil von Glück und Leistung nicht messen kann, wird das Ergebnis, also das Einkommen selbst umverteilt. Damit wird sowohl die Gerechtigkeit verletzt als auch die Effizienz gemindert. Man nimmt manchen Geld weg, das tatsächlich verdient ist, also auf Leistungen für die Gesellschaft beruht, und man unterstützt damit Arme, deren Armut selbst verschuldet ist - etwa die Arbeitsscheuen. Man bestraft teilweise die Fleißigen und belohnt die Faulen. Das ist nicht nur unvermeidlich; es ist auch gut so. Eine Gesellschaft vollkommener Chancengleichheit und perfekter Leistungsgerechtigkeit wäre amoralisch - nicht unmoralisch -, trostlos und kalt. Chancengleichheit ist ein Ideal, das man anstreben sollte, das man aber gottlob nicht völlig erreichen kann.

Das konkurrierende Gerechtigkeitsprinzip, die Ergebnisgleichheit, sollte man nicht einmal anstreben. Würde man eine Methode erfinden, die sicherstellt, daß alle Läufer im 800-Meter-Lauf gleichzeitig ins Ziel kommen und alle Fußballspiele stets unentschieden enden, so gäbe es weder Fußball noch Leichtathletik.

Eine Gesellschaft völliger Ergebnisgleichheit wäre nicht nur - wie im Falle der Chancengleichheit - amoralisch und trostlos, sie wäre überhaupt nicht überlebensfähig. Vollkommene Gerechtigkeit hätte einen Preis, der ihren Wert übersteigt.

April 1990

Leistung und Verteilung

Grundlagen des Wohlfahrtstaates

Güter sind knapp. Sie werden durch das Einkommen zugeteilt: Wer mehr verdient, kann mehr Güter kaufen. Positionen sind ebenfalls begrenzt. Wir brauchen nur einen Bundeskanzler; ein Unternehmen braucht wenige Vorstandsmitglieder. Solange wir nicht im Schlaraffenland leben, solange man nicht nur Häuptlinge, sondern auch Indianer braucht, benötigt jede Gesellschaft Prinzipien, nach denen knappe Güter und Positionen zugeteilt werden.

Viele solcher Prinzipien sind denkbar und auch angewandt worden: die Verlosung, das Gewaltprinzip oder Prinzip der besseren Bewaffnung, das Windhundprinzip oder Wer-zuerst-kommt-mahlt-zuerst-Prinzip, das Prinzip von Adel und Geburt, von Beziehung und Begünstigung. In der Marktwirtschaft gilt zumindest in der Theorie das Leistungsprinzip: Wer mehr zum Wohl der Gesellschaft beiträgt, der soll auch mehr von der Gesellschaft bekommen. Die Marktwirtschaft verknüpft den Wohlstand der Gesellschaft insgesamt mit der persönlichen Leistung. Wenn jeder nach seinem Beitrag zur Gesellschaft entlohnt wird, dann strengen sich alle zum eigenen Wohle an; die Gesellschaft wird dadurch insgesamt reich.

Im Marxismus ist die Verknüpfung von Anreiz und Beitrag zerschnitten. Karl Marx' Forderung „Jeder nach seinen Fähigkeiten, jedem nach seinen Bedürfnissen“ bedeutet, daß individuelle Leistung zwar gefordert wird, daß sich die Entlohnung aber nach einem ganz anderen Grundsatz, der Bedürftigkeit, richtet. Eine marxistische Gesellschaft setzt also einen anderen Menschen voraus, einen Menschen, der bereit ist, sein Bestes zu geben, auch wenn er persönlich davon keinen Vorteil hat.

Das ist der zentrale Unterschied in den Annahmen von Kommunismus und Liberalismus. Der Liberalismus geht davon aus, daß der Mensch egoistisch sei, daß man deshalb die Gesellschaft so organisieren müsse, daß der Egoismus in den Dienst des Gemeinwohls gestellt wird. Marx dagegen behauptet, der Egoismus sei lediglich das Produkt einer Ordnung, die auf Eigennutz basiert. Ändert man die Ordnung, dann ändert man damit auch das Verhalten des Menschen. Marx' Annahme war eine testbare Hypothese. Der Test hat in den sozialistisch organisierten Gesellschaften stattgefunden; die Hypothese wurde widerlegt.

Damit ist zwar nachgewiesen, daß das Leistungsprinzip der Effizienz einer Gesellschaft dient, nicht aber, daß es auch gerecht sei. Jeremy Bentham und die Utilitaristen lösen das Problem etwas vage: Das ethische Ziel einer gesellschaftlichen Organisation müsse das größte Glück der größten Zahl sein. Diese Vorschrift kann man ökonomisch nur als sogenannten Pareto-Optimismus interpretieren, einen Zustand höchst möglicher Effizienz. Die Meritoriker stellen die ethische Forderung auf, jeder solle verdienen (earn), was er verdient (merit). Das ist wiederum nichts anderes als eine Verteilung nach der

Grenzproduktivität: Jeder verdient das, was er dem Gesamtwohlstand hinzufügt. Dagegen geht der amerikanische Philosoph John Rawls davon aus, daß Gleichheit grundsätzlich der Ungleichheit ethisch vorzuziehen sei. Er kommt zu dem Ergebnis, daß Ungleichheit nur dann auch ethisch zu rechtfertigen sei, wenn auch der Ärmste in einer Gesellschaft von Ungleichen sich besser steht als jedermann in einer Gesellschaft von Gleichen. In allen Fällen findet eine Abwägung von Effizienz und Gerechtigkeit statt.

Nun ist es offensichtlich, daß auch in der perfektesten Marktwirtschaft Posten und Einkommen nicht alleine nach Leistung vergeben werden. Es ist sehr viel Glück im Spiel, und das größte Glück ist es, intelligent, gesund und lebenstüchtig geboren zu werden. Die Marktwirtschaft ist zum Teil auch ein Lotteriespiel. Eine Gesellschaft wäre leistungsfähiger, wenn es gelänge, das Leistungsprinzip rein durchzusetzen. Es entspricht auch unseren moralischen Gefühlen, daß Wohlstand, der auf Glück beruht, ethisch ebensowenig gerechtfertigt ist wie Armut, die durch Unglück zustande kommt.

Umverteilung hat nicht nur eine ethische, sondern auch eine wirtschaftliche Basis. Man kann sie als Versicherung auf das allgemeine Lebensrisiko auffassen, die unsere Vorväter für uns abgeschlossen haben und die wir für unsere Nachkommen abschließen. Diese Sicherheit ist ein begehrtes Gut, das der Markt nicht bereitstellen kann. Der Sozialstaat steht insoweit nicht im Gegensatz zur Marktwirtschaft - er ergänzt sie. Soweit man Umverteilung als Versicherung auffassen kann, zwischen denen, die Glück, und denen, die Pech hatten, ist die soziale Marktwirtschaft nicht nur gerechter, sondern auch effizienter als die reine Marktwirtschaft.

April 1990

Ausbeutung auf Gegenseitigkeit

Die Sozialsysteme

Die Kosten der Sozialsysteme haben nicht nur abenteuerliche Größenordnungen erreicht, sie werden auch, wenn nichts unternommen wird, in beängstigendem Maße steigen. Die Beiträge zu den Sozialversicherungen - Arbeitgeber- und Arbeitnehmeranteil zusammengerechnet - lagen 1950 bei 19,8 Prozent der Bruttolohnsumme. 1992 dürften sie 36,6 Prozent erreicht haben. Das ist eine glatte Verdoppelung, weil die Kosten der Lohnfortzahlung von den Kassen auf die Arbeitgeber verlagert wurden. Ohne diese Kostenverschiebung lägen die Sozialabgaben bei 39.7 Prozent.

Das ist aber noch nicht alles. Die Arbeitgeber erbringen, einschließlich Lohnfortzahlung, weitere Sozialleistungen von rund acht Prozent der Bruttolohnsumme. Der Staat bezuschußt die Sozialsysteme mit 67 Milliarden Mark oder 5,8 Prozent. Die Unfallversicherung durch die Betriebe macht ein weiteres Prozent aus, und schließlich bekommen die Krankenhäuser Zuschüsse von rund 0,7 Prozent (jeweils nur auf Westdeutschland bezogen). Das sind zusammen 52 Prozent der Bruttolohnsumme. Könnten die Arbeitnehmer selbst für Krankheit,

Alter und Arbeitslosigkeit vorsorgen und würden Sozialbeiträge und Steuern entsprechend gekürzt, so ließen sich die Nettolöhne mehr als verdoppeln.

In dieser Rechnung ist das expansivste System, die Sozialhilfe, noch nicht einmal enthalten. Würde man die Ausgaben für die Sozialhilfe ebenfalls auf die Bruttolohn- und Gehaltssumme beziehen, so käme man auf weitere 4,3 Prozent. Ein beträchtlicher Teil dieser Kosten dürfte auf Mißbrauch beruhen - ein Mißbrauch, den der Gesetzgeber durch die Konstruktion der Systeme geradezu programmiert. Der größte Kostenverursacher im Gesundheitswesen ist der Krankenstand, einmal, weil Produktion ausfällt, zum anderen, weil sich der Arbeitnehmer krank schreiben lassen muß, also das Gesundheitswesen in Anspruch nimmt. Es gibt eine Fülle von Indizien dafür, daß nur der kleinere Teil davon echte Krankheiten sind. Die Krankmeldungen häufen sich vor und nach dem Wochenende und vor und nach dem Urlaub. In den USA, der Schweiz und Japan liegt der Krankenstand bei einem Bruchteil des deutschen. Die Krankenquote bei Selbständigen wird zwischen ein und zwei Prozent geschätzt. In den Allgemeinen Ortskrankenkassen liegen die Krankheitstage der Männer beim 13fachen der landwirtschaftlichen Krankenkassen. An der guten Landluft allein kann das nicht liegen. Schweden, der bisherige Weltmeister, hat mit einer geringfügigen Einschränkung der Lohnfortzahlung eine drastische Senkung des Krankenstandes erreicht. Dieses deutet darauf hin, daß der echte Krankenstand bei etwa zwei Prozent liegen dürfte, der Rest ist gepfuscht.

Die Arbeitslosen sind wohl auch nicht alle echt. In den Jahren 1989 bis 1991 meldeten fast ebenso viele Unternehmen Produktionsbehinderungen wegen Mangels an Arbeitskräften wie 1969/70. Sie richteten in den Aufnahmelagern Anwerbungsstellen ein, um so an Leute zu kommen. Während aber 1969/70 die Arbeitslosigkeit nur wenig über hunderttausend lag, ist sie im Zeitraum 1989/91 nie unter eineinhalb Millionen gesunken. In diesen Jahren lagen die Zugänge zur Arbeitslosigkeit ebenso wie die Abgänge über 3,5 Millionen pro Jahr. Das deutet darauf hin, daß sich viele Urlaub auf Kosten der Arbeitsämter gönnten. Ähnliche Schlußfolgerungen zieht eine Allensbach-Untersuchung über Arbeitslosigkeit.

Die Rentenversicherung war bisher der einzige Bereich, in dem der Gesetzgeber gegen Mißbrauch eingeschritten ist. In den siebziger und Anfang der achtziger Jahre stiegen die Frühverrentungen wegen Erwerbsunfähigkeit dramatisch an. Im Haushaltsbegleitgesetz 1984 wurde das erschwert. Schon im folgenden Jahr ging die Neubewilligung von Erwerbsunfähigkeits- und Berufsunfähigkeitsrenten um über 20 Prozent bei den Männern und um 60 Prozent bei den Frauen zurück. Der Mißbrauch wurde auf diese Weise zwar vermindert, aber keineswegs ausgemerzt. Das Durchschnittsalter beim Rentenzugang liegt immer noch unter 60 Jahren.

Am stärksten ist der Mißbrauch wohl bei der Sozialhilfe gestiegen, wiederum mit kräftigem Zutun des Gesetzgebers. Von 1980 bis 1990 sind die Sozialhilfeaufwendungen von rund 13 Milliarden Mark auf rund 32 Milliarden Mark gestiegen. In dieser Dekade stiegen die Sozialhilfesätze schneller als die Löhne. Ein Hilfsarbeiter mit zwei Kindern fährt heute mit der Sozialhilfe fast stets besser als mit regulärer Arbeit. Die Sozialpolitiker behaupten zu Recht, aber irreführend, solche Fälle seien sehr selten. Da der Bestand an Sozialhilfeempfängern nur rund 3,5 Prozent der Bevölkerung ausmacht, so sind es darunter ziemlich viele. Noch größer dürfte die Zahl derer sein, die mit Sozialhilfe und ein wenig Schwarzarbeit einen höheren Lebensstandard als mit regulärer Berufstätigkeit erreichen.

In den kommenden Jahren müssen die Sozialbeiträge schon wegen der Alterung deutlich steigen. Im Jahre 1996 werden sie wohl, einschließlich Pflegeversicherung, die Marke von 40 Prozent überspringen, und vier Jahre später dürften 44 Prozent erreicht sein, hauptsächlich deshalb, weil sich die Pflegeversicherung als Kostenrakete erweisen wird.

Es wäre an der Zeit, die Sozialordnung grundsätzlich in Frage zu stellen. Sie ist, wie schon Wilfrid Schreiber erkannt hatte, zu einem System der Ausbeutung der Versichertengemeinschaft durch die Versicherten geworden. Weil viele etwas herausholen wollen, müssen alle viel bezahlen. Individuelle Rationalität wird zu kollektiver Irrationalität.

Januar 1993

Drücke-Berger und Tüchtig

Über Sozialreformen

Im Rahmen des Solidarpakts soll die Ausbeutung der Sozialsysteme eingedämmt werden, freilich mit untauglichen Mitteln. Der Anreiz zum Mißbrauch nimmt zwar ab, wenn das Arbeitslosengeld oder die Sozialhilfe gekürzt werden. Aber man trifft Gerechte und Ungerechte - den Familienvater, für den Arbeitslosigkeit ein hartes Los ist, ebenso wie die Wohngemeinschaft junger Leute, die mit etwas Schwarzarbeit beachtlichen Lebensstandard auf Kosten des Sozialamts erreicht.

An die Wurzel des Übels kommt man so nicht. Unsere Sozialsysteme laden zum Mißbrauch ein. Der Kranke steht sich oft besser als der Gesunde, der Arbeitslose in manchen Fällen besser als der Beschäftigte, der Rentner besser als der Aktive. In einer Gesellschaft, die darauf gebaut ist, daß jeder seine eigenen Interessen verfolgt und verfolgen soll, darf man sich nicht darüber wundern, daß die Bürger das auch im Sozialsystem tun. Die Systeme sind fehlkonstruiert; die Menschen muß man nehmen, wie sie sind.

Ein gewichtiger Konstruktionsfehler liegt darin, daß Steuer- und Transfersysteme nicht aufeinander abgestimmt sind.

Kinder sind den Sozialämtern viel wertvoller als dem Finanzamt. Also sind Kinderreiche relativ oft auch Sozialhilfeempfänger. Die alleinerziehende Mutter mit zwei Kindern und ohne Ausbildung steht sich mit der Sozialhilfe fast stets besser als mit regulärer Arbeit. Verdient sie offiziell noch etwas hinzu, wird der Betrag voll auf die Sozialhilfe angerechnet. Anders ausgedrückt: Der Frau wird ihr Arbeitseinkommen zu 100 Prozent genommen. Die Sozialpolitiker sollten sich nicht über die Schwarzarbeit entrüsten, wenn sie solche Systeme schaffen. Die Familie, die mehrere Kinder aufzieht und damit den Generationenvertrag unserer Rentenversicherung erst überlebensfähig macht, büßt dafür nicht nur mit einem niedrigen Lebensstandard während des Erwerbslebens, sondern auch noch mit geringerer Rente als das kinderlose Paar. Der Mißbrauch des Systems nimmt hier die Form der Kinderlosigkeit an.

Die Lösung wurde hier mehrmals dargestellt: Man muß das Steuer- und Transfersystem systematisch miteinander verbinden und zum einzigen Instrument des sozialen Ausgleichs machen. Nur so kann man sicherstellen, daß allen Bedürftigen auch geholfen wird und daß niemand Leistungen erhält, der ihrer nicht bedarf. Im heutigen System mit mehr als hundert Umverteilungsinstrumenten weiß niemand mehr, wer seine Hand in wessen Tasche hat. Meistens hat der Staat das, was er uns in die rechte Tasche steckt, vorher aus der linken genommen - den happigen Verwaltungskostenbeitrag eingeschlossen.

Heute wird in der gesetzlichen Krankenversicherung umverteilt, weil sich die Beiträge nicht nach dem Risiko, sondern nach dem Einkommen richten, und in der Rentenversicherung, weil bei gleichen Beiträgen - wegen der Ausfall- und Ersatzzeiten sowie der flexiblen Altersgrenze - ganz verschiedene

Renten herauskommen. Könnte man die Beiträge zur Sozialversicherung kostengerecht kalkulieren, ließe sich der Mißbrauch der Systeme leicht eindämmen.

Man könnte verschiedene Tarife zur Wahl stellen. Nehmen wir zwei Sozialversicherte, Frau Tüchtig und Herrn Drücke-Berger. Die Ortskrankenkasse bietet einen Tarif mit 720 Mark Selbstbeteiligung pro Jahr zu einem Monatsbeitrag von 320 Mark und einen Tarif ohne Selbstbeteiligung zu 780 Mark pro Monat an. Die Arbeitslosenversicherung hat drei Tarife. TF1 kostet zwei Prozent des Lohns bei drei Karenzmonaten, TF2 kostet vier Prozent bei einem Karenzmonat und TF3 verlangt sechs Prozent ohne Karenzzeit. Die Rentenversicherung kommt nun ohne Ausfall- und Ersatzzeiten aus, und sie erhöht die Rente um 7,5 Prozent für jedes Jahr, das der Versicherte über das 60. Lebensjahr hinaus arbeitet. Schließlich kann der Arbeitgeber mit seinen Beschäftigten die Lohnfortzahlung frei vereinbaren. Wer auf Lohnfortzahlung verzichtet, erhält zum Ausgleich einen Zuschlag zum Lohn von acht Prozent.

Frau Tüchtig und Herr Drücke-Berger haben beide ein Monatsgehalt von 3500 Mark brutto. Frau Tüchtig wählt jeweils die Selbstbeteiligung. Sie erhält nun 280 Mark Zuschlag vom Arbeitgeber, weil sie auf sechs Wochen Lohnfortzahlung verzichtet, zahlt 320 Mark Krankenversicherungsprämie, 75,60 Mark Arbeitslosenversicherung und 18 Prozent Rentenversicherungsbeitrag vom Bruttolohn, also 630 Mark im Monat. Es bleiben ihr vor Steuern 2754,40 im Monat. Herr Drücke-Berger zahlt 780 Mark in die Krankenkasse, 210 Mark an die Arbeitslosenversicherung und ebenfalls 630 Mark für die Rente. Ihm bleiben nur 1880 Mark im Monat.

Herr Drücke-Berger setzt sich mit 60 Jahren zur Ruhe und erzielt 1400 Mark Rente im Monat, während Frau Tüchtig bis zum 65. Lebensjahr arbeitet und dann 2010 Mark Rente bekommt.

Der politische Streit um die Selbstbeteiligung erübrigt sich hier: Die Versicherten konnten wählen. Man darf ohne großes Risiko prognostizieren, daß fast alle Arbeitnehmer sich für billige Tarife mit hoher Selbstbeteiligung entscheiden und später in Rente gehen. Die Gesamtkosten aller Sozialsysteme würden drastisch schrumpfen, wahrscheinlich um mehr als ein Drittel.

Das wäre zwar ein Segen für Arbeitgeber wie Arbeitnehmer. Die Sache hat nur einen Haken: Man müßte die Sozialversicherung vom Arbeitsvertrag trennen, und damit gingen den Tarifparteien so viele schöne Posten in den Selbstverwaltungsgremien verloren.

Februar 1993

Pathologisches Lernen

Die Zukunft der Sozialsysteme

Im Jahre 1992 überschritt das Sozialbudget erstmals den Betrag von einer Billion Mark; das ist bei rund drei Billionen Mark Bruttosozialprodukt ein rundes Drittel. Diese sogenannte Sozialleistungsquote ist allerdings irreführend. Man kann nämlich das Bruttosozialprodukt gar nicht verteilen, sondern höchstens das Volkseinkommen, das 1992 rund 2,7 Billionen Mark betrug. Gemessen am Volkseinkommen lag die Sozialleistungsquote also bei rund 37 Prozent. Auch dieser Wert ist noch unvollständig: Der Produktionsausfall wegen Krankheit geht nur mit einem Bruchteil in diese Rechnung ein. In den neuen Bundesländern ist der Staatsapparat aufgebläht, wird aber nicht auf ein angemessenes Maß gestutzt, weil die Bediensteten sonst arbeitslos würden. Das gleiche gilt für die Betriebe der Treuhandanstalt. Die Kosten des Bildungssystems sind im Sozialbudget nicht enthalten. Vollständig gerechnet nähern sich die Sozialausgaben zwei Fünfteln des Volkseinkommens.

Schon das Jahr 1993 wird einen weiteren Schub bringen. Die Ausgaben im Bereich Arbeit nehmen sowohl wegen der höheren Arbeitslosigkeit als auch wegen des im Osten stark steigenden Arbeitslosengeldes zu. Gleichzeitig sinkt die Bemessungsbasis, das reale Volkseinkommen. Von 1994 an kommt es dann zu weiteren Belastungen: Die starken Geburtenjahrgänge ab 1933 scheiden aus dem Erwerbsleben aus; die schwache Pillenknick-Generation rückt nach. Überdies haben wir auch im Aufschwung auf Jahre mit steigender Arbeitslosigkeit zu rechnen. Dehnt man den Zeithorizont noch weiter aus, so muß das Sozialsystem, insbesondere die gesetzliche Altersversorgung, nach 2020 zusammenbrechen, weil es überhaupt nicht mehr finanzierbar sein wird. Die Einführung der Pflegeversicherung wird den Konkurs des Sozialsystems noch um einige Jahre vorverlegen.

Die Rezession und die Finanznot des Staates haben ein kleines Wunder im Denken bewirkt. Im Sparpaket des Bundesfinanzministers sollen auch Sozialleistungen gekürzt werden. Der Bundesarbeitsminister will mehrere Milliarden Mark durch Bekämpfung von Mißbrauch herausholen - derselbe Norbert Blüm, der jahrzehntelang geleugnet hat, daß es solchen Mißbrauch überhaupt gäbe. Das Schlagwort vom „Umbau des Sozialsystems“ macht die Runde. Die Mittelstandsvereinigung der CDU, die sonst selten von sich hören läßt, tritt mit radikal-vernünftigen Vorschlägen an die Öffentlichkeit.

Bei aller Kritik an der konkreten Ausgestaltung sollte man zunächst nicht vergessen, daß das Sozialsystem eine große Errungenschaft ist, die im Prinzip jedenfalls nicht nur der Gerechtigkeit dient, sondern auch wirtschaftlich vernünftig ist. Es kann nicht um Abbau gehen - sieht man von einigen Übertreibungen ab -, sondern um den Umbau, um die Rationalisierung des Systems.

Die Möglichkeiten dazu sind wahrhaft gigantisch. Die Kosten sind deshalb so stark gestiegen, weil es nirgendwo Anreize zu verantwortungsvollem Verhalten gibt, weil gerade umgekehrt der Mißbrauch prämiert wird. Im Gesundheitssystem sind alle fehlmotiviert - Ärzte, Krankenhäuser, pharmazeutische Industrie und besonders die Patienten. Ganz vorsichtig geschätzt, ist die Hälfte aller Krankheiten nur vorgetäuscht. Das ist keine aus der Luft gegriffene Zahl; dafür gibt es mehrere starke Indikatoren. Jedes Unternehmen wird vom Markt ständig zur Rationalisierung gezwungen. Bei Ärzten, Krankenhäusern und der Pharmaindustrie soll dieser Druck durch immer mehr Kontrolle und Reglementierung ersetzt werden - ein Verfahren, das sich noch nie bewährt hat. In den Jahren 1989 bis 1991 deuteten alle Anzeichen auf Arbeitskräftemangel hin (ähnlich wie 1969 bis 1973): Trotzdem verharrte die Arbeitslosigkeit bei über fünf Prozent. Alle Erklärungsversuche - Krankheit, Schwervermittelbarkeit, Differenzen von angebotenen und nachgefragten Qualifikationen oder Arbeitszeiten - taugen nichts. Diese Faktoren waren auch von 1960 bis 1966 oder von 1969 bis 1973 wirksam. Die Arbeitslosigkeit ging nichts desto weniger damals unter ein Prozent zurück. Die wahre Erklärung ist Mißbrauch. Die Zahl der Sozialempfänger ist seit den frühen achtziger Jahren hochgeschnellt - nicht etwa, weil es mehr Arme gäbe, sondern weil die Sozialhilfeleistungen den Löhnen immer näher gerückt sind, und weil die Chancen auf ein Zubrot durch Schwarzarbeit so viel besser geworden sind. Wer einmal in der Sozialhilfe steckt, kommt kaum noch heraus - zusätzliches Arbeitseinkommen wird voll angerechnet. Das entspricht einem Grenzsteuersatz von 100 Prozent ausgerechnet bei den Ärmsten.

Das Umverteilungssystem soll dafür sorgen, daß die Bezieher hoher Einkommen etwas an die Ärmeren abgeben. Ob und inwieweit dieses Ziel erreicht wird, kann niemand mehr kalkulieren bei den fünf wichtigen umverteilenden Steuern, über 80 verschiedenen Sozialtransfers und einer ungezählten Menge von Sachleistungen - vom gestützten Getreidepreis über die Schulgeldfreiheit bis zum sozialen Wohnungsbau. Niemand weiß mehr, wer seine Hand in wessen Tasche steckt und wieviel er daraus entnimmt.

Die Lösungen der Probleme sind allesamt bekannt (und wurden hier schon früher dargestellt): Bündelung aller Umverteilungsmaßnahmen in der sogenannten Negativsteuer, Entpolitisierung der Sozialversicherung und das Cafeteria-Prinzip, bei dem jeder wählen kann zwischen hoher Selbstbeteiligung und niedrigen Beiträgen oder geringer Selbstbeteiligung bei hohen Beiträgen. Wenn wir das System nicht rechtzeitig reformieren, dann reformiert es sich durch pathologisches Lernen. Es wird zahlungsunfähig.

Juli 1993

Die Besitzfrage

Vermögen und seine Bedeutung

Die Deutsche Bundesbank hat in ihrem Monatsbericht im Oktober 1993 eine Vermögensrechnung der privaten Haushalte vorgelegt. Danach liegt deren Bruttovermögen in den alten Bundesländern bei rund 9,5 Billionen Mark. Zieht man davon Konsumkredite und Hypotheken auf Wohnungseigentum von rund 1,2 Billionen Mark ab, so verbleibt ein Reinvermögen von rund 8,3 Billionen Mark. Für Westdeutschland ergibt sich ein Geldvermögen von rund 110000 Mark pro Haushalt durchschnittlich und ein Gesamtvermögen von fast 270000 Mark. Erstaunlich verlief die Entwicklung in Ostdeutschland. Nach der Währungsunion lag das Geldvermögen im Osten bei 135 Milliarden Mark oder rund 20000 Mark pro Haushalt. Davon wurde zunächst ein Teil für die Anschaffung langlebiger Konsumgüter, besonders für Autos, ausgegeben. Trotzdem hat das Geldvermögen inzwischen rund 30000 Mark pro Haushalt erreicht, etwa den Betrag der Anfang der siebziger Jahre in Westdeutschland vorhanden war. Damit hat sich das Sparverhalten in Ost und West überraschend schnell aneinander angeglichen. Zu DDR-Zeiten lag die Ersparnis im

Osten relativ zum Einkommen nur bei etwa der Hälfte des Westwertes. Trotzdem bleibt eine große Diskrepanz zwischen dem Reichtum in Ost und West. Während die Einkommen im Osten rund 55 Prozent der Westeinkommen erreichen, dürften es beim Gesamtvermögen (Geld- und Sachvermögen zusammen) erst etwa 20 Prozent sein.

Die Bedeutung dieser Zahlen erschließt sich im historischen Rückblick. Das soziale Problem des 19. Jahrhunderts gipfelte in der sogenannten Besitzfrage. Die überwiegende Mehrheit der Bevölkerung hatte nichts, war gezwungen die eigene Arbeitskraft zu verkaufen. Eine dünne Schicht dagegen brauchte nicht zu arbeiten, sondern konnte von den Erträgen des Vermögens leben. In den sechziger und siebziger Jahren brandete diese Diskussion wieder auf. Eigentumsförderung und Vermögenspolitik wurden zu zentralen Anliegen.

Die Diskussion entzündete sich damals an einem Satz von Wilhelm Krelle: „1,7 Prozent der Bevölkerung besitzen 70 Prozent des Produktivvermögens.“ 1,7 Prozent der Bevölkerung sind rund eine Million Personen - die Unternehmer. Das Produktivvermögen in Krelles Terminologie ist das Eigenkapital von Unternehmen. Der Satz hieß also, weniger polemisch formuliert: „Die Unternehmen gehören großenteils den Unternehmern.“ Es herrschte aber die allgemeine Vorstellung, der Arbeitnehmer sei, trotz des stark gestiegenen Einkommens, vermögenslos; er habe allenfalls einigen Hausrat und ein gebrauchtes Auto. Als dann die ersten Untersuchungen des Vermögens und seiner Verteilung auf dem Tisch lagen, zeigte es sich, daß die Diskussion auf falschen Voraussetzungen beruht hatte. Das Vermögen war zwar sehr viel ungleicher verteilt als das Einkommen, aber der normale Arbeitnehmerhaushalt war durchaus nicht mehr vermögenslos. Bedauerlicherweise gibt es seit langem keine Untersuchung der Vermögensverteilung mehr. Man kann indes fast sicher sein, daß nicht nur das Privatvermögen stark gestiegen ist - von rund 1,3 Billionen Mark 1970 auf rund 8,3 Billionen Mark 1992 -, sondern daß dieser Vermögenszuwachs auch weit gleichmäßiger verteilt ist, als er es in früheren Jahrzehnten war.

Das eigentlich Bemerkenswerte an der Entwicklung besteht aber nicht darin, daß die Besitzfrage des 19. Jahrhunderts gelöst worden wäre oder daß die Forderung der sechziger Jahre nach Vermögen in Arbeitnehmerhand erfüllt wurde. Viel wichtiger ist, daß diese Besitzfrage immer unwichtiger wurde. Der Rentier früherer Zeiten, der nicht arbeitete, sondern aus Vermögenserträgen lebte, ist eine nahezu ausgestorbene Spezies. Heute arbeitet fast jeder, und fast jeder hat auch Vermögenserträge.

Die privaten Haushalte hatten nach der Schätzung der Bundesbank 173 Milliarden Mark Einkommen aus Zinsen und Dividenden (im Osten rund sieben Milliarden Mark). Das entsprach etwa 8,5 Prozent des Volkseinkommens. Die Bundesbank schließt daraus, daß sich die Einkommensbasis der Bevölkerung deutlich verbreitert habe. Das darf man bezweifeln. Der Einkommensbetrag entspricht einer Rendite von knapp sechs Prozent auf das ertragbringende Geldvermögen. Etwa ein Fünftel des Geldvermögens - besonders die Wertpapiere, die die Bundesbank unter dem Namen „Banknoten“ ausgibt - bringt keinen Ertrag. Das Geldvermögen insgesamt verzinst sich also nur mit rund fünf Prozent. Bei vier Prozent Geldentwertung ist das real etwa ein Prozent. Davon bleibt nach Steuern nichts mehr übrig, weil die Steuern an den nominalen, nicht den realen Erträgen anknüpft. Für die Einkommenssituation der privaten Haushalte sind also die Geldvermögenserträge ohne Bedeutung.

Weil die Bundesbank nominal und nicht real rechnet, überschätzt sie auch die Sparquoten. Die nominale Rechnung der Bundesbank führt zu dem Ergebnis, daß die Sparquote in längerfristiger Betrachtung etwa konstant war; eine reale Rechnung würde enthüllen, daß sie deutlich gefallen ist.

Der größte Brocken des Privatvermögens ist in der Rechnung ohnehin nicht enthalten: der Wert der Rentenanwartschaften in der gesetzlichen Rentenversicherung und auf Beamtenruhegehalt. Kapitalisiert man die bereits erworbenen Ansprüche, so käme man auf eine Summe zwischen acht und neun Billionen Mark, mehr wahrscheinlich als Geldvermögen, Grundbesitz und Gebrauchsvermögen zusammen.

Der eigentliche gesellschaftliche Wandel, die Lösung der Besitzfrage, liegt nur zum kleinen Teil darin, daß heute auch Arbeitnehmerhaushalte Vermögen haben, zum größten Teil darin, daß sie zur Altersvorsorge kein Vermögen mehr brauchen.

November 1993

Teure Heimstatt

Bauen in Deutschland

Die Situation ist paradox: Auf der einen Seite jammern die Wohnungssuchenden, die Neubaumieten seien unerschwinglich, auf der anderen Seite die Bauherrn, im Mietwohnungsbau lasse sich keine angemessene Rendite mehr erzielen. Die einen können nicht zahlen, was die anderen brauchen, obgleich der Staat einen kräftigen Batzen zuschießt, um die Lücke zu schließen.

Betrachtet man den Wohnungsbestand, erscheint die Klage über zu hohe Mieten wenig gerechtfertigt. In den alten Bundesländern zahlen die Haushalte im Durchschnitt 556 Mark Kaltmiete für ihre Wohnung, die durchschnittlich 70 Quadratmeter groß ist. Das ergibt im Mittel eine Kaltmiete von knapp acht Mark pro Quadratmeter. In den neuen Bundesländern liegt die Kaltmiete bei 312 Mark, allerdings bei geringerer Durchschnittsgröße und schlechterer Ausstattung als im Westen.

Weil in Deutschland freilich eine Wohnungspolitik getrieben wird, die Altinsassen zu Lasten der Newcomer fördert, sieht es bei Neuvermietungen ganz anders aus. Hier ist in den Großstädten eine Quadratmetermiete von 15 Mark an der Tagesordnung. Die führt mit allen Nebenkosten zu einer Mietbelastung, die eine junge Familie in der Regel nicht tragen kann. Diesen 15 Mark Miete, die sich am Markt erzielen lassen, stehen Kostenmieten im sozialen Wohnungsbau von 25 bis 40 Mark je Quadratmeter in Ballungsgebieten gegenüber. Im freifinanzierten Wohnungsbau dürfte kaum billiger gebaut werden.

Diese Lücke füllt der Staat teilweise mit Subventionen. In einer neuen Schrift des Frankfurter Instituts Stiftung Marktwirtschaft und Politik wird die Gesamtsumme mit 38 Milliarden Mark angegeben. Darin ist die Steuerfreiheit von Veräußerungsgewinnen noch nicht enthalten, die eine Größenordnung von 15 Milliarden Mark erreichen dürfte. Das macht pro Kopf jedes Deutschen eine Steuerlast von 650 Mark pro Jahr zur Finanzierung der Subventionen. Trotzdem dauert es, wie der Verband Deutscher Hypothekenbanken ausrechnete, 17 Jahre bis der Bauherr aus der Miete eine Rendite erreicht, die der Kapitalmarktverzinsung entspricht.

Da scheint doch manches faul zu sein. In den USA, Großbritannien oder den Niederlanden reichen drei bis fünf Jahreseinkommen aus, um Wohnungseigentum zu erwerben; ein Deutscher braucht doppelt soviel. Dabei gibt der Vergleich mit den Einkommen die Differenz geschönt wieder. Die Einkommen liegen in Westdeutschland zu heutigen Wechselkursen beträchtlich höher als in den USA oder Großbritannien. Der Abstand in den absoluten Preisen ist also noch viel größer, obwohl für die meisten anderen Güter etwa das gleiche Preisniveau herrscht. In Deutschland wird also viel zu teuer gebaut.

Ein wichtiger Grund dafür sind die Grundstückspreise. Sie dürften heute im Mittel bei etwa einem Drittel der Gesamtkosten liegen; in Extremfällen wird auch die Hälfte und mehr erreicht. Dafür gibt es eine einfache Erklärung. Bis zum Ersten Weltkrieg war die Baulanderschließung eine private Tätigkeit. Erschlossen wurde dann, wenn sich für Bauland höhere Preise erzielen ließen als für Landwirtschaftsflächen plus Erschließungskosten. In Amerika ist das bis heute so und deshalb sind auch die Baulandpreise niedrig. Nach dem Ersten Weltkrieg erhielten die Gemeinden das Erschließungsmonopol, und das nutzen sie bis heute, um Bauland knappzuhalten. Die Kalkulation der Gemeinde sieht ganz anders aus als die einer Terraingesellschaft. Die zusätzlichen Einwohner kosten die Kommune mehr als sie an Steuern einbringen - im Gegensatz übrigens zu Gewerbetrieben. Hinzu kommt, daß die Gemeinderäte aus etablierten Parteien in der Regel selbst Grundbesitz haben. Neuerschließungen von Wohnflächen würden - wieder im Gegensatz zu Gewerbeflächen - den Wert ihres Vermögens beeinträchtigen. Die Grünen sind ohnehin jeder Landversiegelung abhold. Sie setzten notfalls noch einige Warzenkröten oder Hirschkäfer aus, die es dann zu schützen gilt.

Der zweite Grund: die Bauqualität. Wenn Grundstücke teuer sind und im Preis steigen, lohnt kein schlichter Wohnungsbau. Man kann das heute vielfach beobachten: Häuser aus den fünfziger Jahren stehen auf Grundstücken, die inzwischen unbebaut wertvoller wären als einschließlich Haus. Das Haus hält zwar noch hundert Jahre. Seine wirtschaftliche Lebensdauer war nur vierzig Jahre. Und weil die Grundstücke so viel kosten, sind sie auch klein. Der Bauherr muß teuer unterkellern, will er auf der Miniparzelle genügend Nutzfläche haben.

Hinzu kommen die Bauvorschriften und DIN-Normen. Deutsche Häuser sind statisch so ausgelegt, als müßten sie überall Regallager mit Büchern tragen und das 150 Jahre lang. Die Vorschriften zur Wärmedämmung sind strenger als in Alaska, und der Trittschallschutz muß auf Fliesenboden abgestellt sein, auch wenn Teppichboden verlegt wird. Bei den Bauvorschriften wie bei den DIN-Normen scheint es eine geheime Kumpanei von Bauindustrie und staatlichen Stellen zu geben. Das Teuerste ist gerade gut genug und wird dann gleich zur Mindestnorm erhoben oder gar behördlich vorgeschrieben.

Die Bauindustrie pflegt die Version, das teure deutsche Bauen habe mit der deutschen Mentalität zu tun. Nun gut: Die Deutschen wohnen gerne schön. Aber amerikanische Häuser sind auch nicht häßlicher oder unbehaglicher. Sie halten nur nicht so lang. Wenn also die Deutschen Häuser bauen, deren technische Lebensdauer 150 Jahre beträgt, die aber nach 50 Jahren wirtschaftlich ausgedient haben, dann beherrschen sie wohl die Renditerechnung nicht.

August 1994

Wo wir stehen

Die großen Herausforderungen

Deutschland steht vor mehreren Herausforderungen, von denen jede einzelne schwer zu bewältigen ist. Die erste ist der Wandel im ehemaligen Ostblock und den meisten Entwicklungsländern. Dieses Standortproblem bietet für alle Industrieländer Chancen und Risiken, stellt die Wirtschaft aber vor die Notwendigkeit eines drastischen Strukturwandels. Die zweite ist die Integration der neuen Bundesländer, die, wenn es bei den bisherigen Methoden bleibt, noch auf Jahrzehnte mit hohen Opfern verbunden sein wird.

Die schwerste aber ist der Alterungsprozeß, der die öffentlichen Haushalte und Sozialkassen in Bedrängnis bringt. Aber anscheinend will niemand wissen, was da auf uns zukommt: Es gibt keine langfristige Projektion der Abgabelasten.

Um eine grobe Vorstellung von den Problemen zu erhalten, sei angenommen, im Jahre 1994 hätten wir in Deutschland bereits die Alterstruktur des Jahres 2030. Was wäre die Folge? Nach dem Rentenreformgesetz 1992 steigt zunächst der Bundeszuschuß zur Rentenversicherung mit der Höhe der Rentenausgaben und dem Beitragssatz. Die unmittelbare Konsequenz für den Bundeshaushalt wäre ein um 80 bis 90 Milliarden Mark höherer Bundeszuschuß zur Rentenversicherung.

Ferner zahlen Rentner faktisch keine Steuern, und die Beiträge zur Sozialversicherung können vom steuerpflichtigen Einkommen abgesetzt werden. Daraus errechnet sich ein Steuerausfall von 100 bis 120 Milliarden Mark bei der Lohn- und Einkommensteuer.

Zum dritten steht der Staat bei seinen eigenen Bediensteten vor einem noch steileren Rentnerberg als die Gesellschaft insgesamt. Diese Zusatzlasten addierten sich heute auf rund 80 Milliarden Mark. Viertens schließlich steigt die Staatsschuld schnell an, wobei ein Ende dieses Prozesses noch nicht abzusehen ist. Auch wenn sich der Zuwachs stark verlangsamt, wäre für 2030 eine Verdoppelung der Staatsschuld relativ zum Sozialprodukt vorstellbar. Bezogen auf das Jahr 1994 benötigte der Fiskus rund 125 Milliarden Mark höhere Steuereinnahmen, um die gigantischen Schulden zu bedienen. Das ergibt zusammen einen Mehrbedarf von mindestens 390 Milliarden Mark.

Weiter geht's. Die Rentenversicherung hätte 1994 bei der Altersstruktur von 2030 rund 160 Milliarden Mark mehr an Beitragseinnahmen gebraucht. Die hätten Arbeitnehmer und Arbeitgeber aufgebracht. Außerdem wären die Kosten des Gesundheitswesens erheblich gestiegen, weil Alte höhere Aufwendungen als Junge verursachen. Allein dieser Effekt ergibt für das Modell einen Zusatzbedarf von 15 Milliarden Mark. Die Entwicklung der Pflegeversicherung ist kaum abzusehen. Die Kosten werden aber allein wegen der Zunahme der Anzahl an Alten und der Abnahme der Familienpflege stark steigen. Setzen wir sie mit 50 Milliarden Mark an.

Diesem Mehrbedarf steht bis 2030 der Abbau der Transferlasten für die neuen Bundesländer gegenüber. Über die Arbeitslosigkeit ist keine Aussage möglich. Sie hängt von der zukünftigen Lohnpolitik ab. Die Vorstellung freilich, die Arbeitslosigkeit werden allein deshalb verschwinden, weil die Zahl der Arbeitskräfte abnimmt, ist ökonomisch naiv. Weder Theorie noch Erfahrung geben einen solchen Zusammenhang her.

Das Ergebnis der Rechnung: Der Staat hätte im Jahre 1994 einen Mehrbedarf von über 500 Milliarden Mark gehabt. Er hätte also insgesamt rund 80 Prozent des Volkseinkommens in Form von Steuern und Abgaben erheben müssen. Das aber ist unmöglich. Die Wirtschaft würde ruiniert; nur die Schattenwirtschaft könnte blühen. Das Kapital würde abwandern - und mit ihm viele qualifizierte Arbeitskräfte. Solche Abgabelasten bedeuten - auch bei vorsichtiger Wortwahl - eine wirtschaftliche Katastrophe.

Wer vor einem Jahrhundert den Reichtum prognostiziert hätte, in dem wir heute leben, der wäre in ein Irrenhaus gesperrt worden. Die historisch unvergleichliche Prosperitätsperiode von 1948 bis heute scheint sich nun allerdings ihrem Ende zuzuneigen. Im Aufschwung nach 1982 sind die realen Nettolöhne kaum noch gestiegen; inzwischen fallen sie. In keinem Krieg und keiner Katastrophe ist die Geburtenzahl auf eine solch niedriges Niveau wie heute gefallen. Die gesamtwirtschaftliche Ersparnis ist stark gefallen. Ein Volk, das weder Kinder hat noch Kapital bildet, hat auch keine Zukunft.

Die Gesellschaft bricht auf: Vier Millionen Arbeitslose, fast fünf Millionen Sozialhilfeempfänger, Millionen sinnlos Beschäftigter oder mit gelindem Druck in den Ruhestand Abgeschobene. Jedes fünfte Kind wird von der Sozialhilfe unterhalten. Was Wunder also, daß die Kriminalität anscheinend unaufhaltsam zunimmt.

Wenn wir die Dinge weiter so schleifen lassen wie bisher, dann ist Deutschland in dreißig Jahren auf dem Stand eines Entwicklungslandes. Notwendig ist das nicht. Wir können die Prosperität bewahren. Aber dann müssen die Weichen schnell gestellt werden. 15 Jahre etwa bleibt noch Zeit. Danach wird es für ein Umsteuern zu spät sein.

Die Regierung Kohl hatte zwölf Jahre Zeit, um Weichen zu stellen. Sie hat sie nicht ganz, aber fast ungenutzt verstreichen lassen. Eigentlich brauchen wir eine andere Regierung. Aber die Waffen, die die SPD vorzeigt, sehen wie Selbstmordinstrumente aus: Industriepolitik und Strukturkonservierung, Vermögensteuer, Erbschaftsteuer und, unausgesprochen hörbar, Maschinensteuer. Wenn wir schon zum Entwicklungsland werden wollen, dann doch bitte möglichst langsam.

Oktober 1994

Lichtblick

Irrwege der Arbeitsmarktexperten

Gleich am Anfang ihrer Geschichte gab es zwei Skandale, die Südseeblase in London und der Mississippi-Schwindel in Paris, beide im Jahre 1720. Dabei hat in England die Deckelung des Aktienwesens durch den Bubble Act die Wirtschaftsentwicklung des Landes wohl um Jahrzehnte verzögert. In Frankreich war der Aktien- auch ein Bankenskandal. Selbst das Wort „Banque" geriet in Mißkredit. Charles Kindleberger, einer der besten Kenner der europäischen Wirtschaftsgeschichte, glaubt, daß der Mississippi-Schwindel Frankreich wirtschaftlich um ein Jahrhundert zurückgeworfen hat.

Als die Zeit der Aktiengesellschaft dann doch anbrach, erwies sie sich als unglaublich wirkungsvolles Instrument zur Organisation wirtschaftlicher Kräfte. Die britische ostindische Kompanie kolonisierte Indien, ein Land mit der mehrfachen Bevölkerung Britanniens, die holländische ostindische Kompanie kolonisierte gleichzeitig Indonesien. Amerika wurde nicht vom Staat, sondern von Aktiengesellschaften erschlossen. Die bauten Straßen, Kanäle, Eisenbahnen und nahmen dabei hohe Risiken auf sich. Der Suezkanal, der Panamakanal, die transsibirische Eisenbahn, die Bagdadbahn wurden durch Aktienemission finanziert. Aktiengesellschaften bauten und betrieben Häfen, Untergrundbahnen, Straßenbahnen, Stadtbeleuchtungen, Notenbanken, zoologische und botanische Gärten.

Der Erfolg hatte mehrere Ursachen. Erstens konnten die Aktiengesellschaften viele Kleinbeträge für ein großes Projekt bündeln. Zweitens konnten sie viel größere Risiken als Privatunternehmen eingehen. Der Anleger konnte auch bei bescheidenem Vermögen sein Risiko diversifizieren. Drittens schließlich wurden Eigentum und Management getrennt: Fähige Leute konnten Unternehmer werden, auch wenn sie kein eigenes Vermögen besaßen. Damit war die Aktie nicht nur eine bedeutende wirtschaftliche, sondern auch eine große soziale Erfindung. Auch der kleine Mann konnte sich am rentablen Produktionsvermögen beteiligen. Sein Einsatz war nicht groß, und er konnte sich darauf verlassen, daß sein Vermögen in seinem Interesse verwaltet wurde, auch wenn er weder genügend Zeit noch Sachkenntnis besaß, sich selbst um seine Anlagen zu kümmern.

Die ganze Herrlichkeit ist Geschichte. Die Zahl der Aktiengesellschaften ist seit 1913 auf einen Bruchteil zurückgegangen ebenso wie der durch Aktien verkörperte Teil des Volksvermögens. Neue Aktiengesellschaften werden kaum noch gegründet, allenfalls alte Unternehmen in die Form der AG gekleidet. Die Kapitalaufbringung über die Börse ist gänzlich unbeachtlich geworden, die Börse selbst ist heute eher ein Spielkasino als ein Instrument zur Kapitallenkung. Nach ihrer Logik ist die Aktie ein Instrument der Dekonzentration: Diversifikation im Unternehmen wird durch Diversifikation im Portefeuille des Anlegers ersetzt. Statt dessen ist die Aktie heute ein Konzentrationsinstrument.

Dabei wäre die Funktionsfähigkeit der Aktiengesellschaft heute noch wichtiger als im 19. Jahrhundert. Damals gab es einen dünnen Mittelstand, der Vermögen anzulegen hatte. Heute dagegen hat fast jedermann im Laufe seines Lebens Anlagebedarf. Unsere Zeit ist zudem schnellebiger. Der wissenschaftliche und technische Fortschritt haben sich beschleunigt. Entsprechend sollten auch mehr Risiken bewältigt werden. Paradoxerweise ist aber die Zahl der Haushalte, die in Aktien anlegen, nicht nur gering; sie wird auch immer kleiner. Verglichen mit dem 19. Jahrhundert werden heute selbst kümmerliche Risiken nur noch geschultert, wenn der Staat beisteht - Airbus, Transrapid, Mikroelektronik, Kernenergie.

Man hat die Aktiengesellschaft mutwillig kastriert. Nach ihrer wirtschaftlichen Logik ist sie eine Organisationsform, in der viele Kleine eine Chance gegen die Großen haben. Von der steuerlichen Logik dagegen eignet sich die Aktie nur als Anlageform für die Besserverdienenden. Wenn Risiken übernommen werden sollen, dann braucht man Risikokapital. Das aber wird mehrfach so hoch besteuert wie risikoarmes Fremdkapital. Vor allem aber kann sich der Anleger heute nicht mehr darauf verlassen, daß sein Vermögen auch in seinem Interesse verwaltet wird.

Hätten wir heute ein ebenso leistungsfähiges Aktienwesen wie bis zum Ersten Weltkrieg, wäre eine Fülle wirtschafts- und gesellschaftspolitischer Probleme, die uns heute plagen, gar nicht entstanden: Ballung des Produktivvermögens in immer weniger Händen, Umsetzung des technischen Fortschritts, Schaffung von Arbeitsplätzen, Konzentration, Belastung des Staates, besonders der Gemeinden, mit Aufgaben der Infrastruktur. Das Bundesforschungsministerium könnten wir schließen, die Förderung von Risikokapital einstellen, und um den

Standort Deutschland brauchten wir uns keine Sorge zu machen. Woanders steht das Aktienwesen wahrscheinlich vor einer neuen Blüte: In China.

Januar 1995

O Wagalaweia

Über die Kulturindustrie

Wenn von „Wachstumsindustrien“ die Rede ist, dann denkt man an die Mikroelektronik, die Gentechnik, die Datenübertragung, vielleicht noch an Finanzdienstleistungen. Einer der bedeutendsten Wachstumsträger wird stets vergessen: die Kulturindustrie. Das hängt damit zusammen, daß es dafür keine Position in den statistischen Jahrbüchern gibt, keinen Gesamtverband der Kulturschaffenden, daß die Kultusministerien sich weniger mit Kultur als mit der Verwaltung von Schulen beschäftigen. Kultur - das sind so unterschiedliche Bereiche wie Bücher und Zeitschriften, Fernsehproduktionen und Filme, Theaterstücke und Museen, Freizeitparks und Mikkymaus-Zentren, Musik und Tanz, Design, Grafik, Mode bis hin zu Kosmetik und Werbung.

Sieht man von der einen oder anderen Nische ab, dann ist das Gebiet fest in amerikanischer Hand: Die Einspielergebnisse europäischer Filme sind nur noch eine Marginalie gemessen an US-Produktionen. J. R. Ewing oder den Denver-Clan konnte man in Japan auf japanisch, in Burkina Faso auf französisch und in Brasilien auf portugiesisch sehen. Die amerikanische Dominanz ist so erdrückend geworden, daß Frankreich obligatorische Mindestquoten für europäische Produktionen fordert. Die Musik, einstmals eine deutsche Domäne, wird heute von amerikanischen Titeln beherrscht, und selbst erfolgreiche europäische Bands leben von Ideen aus den USA. Europäische Bühnenwerke sind selten erfolgreich. Das Musical jedoch spielt Geld ein. Deutsche Bücher werden ins Englische und englische ins Deutsche übersetzt, aber dem Tantiemenstrom in die USA steht nur ein Rinnsal nach Deutschland gegenüber. Es gibt zwar hier Dutzende von Erlebnisparks und Freilichtmuseen, aber Disney World in Florida lockt alleine mehr Besucher im Jahr an als ganz Spanien Touristen. Vor vierzig Jahren hielten wir amerikanische Kleidung für aufgetakelt, amerikanischen Wein für ungenießbar, amerikanisches Design für pompös, amerikanisches Essen für geschmacklos. Inzwischen laufen wir alle in Jeans herum; kalifornischer Wein wird zu französischen Preisen angeboten, aus Dessinateur ist Designer und aus Lebenskunst Lifestyle geworden. McDonald's, Pizzahut und Burgerking breiten sich aus. Churrasco und Maredo sind Imitationen amerikanischer Steakhäuser.

Dort, wo die Kultur auch den offiziellen Stempel „Kultur" trägt, wurde sie vom Staat an die Hand genommen und mit Subventionen gepäppelt. So verwaltet konnten sich die Regisseure, Autoren, Museumsdirektoren ohne Rücksicht auf das Publikum selbst verwirklichen. Also wanderte das Publikum ab. „Kultur" ist bei uns gleichbedeutend mit „Defizit". Aus ehemals rentablen Theatern wurden verlustreiche Schauspiel- und Opernhäuser. Die steigende Freizeit hat den Zulauf zu Ausstellungen und Museen vervielfacht, aber auch das Defizit. An den Freilichtmuseen sieht man ganze Rudel von Omnibussen, die Schulklassen subventioniert zu unserem Kulturerbe befördern.

Gottlob gibt es noch Bereiche, in denen die Kultur dem Genuß und nicht der Bildung dient. Modeschöpfer, Designer und Feinschmeckerrestaurants müssen bisher noch ohne Subventionen auskommen. Sie sind kommerziell erfolgreich. Die so oft als plump beschimpften Deutschen exportieren mit Erfolg teure modische Kleidung, Einrichtungsgegenstände oder Käsespezialitäten.

Johann Sebastian Bach oder Wolfgang Amadeus Mozart wollten kein Kulturerbe produzieren. Die „Brandenburgischen Konzerte" waren Unterhaltungsmusik für die gehobenen Stände; die „Zauberflöte" oder „Don Giovanni" dienten dem Vergnügen der Oberschicht. Schillers „Räuber" waren ein Riesenerfolg; Goethe war ein Bestsellerautor. Von Verdis Musik wird als höchstes Lob berichtet, selbst die Schusterjungen hätten seine Melodien auf den Straßen gepfiffen.

Der vielleicht weitsichtigste Vorahner der heutigen Kulturszene war wohl der bayrische König Ludwig II. Er baute mit den Schlössern, besonders Neuschwanstein, den Vorläufer von Disneyland. Was da Ende des 19. Jahrhunderts als Traumvorstellung einer mittelalterlichen Burg gebaut und mit Rittern, Schwänen und Heroinen ausgemalt wurde, zieht heute täglich Tausende von Touristen an, und aus dem japanischen oder amerikanischen Deutschland-Bild ragt der Söller von Neuschwanstein hervor. Aber trotz der Weitsicht Ludwigs II. scheint das Ganze für den Freistaat Bayern ein Zuschußgeschäft zu sein. Jedenfalls hat das Geld wohl nicht gereicht, das Schloß fertig zu bauen und mit Thron und bayrischen Löwen auszustatten. Man stelle sich vor, die Walt Disney Co. würde die Schlösser verwalten und mit einem Kulturpark umgeben: Das ganze Allgäu würde aufblühen, und der Betreiber könnte Millionengewinne einstreichen und Steuern zahlen.

Der Unterschied zwischen Deutschland und Amerika ist der: Dort blieb die Kultur eine kommerzielle Angelegenheit, abhängig von der Gunst des Publikums, bei uns ist sie an der helfenden staatlichen Hand zur Nachlaßverwaltung verdorrt. Privatisieren wir also die Opernhäuser und Museen; stellen wir die Filmförderung ein! Dabei gehen zwar die meisten dieser Institutionen zum Wohle des Steuerzahlers ein, und es wird viel Triviales produziert - aber es wird neues Leben und damit hie und da auch Bedeutendes erweckt. So ketzerisch es für Wagner-Fans klingt: Zwischen „Wagalaweia“ und „Yabba Dabba Doo“ gibt es nur einen graduellen Unterschied.

Februar 1995

Soziale Dimension

Lohnnebenkosten in Europa

Die Gewerkschaften fürchten in einem vereinten Europa einen Sozialabbau. Politiker, einschließlich des Bundeskanzlers, fordern deshalb, Europa müsse um eine soziale Dimension ergänzt werden. Wären solche Bedenken berechtigt, würden die Arbeitnehmer tatsächlich aus der europäischen Einigung Nachteile erleiden, dann sollten wir auf diese Einigung verzichten. Schließlich sind die meisten Deutschen Arbeitnehmer, und der Sinn jeder Politik kann nur das Wohlergehen des Volkes sein.

Bei weltoffener Wirtschaft stehen die Länder in einem Standortwettbewerb. Der Investor legt sein Geld dort an, wo es nach Steuern die beste Rendite bei geringem Risiko abwirft. Die Rendite hängt ihrerseits von vielen Faktoren ab: Steuern, Transportkosten, Energiepreisen, Investitionsauflagen. Der wichtigste Faktor sind die Arbeitskosten. Sieht man einmal von Luxemburg ab, dann hat die Bundesrepublik die höchsten Arbeitskosten in der Gemeinschaft. Sie bestehen nur teilweise in Lohn für geleistete Arbeit. Hinzu kommen die Arbeitgeberbeiträge zur Sozialversicherung, die Lohnfortzahlung im

Krankheitsfalle, die Kosten der Betriebsrente, der Pausen-, Urlaubs- und Feiertagsvergütung, des Mutterschutzes, des Hausarbeitstages. Diese sogenannten Lohnnebenkosten liegen heute schon über 80 Prozent der eigentlichen Löhne.

Damit ist aber noch nicht Schluß. Kosten und Wert der Arbeit hängen für den Arbeitgeber auch von der Einsatzmöglichkeit ab. Der Betriebsrat kostet rund 600 Mark pro Arbeitnehmer und Jahr; die Mitbestimmung läßt sich ebenfalls in Geld bewerten, ebenso wie der Kündigungsschutz, der Sozialplan, Abfindungszahlungen, Werksarzt und Sozialstation. Auch die Zuverlässigkeit der Arbeit zählt: In einem Land, in dem viel gestreikt wird, können nur geringere Löhne gezahlt werden als in einem Land mit sozialem Frieden.

Dem Unternehmer ist es im Prinzip gleichgültig, in welcher Form er die Arbeit bezahlt. Wenn er Sozialversicherungsbeiträge, Kündigungsschutz, Sozialplan, Arbeitszeitordnung, Streikwahrscheinlichkeit, Betriebsrat, Mitbestimmung, Mutterschutz einkalkulieren muß, dann kann er eben nur geringere Barlöhne zahlen. All die schönen sozialen Errungenschaften hat der Arbeitnehmer letztlich selbst zu tragen. Das bedeutet freilich nicht, daß Sozialleistungen sinnlos wären. Es ist durchaus möglich, daß die Kosten für den Betrieb geringer sind als der Wert, den die Leistung für den Beschäftigten hat.

Deshalb hat beispielsweise die betriebliche Altersversorgung so weite Verbreitung gefunden. Sie ist für den Arbeitnehmer mehr wert, als sie den Betrieb kostet. Dieser Bereich der freiwilligen Sozialleistungen nimmt einen breiten Raum ein. Die Freiwilligkeit besteht darin, daß die Leistungen nicht gesetzlich erzwungen werden. Nichtsdestoweniger sind sie nicht Wohltaten, sondern wohlkalkulierte Ausgaben des Betriebs - sie erhöhen seine Konkurrenzfähigkeit am Arbeitsmarkt.

Umgekehrt gilt dieselbe Logik. Wird eine Sozialleistung gesetzlich erzwungen, kommt sie also nicht in freier Vereinbarung zustande, dann ist sie vermutlich für den Arbeitnehmer weniger wert, als sie den Betrieb kostet. Das bedeutet, daß der Arbeitgeber die Leistung einkalkulieren muß, also entsprechend weniger Barlohn zahlen kann, daß dem Beschäftigten aber umgekehrt mit höherem Lohn besser gedient wäre.

Es ist die Aufgabe des Gesetzgebers und der Tarifvertragsparteien, einen fairen und klaren Rechtsrahmen für den Arbeitsvertrag zu schaffen. Unternehmen haben Rechtsabteilungen, die in der Lage wären, umfängliche und komplizierte Arbeitsverträge zu entwerfen. Der Sekretärin Helma Schmitt ist es nicht zuzumuten, alle Eventualitäten solcher Verträge zu durchdenken. Sie muß sich darauf verlassen können, daß der Vertrag fair ist. Gesetzgeber und Tarifpartner haben sich aber auf diese Aufgabe nicht beschränkt. Sie haben vielmehr einerseits die Vertragsfreiheit immer mehr eingeengt, andererseits den Arbeitgeber zu immer mehr sozialen Leistungen verpflichtet. Weder das eine noch das andere ist sinnvoll. Ist unsere Sekretärin Helma Schmitt mit dem Barmixer Herbert Schmitt verheiratet, dann sieht sie ihren Mann fast nie, weil er nachts arbeitet, während sie unter das Verbot der Frauennachtarbeit fällt, also nur tagsüber arbeiten darf. Helma Schmitt müßte also Krankenschwester oder Bardame werden, wenn sie ihren Mann gelegentlich sehen will. Mit den Beispielen für solch unsinnige Beschränkungen der Vertragsfreiheit ließen sich Bände füllen.

In einem vereinten Europa, wie überhaupt in einer weltoffenen Wirtschaft, verschärft sich nun der Standortwettbewerb. Der Gesetzgeber wie die Tarifvertragsparteien geraten unter Wettbewerbsdruck. Sie müssen sorgfältiger als bisher abwägen, ob eine Sozialleistung auch wirtschaftlich sinnvoll ist. Sie müssen den Nutzen gegen die Lohneinbußen abwägen. So darf man voraussagen, daß die deutsche Mitbestimmung in Europa wohl kaum weiter ausgedehnt werden kann - es handelt sich um eine Maßnahme, die ein schweres Hemmnis für den Investor darstellt, ohne daß sie den Arbeitnehmern wirklichen Nutzen bringt.

Wenn das die Folge der europäischen Einigung ist, dann ist es kein Nachteil, sondern ein Vorteil für den Arbeitnehmer. Wirtschaftlich sinnvolle Sozialleistungen bleiben erhalten, weil sie die Leistungsfähigkeit des Standortes Bundesrepublik vergrößern. Bisher schien es der Ehrgeiz des Gesetzgebers wie der Tarifvertragsparteien zu sein, die Vertragsfreiheit am Arbeitsmarkt immer weiter auszuhöhlen und immer größere Teile des Lohns der Verfügungsmöglichkeit des Arbeitnehmers zu entziehen. Nicht die Sozialpolitik leidet unter dem internationalen Standortwettbewerb, sondern nur ihr irrationaler Teil.

Dezember 1988

Zwei Seiten einer Medaille

Eigenkapitalmangel und Konzentration des Produktivvermögens

Im Jahre 1968 schrieb Wilhelm Krelle seinen berühmten Satz: „1,7 Prozent aller Haushalte besitzen 70 Prozent des Produktivvermögens.“ Damals verfügte der Durchschnittshaushalt freilich nur über 10 000 Mark Geldvermögen, also keine freien Mittel, die er in Aktien oder Beteiligungswerten hätte anlegen können. Aus diesen 10 000 Mark sind bis 1988 100 000 Mark geworden. Trotzdem hat sich das Beteiligungsvermögen weiter vermindert: 1965 bestanden zwölf Prozent des Privatportefeuilles aus Aktien; 1975 waren es sieben Prozent, 1983 noch vier Prozent. Seitdem ist der Anteil wegen der Kurssteigerungen leicht auf gut sechs Prozent gestiegen. Die berühmten 1,7 Prozent der Bevölkerung dürften heute über 80 oder 85 Prozent des Produktivvermögens verfügen.

Für die Unternehmen bedeutet das, daß Außenfinanzierungsmittel nur als Kredite, nicht als Beteiligungen zu haben waren. Der Sachverständigenrat zeigte sich darüber schon im Gutachten 1967/68 besorgt. Die Eigenkapitalquoten der Unternehmen müßten auf diese Weise weiter sinken; irgendwann werde dann der Punkt erreicht, an dem Kreditspielräume erschöpft seien. Die Investitionstätigkeit müsse leiden. Das war prophetisch: Die Eigenkapitalquoten sind stark gesunken; die Nettoinvestitionen lagen selbst im Boomjahr 1988, netto und relativ zum Sozialprodukt gerechnet, nur bei der Hälfte dessen, was in den sechziger und frühen siebziger Jahren als normal galt. Eine Nettokreditaufnahme von zehn Milliarden Mark reichte aus, um 264 Milliarden Mark Bruttoinvestitionen zu finanzieren. Die Unternehmen investieren kaum mehr als die Abschreibungen und die einbehaltenen Gewinne.

Eigenkapitalschwäche der Unternehmen und Konzentration des Produktivvermögens sind zwei Seiten derselben Medaille. Würden die privaten Haushalte einen größeren Teil ihrer Ersparnis in Beteiligungstiteln anlegen, dann erschiene derselbe Betrag in den Unternehmensbilanzen als Eigenkapital. Schuld an der Situation ist weder die Mentalität des deutschen Anlegers noch, wie früher einmal, seine Vermögenslosigkeit. Schuld ist das Steuersystem.

Der erste Effekt ist von den Abschreibungsprojekten bekannt: Der Wert überhöhter Abschreibungen ist um so größer, je höher der Einkommensteuersatz ist. Bei hohem Fremdfinanzierungsanteil läßt sich für Spitzenverdiener das Objekt gelegentlich voll aus der Steuerersparnis finanzieren. Derselbe Effekt tritt abgemildert bei Unternehmen auf, wenn die Abschreibungsmöglichkeiten die tatsächliche Wertminderung übersteigen, wie zum Beispiel bei Betriebsgebäuden und vielen Anlagen.

Der zweite Effekt liegt im Körperschaftsteuersystem. Beteiligt sich ein Anleger mit geringem Einkommen an einer Kommanditgesellschaft, so kommt er auch für den einbehaltenen Teil des Gewinns in den Genuß seines eigenen niedrigen Steuersatzes. Für diesen Kleinanleger kommt freilich nur die

Aktie als Beteiligungstitel in Frage. Hier wird er aber beim einbehaltenen Gewinn mit dem Spitzensteuersatz belastet. Das bedeutet: Aktien werden am Markt so bewertet, daß sie für Spitzenverdiener eine interessante Anlage, für den Normalbürger aber unattraktiv sind. Wenn eine Unternehmensteuerreform dieses Problem nicht löst, dann ist sie halbwegs für die Katz. Soll die Eigenkapitalausstattung der Unternehmen verbessert werden, dann gibt es dazu zwei Wege: Entweder die Gewinne steigen so stark, daß den Unternehmen davon ein großer Teil zur Eigenkapitalanreicherung verbleibt, oder aber die privaten Haushalte müssen stärkere Anreize zur Anlage in Beteiligungswerten bekommen. Der erste Weg ist politisch nicht gangbar. Die Gewerkschaften würden - völlig zu Recht - eine solche Umverteilung zu Lasten der Löhne nicht hinnehmen.

Die derzeit diskutierten Änderungen im Körperschaft- und Einkommensteuerrecht sind kontraindiziert. Sowohl die Erleichterung der Abschreibungsmöglichkeiten als auch die Steuerbegünstigung des einbehaltenen Gewinns würden die Effekte der Anlagenspezialisierung, also auch die Konzentration des Produktivvermögens, verstärken. Der Kronberger Kreis hat als Lösung die sogenannte Teilhabersteuer vorgeschlagen. Sie läuft darauf hinaus, daß die Körperschaftsteuer im wirtschaftlichen Ergebnis zu einer Erhebungsform der Einkommensteuer wird, daß also der Normalverdiener auch für den einbehaltenen Teil des Gewinns geringer besteuert wird als der Spitzenverdiener - so, wie das heute bei der Dividende schon der Fall ist.

Die Teilhabersteuer wurde in den siebziger Jahren unter der Überschrift „Produktivvermögen in Arbeitnehmerhand“ diskutiert, von der CDU damals ins Parteiprogramm aufgenommen. Was seinerzeit eher sozialpolitisch motiviert war, wird heute zum Erfordernis der Ordnungspolitik. Wenn die Masse der Ersparnis bei Arbeitnehmern anfällt, dann kommt es nur dann zu hinreichender Eigenkapitalausstattung der Unternehmen, wenn die Arbeitnehmer Beteiligungsvermögen erwerben. Aus denselben Gründen wurden in Amerika die Employee Stock Ownership Plans (ESOP) eingeführt. Sie sind zum Hit geworden: Immer mehr Belegschaften beteiligen sich an ihren Unternehmen oder kaufen sie ganz auf. In dieser Perspektive gewinnt die Unternehmensteuerreform einen ganz anderen Rang. Es geht nicht um Steuerermäßigungen für Unternehmer, es geht um einen wichtigen Schritt auf dem Wege von der Arbeitnehmer- zur Teilhabergesellschaft - ein Weg, den die Logik einer marktwirtschaftlichen Entwicklung ohnehin vorzeichnet.

Juli 1989

Marktrisiko

Die Versicherungsmärkte

Im gewerblichen Geschäft der Versicherer herrscht seit Jahrzehnten ein harter Preiswettbewerb. Das Geschäft mit den privaten Haushalten ist bisher davon verschont geblieben. Der Staat hat Rahmenbedingungen geschaffen, die den Versicherten eine sorglose Existenz bescheren. Das Versicherungswesen ist wie die Kreditwirtschaft vom allgemeinen Kartellverbot ausgenommen. Das wurde damit begründet, daß beide Bereiche einer eigenen staatlichen Aufsicht unterlägen. Freilich: Die beiden Aufsichtsämter sollten nicht den Wettbewerb fördern, sondern Versicherungsnehmer und Bankeinleger vor Verlusten schützen. Je mehr Banken und Versicherungen verdienen, je höher ihre Preise sind, um so unwahrscheinlicher wird eine Pleite.

Das Bundesaufsichtsamt für das Kreditwesen (BAK) hat seine Philosophie im Laufe der Zeit geändert. Es achtet heute im wesentlichen darauf, daß die Banken genügend Eigenkapital haben, um die Geschäftsrisiken zu tragen. Freilich ist auch hier die alte Vorliebe für Kartellpraktiken nicht ganz verschwunden. So machte das BAK den Banken, die eigene Bausparkassen gründeten, die Auflage, einen eigenen Außendienst aufzubauen. Das ist sachlich unter dem Gesichtspunkt des Einlegerschutzes völlig unsinnig. Das BAK wollte lediglich verhindern, daß es bei den Bausparkassen zum Nutzen des Kunden, aber zum Schaden der alten Bausparkassen zu einem Preiswettbewerb kommen würde.

Im Versicherungswesen dagegen ist die alte Kartellphilosophie noch weitgehend intakt. Die Preise sind so hoch, daß die Versicherer auch im ungünstigen Fall keine Verluste erleiden. Ein Kompositversicherer hat deshalb fast immer die Möglichkeit, Verluste aus dem gewerblichen Geschäft mit Überschüssen aus dem Privatgeschäft zu decken. Zudem wurde die Branche bisher strikt gegenüber dem Auslandswettbewerb abgeschirmt. Der Europäische Gerichtshof hat diese Abschirmung vorläufig noch für rechtens erklärt. In dem berühmten Urteil zum „Cassis de Dijon"-Fall hatte der Gerichtshof das Prinzip aufgestellt, daß eine Ware, die in einem Mitgliedsland zugelassen sei, auch in allen anderen zugelassen werden müsse. Davon rückte er im Fall von Versicherungen teilweise ab. Der sachliche Grund: Ein Käufer des Cassis de Dijon kann das Produkt auch dann noch genießen, wenn der Hersteller in Konkurs geht; bei Versicherungen aber geht der Schutz verloren.

In diese Marktsituation - strikte Abschirmung nach außen und kartellähnliche Praktiken im Innern, verlagerte sich der Wettbewerb vom Preis auf die Kosten. Die Versicherer bauten leistungsfähige, aber sehr teure Versicherungsapparate auf. Da die Angemessenheit von Prämien ihrerseits an den Kosten gemessen wird, wurde die Versicherung von Privaten in der Bundesrepublik verhältnismäßig teuer, allerdings bei einem sehr guten Schutz für den Versicherungsnehmer.

Die Rahmenbedingungen geraten nun gleich zweifach unter Druck. Mit der Vollendung des Binnenmarktes in Europa muß auch der Versicherungswettbewerb uneingeschränkt hergestellt werden. Das deutsche Versicherungsrecht und seine Handhabung durch das Aufsichtsamt wird sich nicht aufrechterhalten lassen. Es würde deutsche Versicherer zu Prämien zwingen, die gegenüber der ausländischen Konkurrenz nicht wettbewerbsfähig sind. Im Inneren segelten die Versicherer bisher im Windschatten der Politik, hauptsächlich deshalb, weil nur wenige Politiker und hohe Beamte etwas vom Versicherungswesen verstehen und weil diese dem Gewerbe eng verbunden sind. Die Fachleute sind Interessenten, und die blieben unter sich. Inzwischen hat die Monopolkommission Kritik geübt, und die Deregulierungskommission hat einen Fragebogen mit heiklen Fragen verschickt. Die vorteilhaften Rahmenbedingungen geraten gleichzeitig unter inneren politischen Druck und unter den äußeren Druck der europäischen Integration. Diesem Doppelangriff werden sie kaum standhalten.

Auch die Märkte kommen in Bewegung. Sie werden transparenter, weil die Wirtschafts- und Fachpresse zunehmend Preise und Leistungen von Versicherern objektiv vergleicht. Es entstehen neue Produkte wie die All-Risk-Versicherung oder die Lebensversicherungspolice der Deutschen Bank. Es öffnen sich neue Absatzwege - über den Bankschalter, über firmenunabhängige Makler, über Warenhäuser und Versandgeschäfte. Der Druck zum Wandel kumuliert. Den Versicherten kann es nur recht sein, aber auch den Gesellschaften entstehen nicht nur Risiken, sondern auch neue Chancen.

November 1989

Hoffnungswerte

Das deutsche Produktportefeuille

Jedes gut geführte Unternehmen hat nicht nur Produkte, die langsam auslaufen, und andere, die auf dem Höhepunkt ihres Lebenszyklus stehen, sondern auch Hoffnungsträger, in die zunächst investiert werden muß. Das gilt auch für ganze Volkswirtschaften. Die starken Säulen der deutschen Wirtschaft sind Automobil-, Maschinen-, Elektro- und Chemieindustrie. Auslaufende Produktlinien sind Schiffbau, Bergbau, Landwirtschaft, Bekleidung und Schuhe. Die Hoffnungsträger sind stets schwer zu erkennen; in Deutschland gibt es besondere Schwierigkeiten, die Zukunftswerte auszumachen. Aber: Wer soviel importieren muß wie wir, der muß auch exportieren können.

Unter den großen Cash-cows im deutschen Produktportefeuille hat die Automobilindustrie ihren Höhepunkt hinter sich. Die drei deutschen Hersteller von Luxusautos, Mercedes-Benz, BMW und Porsche, haben in ganz kurzer Zeit gleich fünf japanische Konkurrenten bekommen. Deutschland wird als Produktionsstandort zu teuer. Neuinvestitionen finden im Ausland statt, es sei denn, der Staat würde, wie in den neuen Bundesländern, die Kapitalkosten auf die Hälfte heruntersubventionieren.

Unsere zweite Cash-cow, die Chemie, investiert seit Jahren netto nur noch im Ausland. Inzwischen wird auch ein Teil der Forschung verlagert, vorzugsweise nach Amerika. Wir vertreiben - wie etwa in der Gentechnik - gerade die innovativen Bereiche der Chemie. In der Pharmazie sieht es noch etwas besser aus, aber die Gesundheitsreformen schlagen auch da Wunden.

In der Elektroindustrie behaupten sich die Konsumgüter nur mühsam gegen japanische Konkurrenz, bei Computern und Mikrochips sind wir abgeschlagen, und die Kerntechnik kann in Deutschland politisch nicht gedeihen. Der Maschinenbau ist derzeit in einer Krise, von der man hofft, daß sie nur konjunkturelle, keine strukturellen Ursachen hat. Keine unserer starken Säulen steht wirklich noch fest.

Die Zukunft gehört den Dienstleistungen. Beim Tourismus, einer Wachstumsbranche noch auf Jahrzehnte, können wir des Klimas wegen nicht mithalten. Das Bankwesen wächst in der ganzen Welt, aber Deutschland ist Nettoimporteur von Finanzdienstleistungen. Für das Versicherungswesen, einen weiteren Wachstumszweig, gilt das gleiche. Auch Transportleistungen - vom Seeschiff über den Lastwagen bis zum Flugzeug - kaufen wir mehr im Ausland ein, als wir dorthin liefern. Der Ruhm der deutschen Forschung schlägt sich nicht in Zahlen wieder: Unsere Patent- und Lizenzbilanz ist stark negativ.

Mit der Freizeitgesellschaft wächst auch die Kulturindustrie: Filme, Bücher, Zeitschriften, Musik, Ausbildung. Das ist eine Domäne der Amerikaner. Mickey Mouse und J.R. Ewing beherrschen fast alle Sprachen der Welt. Wo immer man in der Welt das Radio - Pardon, den Receiver einschaltet, da hört man amerikanische Musik. Die gute alte Operette hat sich zum Musical verwandelt. An amerikanischen Universitäten studieren vermutlich mehr Ausländer als an allen anderen Universitäten der Welt zusammen. Amerikanische Bücher - Bestseller wie Fachliteratur - beherrschen den Weltmarkt. Und obgleich Bambis, Bären und Löwen auch an Deutsche, Franzosen oder Schweden fallen - im Weltfilmgeschäft zählt nur Amerika. Das reicht bis zur Eßkultur. Nur die Pizza kann dem Hamburger noch Paroli bieten; Chop-suey und Nasi-goreng landen abgeschlagen.

Roland Berger sieht die deutsche Zukunft in der Systemführerschaft. Für komplexe Aufgaben wie den Bau eines Weltraumlabors, einer Satellitenstadt, einer Polyesterfaserfabrik braucht man einen Koordinator und Planer. Fragt man bei den großen Anlagenbauern wie Zimmer, Lurgi oder Uhde nach, so kommt man einem ganz neuen Trend auf die Spur. Sie kaufen heute nicht nur die einzelnen Teile zunehmend im Ausland, sie vergeben auch die Ingenieurleistungen dorthin. Ein indischer Architekt oder Ingenieur ist heutzutage auch nicht schlechter als sein deutscher Kollege, aber er kostet nur ein Zehntel.

Unser Produktportefeuille enthält zu wenige Hoffnungswerte. Wir vertreiben die Kernenergie und die Gentechnik, Chemie und Pharmazie außer Landes, verkürzen die Arbeitszeit nicht nur der Menschen, sondern auch der Maschinen, belasten die Exportwirtschaft mit unsäglichen bürokratischen Prozeduren, nur weil Gummistiefel auch in einer Giftgasfabrik gebraucht werden können, und wir streben überdies die Weltmeisterschaft im Umweltschutz an. Die könnten wir auch erreichen - wenn nämlich die Industrie aus Deutschland abgewandert ist. *August 1992*

Arbeit ist zu teuer

Über Arbeitslosigkeit in Ost und West

Wie hoch die Arbeitslosigkeit in Deutschland ist, weiß man nicht. Jedenfalls ist die offizielle Zahl weder international noch mit unserer eigenen Vergangenheit vergleichbar. Will man zu solchen Werten kommen, so muß man zunächst das Arbeitslosenäquivalent der Kurzarbeit addieren. Dazu kommen die Teilnehmer an Fortbildungs-, Umschulungs- und Arbeitsbeschaffungsmaßnahmen, die Bezieher von Altersübergangs- und Vorruhestandsgeld. Schließlich beschäftigt die Treuhandanstalt etwa eine halbe Million Arbeitnehmer in Betrieben, die ihre Lohnkosten nicht erwirtschaften, also nur aus Subventionen Löhne zahlen können. Zählt man alles zusammen, so kommt man auf über sechs Millionen offen und versteckt Arbeitslose in ganz Deutschland. Das entspricht etwa dem Winter 1931/32, dem Höhepunkt der Arbeitslosigkeit in der Weltwirtschaftskrise.

Dieser Vergleich hinkt freilich. Ein großer Teil der versteckt Arbeitslosen bezieht vollen Lohn, braucht dafür aber nur wenig zu arbeiten. Andere stehen sich mit Arbeitslosengeld und wenig Schwarzarbeit besser als mit regulärem Gehalt. Die

Arbeitslosigkeit von 1993 ist zu einem guten Teil freiwillig; die von 1931 war vollständig unfreiwillig.

Die Arbeitslosigkeit entstand 1931 auch ganz anders als 1993. Massenarbeitslosigkeit beruht zwar immer darauf, daß die Reallöhne über die Produktivität gestiegen sind. In der Weltwirtschaftskrise sanken die Nominallöhne, wenn auch nur wenig. Trotzdem kam es zu sehr starken Reallohnsteigerungen, weil die Preise viel stärker als die Löhne fielen. Dagegen stiegen 1991 und 1992 die realen Lohnkosten der Betriebe stärker als die Produktivität, weil im Westen die Nominallöhne beträchtlich erhöht wurden. Im Osten wurden sie ohne jede Rücksicht auf die Produktivität festgesetzt. Die Lohnstückkosten (das heißt die Löhne, bezogen auf die Produktivität) liegen derzeit im Osten rund 2,2mal so hoch wie im Westen. Rechnet man Ost und West zusammen, so ist also eine hohe Diskrepanz zwischen Löhnen und Produktivität entstanden. Genau dies spiegelt die hohe Arbeitslosigkeit wider.

Das Problem wird 1993 dadurch erschwert, daß die Lohnstückkosten in Deutschland stärker als im Ausland gestiegen sind. Wechselkursbereinigt und mit unseren Außenhandelsanteilen gewichtet, liegen unsere Lohnstückkosten um rund 20 Prozent über denen unserer Partnerländer. Die agieren nicht nur als Importeure, sondern auch als Wettbewerber auf Drittmärkten. Das deutsche Exportventil ist verstopft. Die derzeitige Exportschwäche ist deshalb nicht allein eine Folge der Konjunkturflaute im Ausland. Auch unsere Wettbewerbsfähigkeit hat gelitten.

Es muß also entweder die Produktivität an die Löhne herangeführt werden oder die Löhne an die Produktivität. Die Lohnformel des Sachverständigenrates - die Reallöhne können in demselben Maße erhöht werden, wie die Produktivität steigt - ist in dieser Situation keine Hilfe. Vor allem im Osten gab es kräftige Produktivitätszuwächse lediglich deshalb, weil Arbeiter entlassen wurden. Ein Beispiel mag den Prozeß verdeutlichen. In einer kleinen Volkswirtschaft gibt es drei Arbeiter mit einer Produktivität von 90, 100 und 110, im Durchschnitt also 100. Beträgt der Lohn 90, so können alle drei beschäftigt werden. Steigt er auf 98, so wird auf einem Arbeitsplatz der Lohn nicht mehr erwirtschaftet. Der Mann wird arbeitslos. Die statistisch gemessene Produktivität steigt um fünf Prozent auf 105 (Durchschnitt aus 100 und 110). Verfährt man nun nach der Regel des Sachverständigenrates und erhöht die Löhne um fünf Prozent, so wird auch der zweite noch arbeitslos.

Genau das ist im Osten passiert. Die Produktivität stieg schnell, weil die am wenigstens produktiven Arbeitskräfte freigesetzt wurden, nicht weil irgendeiner mehr produziert hätte. Die Lohnformel des Sachverständigenrates ist eben nur anwendbar, wenn im Ausgangszeitpunkt Vollbeschäftigung herrscht. In der heutigen Situation dagegen vergrößert ihre Anwendung die Arbeitslosigkeit.

Natürlich gibt es theoretisch auch den anderen Ausweg, nämlich die Produktivität an die Löhne anzupassen. Da Produktivität weniger vom Fleiß und den Kenntnissen der Beschäftigten als von deren Ausstattung mit Maschinen abhängt, bedeutet das hohe Investitionen. Das war anscheinend das Konzept der Regierung für die neuen Bundesländer. Die Löhne sollten schnell an die Westlöhne herangeführt werden. Gleichzeitig wurden Investitionen mit hohen Förderbeträgen angelockt, um die Produktivität schnell zu erhöhen.

Vor diesem Konzept haben wir seit zwei Jahren gewarnt. Lohnerhöhungen, denen kein Produktivitätszuwachs gegenübersteht, führen dazu, daß die vorhandenen Kapazitäten nicht mehr rentabel genutzt werden können. Der Kapitalstock entwertet sich also schlagartig. Er muß vollständig neu geschaffen werden. Dazu werden erheblich Kapitalsummen benötigt, die nur in Jahrzehnten aufgebracht werden können, während gleichzeitig die Investoren durch hohe Lohnkosten verscheucht werden.

Heute stehen wir vor dem Befund, daß die Investitionen im Osten nicht höher, sondern (pro Kopf gerechnet) niedriger sind als im Westen und daß die heimische Kapitalbildung stark zurückgegangen ist, weil der Staat einen großen Teil der privaten Ersparnis konsumtiv verbraucht. Es gibt weder genug Investitionsbereitschaft noch genug Kapital. Die Last der Beschäftigungspolitik liegt allein bei den Tarifpartnern. Aber auch die Regierung sollte ihre Strategie überprüfen. Sie hat versagt.

Februar 1993

Menetekel

Über Realitätsverdrängung

Seit Jahren haben wir hier die deutschen Wirtschaftsprobleme analysiert, die Folgen prognostiziert - zutreffend nebenbei - und Handlungsnotwendigkeiten aufgezeigt. Geschehen ist nichts, und so kumulieren jetzt alle Lasten: Überalterung, Standortsorgen, Wirtschaftsstruktur, Ostintegration, Rezession. Die Folgen der Alterung kennen wir seit Mitte der Siebziger; die Indikatoren der Standortverschlechterung häufen sich seit Mitte der achtziger Jahre. Die Hoffnungen auf einen schnellen Aufschwung Ost sind seit 1991 zerstoben. Die Rezession hat die Strukturschwächen der Wirtschaft schonungslos aufgedeckt.

Thema Alterung: Das Verhältnis von Aktiven zu Rentnern von 10 zu 4 heute verschlechtert sich bis 2040 auf 1 zu 1. Daraus ergeben sich Lasten für Sozialsysteme und öffentliche Haushalte, die überhaupt nicht finanzierbar sind. Die Folgen des Alterungsprozesses setzen mit Wucht schon Mitte der neunziger Jahre ein.

Thema Standort: Die Schere zwischen deutschen Direktinvestitionen im Ausland und ausländischen in Deutschland öffnet sich seit einem Jahrzehnt immer weiter. Die einheimischen Ersparnisse haben zu immer größeren Teile keine Anlage im Inland mehr gefunden; sie werden exportiert, also zur Finanzierung von Auslandsinvestitionen verwandt.

Thema Wirtschaftsstrukutur: Die Bundesrepublik hat bei wichtigen Spitzentechnologien den Anschluß verpaßt. Patentanmeldungen werden spärlicher. In einigen Kernbereichen der Industrie werden seit längerem nur noch die Abschreibungen investiert, die Nettoinvestitionen finden im Ausland statt. Der Dienstleistungssektor expandiert. Aber in allen großen Bereichen - Finanzdienstleistungen, Versicherung, Tourismus, Kultur - sind wir Nettoimporteur.

Und schließlich Thema Ostintegration. Die Industrieproduktion im Osten liegt bei einem Drittel des Standes von 1989, und auch dieses Drittel wird zum großen Teil subventioniert. Würde man die neuen Bundesländer heute wieder als eigenen Staat organisieren, dann lägen die Einkommen nicht nur weit unter denen der alten DDR, sondern auch unter denen des ärmsten EG-Mitglieds Griechenland. Ein Aufschwung aus eigener Kraft ist nicht zu sehen; das Wachstum ruht auf der Basis von Transfers aus dem Westen.

Das sind große Herausforderungen. Sie wären aber mit Umsicht, Entschlossenheit und Gemeinsinn zu meistern. Statt dessen werden sie zunächst geleugnet oder verdrängt, dann mit Palliativmitteln angegangen oder mit Fehlentscheidungen noch verschärft. Die Rezession zeichnete sich Ende 1991 ab, durfte aber nicht erwähnt werden. Als sie Ende 1992 nicht mehr zu übersehen war, wurde ein schneller Aufschwung versprochen, der mittlerweile mehrfach verschoben werden mußte. Das Alterungsproblem wurde mehr als ein Jahrzehnt lang verdrängt. Als dann die Öffentlichkeit unruhig wurde, ließ Norbert Blüm wider besseres Wissen plakatieren, die Renten seien sicher. Anstatt Vorsorge zu treffen, anstatt also den Generationenvertrag zu entlasten, wurden ihm immer weitere Bürden aufgeladen. Die absurdeste ist die Pflegeversicherung. Der zunächst niedrige Beitragssatz wird schon in wenigen Jahren auf sechs Prozent oder darüber steigen. Dabei handelt es sich um schieren sozialen Luxuskonsum. Auch heute wird keinem bedürftigen Alten die Pflege verweigert. Die Pflegeversicherung verhindert lediglich, daß er für deren Kosten sein Vermögen angreifen muß. Es handelt sich also um eine Erbschaftserhaltungsversicherung.

Die Probleme des Standorts Deutschland und seiner Wirtschaftsstruktur wurden ein Jahrzehnt lang schlicht geleugnet, als Interessengerede abgetan. Als sie nicht mehr zu leugnen waren, hieß die Antwort „Standortsicherungsgesetz". Zu diesem Entwurf haben sich inzwischen Dutzende von Fachleuten und Gremien geäußert, alle mit demselben Tenor: Das Gesetz würde Investitionen in Deutschland nicht fördern, sondern behindern. Die Unternehmen werden netto nicht entlastet; vielmehr wird die Senkung des Steuersatzes durch Verschlechterung der Abschreibungsbedingungen kompensiert. Man entlastet also das Geld- und Auslandsvermögen und belastet die Inlandsinvestitionen zusätzlich. Die Bundesregierung setzt darauf, daß Investoren nur die Signalwirkung der niedrigeren Steuersätze wahrnehmen und dann auf das Rechnen verzichten. Im Gegensatz zu Politikern müssen Unternehmer aber rechnen.

Schließlich die Integration des deutschen Ostens. Wir haben seit Sommer 1990 immer wieder vor einer Politik gewarnt, die zur Entindustrialisierung führen mußte, haben die Gefahr eines deutschen Mezzogiorno beschworen. Inzwischen ist der

Osten weitgehend entindustrialisiert, und nur die von der Bundesregierung weise geplante Wohnungsnot im Westen verhindert, daß die Abwanderung aus den neuen Bundesländern zu einem breiten Strom wird. Aber anstatt eine gescheiterte Strategie zu ändern, werden wir zur Geduld ermahnt. Der Aufschwung Ost habe sich lediglich verzögert. Einstweilen werden auch die letzten verbliebenen Industriearbeitsplätze noch wegtarifiert.

Die Herausforderungen sind schwer genug. Unser eigentliches Problem aber sind die Politiker, die Tarifpolitiker eingeschlossen. Erst verdrängen sie die Aufgaben, dann leugnen sie sie, dann fälschen sie die Bilanzen - wie die Haushaltsplanungen und Arbeitslosenstatistiken -, und dann antworten sie mit Maßnahmen, die nicht Probleme lösen, sondern allenfalls den Wähler beruhigen sollen.

Das Menetekel (das heißt: „Gewogen und zu leicht befunden“) steht an der Wand. Deutschland ist auf dem Wege, sich aus dem Kreis erstrangiger Industrienationen zu verabschieden.

April 1993

Länder konkurrieren nicht

Das Standortproblem

Der amerikanische Ökonom Paul Krugman hat kürzlich angemerkt, es sei ein Fehler, das Verhältnis von Unternehmen zueinander auf die zwischenstaatlichen Beziehungen zu übertragen: Unternehmen stünden miteinander in Konkurrenz. Wer in diesem Wettbewerb nicht mithalten könne, müsse verschwinden. Staaten dagegen könnten nicht auf diese Weise untergehen. Die Parallele zwischen Staaten und Unternehmen sei also irreführend.

Es ist bemerkenswert, daß ausgerechnet Krugman diesen Hinweis gibt. Er hat nämlich in der sogenannten strategischen Handelstheorie viel zu der Auffassung beigetragen, daß man Staaten wie Unternehmen betrachten könne. Jetzt begibt er sich offenbar ganz auf den Boden der klassischen Handelstheorie zurück.

Diese beruht auf Ricardos Theorem der komparativen Kostenvorteile. Der Nobelpreis-Träger Paul Samuelson erläutert den Gedanken in seinem Standardlehrbuch der Nationalökonomie am Beispiel eines Rechtsanwalts und seiner Sekretärin. Samuelsons Anwalt kann nicht nur besseren rechtlichen Rat geben, sondern auch besser mit der Schreibmaschine umgehen als seine Sekretärin. Wenn der Vorsprung des Anwalts aber bei der Rechtsberatung größer ist als beim Maschineschreiben, dann fahren beide besser, wenn sich der Anwalt auf die Rechtsberatung, die Sekretärin auf das Schreiben beschränkt. Der Anwalt hat zwar einen absoluten Vorteil bei beiden Tätigkeiten, die Sekretärin hat aber einen relativen (oder komparativen) Vorteil beim Maschineschreiben. Wenn der Anwalt nur noch Rechtsberatung betreibt, erzielt er auch dann ein höheres Nettoeinkommen, wenn er aus seinem Bruttoeinkommen noch die Sekretärin bezahlt.

Auf Länder angewandt heißt das: Wenn die Produktivität etwa in Deutschland sowohl bei der Aufzucht von Rindvieh als auch bei der Produktion von Werkzeugmaschinen absolut höher ist als beispielsweise in Argentinien, dann lohnt ein Handel für beide Länder, wenn sich Deutschland auf das Produkt spezialisiert, bei denen sein Vorteil größer ist, also die Produktion von Werkzeugmaschinen. Das heißt, Deutschland importiert Rindfleisch aus Argentinien und exportiert Werkzeugmaschinen dorthin.

In der politischen Debatte wird oft anders argumentiert. In China, so heißt es, lägen die Arbeitskosten bei zwei Prozent der deutschen. Da die Chinesen tüchtige Leute sind, könnten sie womöglich bald alle Produkte billiger herstellen als die Deutschen. Deutsche Unternehmen würden also von den Weltmärkten verdrängt.

Das ist eine betriebswirtschaftliche Betrachtung. Sie führt zu einem anderen Ergebnis als die volkswirtschaftliche. Die Furcht vor den Chinesen und dem internationalen Wettbewerb überhaupt ist unbegründet. In diesem Sinne hat Paul Krugman recht: Länder konkurrieren nicht. Der internationale Handel wird nicht durch die absolute Wettbewerbsfähigkeit einzelner Länder, sondern durch das Ausmaß der komparativen Vorteile determiniert. Ein Land muß schließlich seine Importe bezahlen, und das kann es nur durch eigene Exporte. Ein Defizit in der Leistungsbilanz kann es nur zeitweise geben und nur in dem Maße, in dem andere Länder bereit sind, auf Kredit zu liefern. Jedes Land kann also genau soviel konsumieren, wie es produziert, und wenn die Arbeitsproduktivität im Lande A größer ist als in B, dann können auch die Löhne dort höher sein.

In einem anderen Sinne hat Krugman freilich unrecht: Länder konkurrieren als Investitionsstandorte um das internationale Kapital. Je mehr Kapital in einem Land investiert wird, desto mehr neue Arbeitsplätze entstehen, desto schneller steigt die Produktivität und desto schneller können auch die Löhne erhöht werden.

Es ist deshalb nicht besorgniserregend, daß der hohe deutsche Leistungsbilanzüberschuß der achtziger Jahre in den neunziger Jahren in ein Defizit umgeschlagen ist. In den achtziger Jahren hat Deutschland in hohem Maße Kapital exportiert, und zwar genau in Höhe des Leistungsbilanzüberschusses. In den neunziger Jahren dagegen ergaben sich hohe Investitionsnotwendigkeiten im Osten. Um diesen Investitionsbedarf zu befriedigen, hat Deutschland vernünftigerweise auf Auslandskapital zurückgegriffen. Das wird hoffentlich noch eine Weile so bleiben.

Da mag es schon eher beunruhigen, daß der private Zustrom von Auslandskapital noch recht schwach ist, während umgekehrt deutsche Firmen verstärkt im Ausland investieren oder Pläne für Auslandsinvestitionen bekanntgeben. Ein anderes Warnsignal ist die Struktur der Investitionen: Das Niveau der unmittelbar produktiven Ausrüstungsinvestitionen ist noch sehr niedrig; es dominieren Investitionen in Bauten und Infrastruktur, besonders im Wohnungsbau - eher in langlebige Konsumgüter als in echte produktive Investitionen. Das Leistungsbilanzdefizit wird also nicht dadurch finanziert, daß sich private Ausländer vermehrt in Deutschland unmittelbar engagieren, sondern dadurch, daß sie das Staatsdefizit alimentieren, also vermehrt deutsche Staatsanleihen kaufen.

Sollte das Leistungsbilanzdefizit - und dafür gibt es erste Anzeichen - sich in naher Zukunft stark vermindern, so wäre das ein Anlaß zur Sorge, nicht jedoch ein Zeichen zurückgewonnener deutscher Wettbewerbsfähigkeit. Es wäre ein Zeichen, daß wir angesichts der schwachen eigenen Kapitalbildung im internationalen Wettbewerb der Investitionsstandorte weiter zurückfallen.

März 1995

Kleines Steuer-Einmaleins

Die Ungereimtheiten in der deutschen Fiskalpolitik

Die Kurve, die Professor Arthur Laffer weltberühmt machte, hat er zuerst beim Abendessen auf eine Papierserviette gezeichnet. Er wollte seinem Gesprächspartner den Zusammenhang zwischen Steuersätzen und Steuererträgen erklären. Bei einem Steuersatz von Null - so Laffer - ist auch der Steuerertrag Null. Wird andererseits das gesamte Einkommen weggesteuert, so wird niemand mehr arbeiten, investieren, spekulieren, oder er wird es allenfalls schwarz tun. Bei 100 Prozent Steuersatz ist das Steueraufkommen ebenfalls Null.

Daraus folgt streng logisch, daß es einen Bereich gibt, in dem das Steueraufkommen steigt, wenn die Steuersätze erhöht werden, und einen anderen Bereich, in dem das Steueraufkommen zurückgeht, wenn die Sätze angehoben werden. Also ist es auch umgekehrt möglich, daß die Steuersätze gesenkt werden und das Steueraufkommen steigt. Jonathan Swift, dem wir nicht nur erbauliche Bücher verdanken, hatte denselben Zusammenhang für die Verbrauchsteuer schon über hundert Jahre früher entdeckt. Er findet sich als „Swiftsches Steuer-Einmaleins“ in allen einschlägigen Lehrbüchern.

Ganz anders sieht es mit den Opfern aus, die die Bürger für den Staat zu bringen haben. Beim Steuersatz Null sind auch die Opfer Null. Beim Steuersatz von 100 Prozent jedoch erstirbt jede Wirtschaftsaktivität. Obwohl also gar keine Steuern aufkommen, bringen die Bürger ein Opfer in Höhe ihres gesamten potentiellen Einkommens. Zwischen Null und Hundert besteht das Opfer des Bürgers nicht nur in den Steuerzahlungen, den Honoraren der Steuerberater und der Arbeitszeit für die Steuererklärung - es besteht vor allem in den Kosten der Fehllenkung und Verhinderung von Wirtschaftsaktivitäten durch die Besteuerung. Während also das Steueraufkommen zuerst unterproportional zu den Steuersätzen steigt und schließlich zurückgeht, steigen die Opfer überproportional zu den Steuersätzen.

In der Bundesrepublik wurden in den letzten beiden Jahrzehnten fast alle Steuersätze teils mehrmals und teils drastisch angehoben. Das gilt für die Tabaksteuer, die Mineralölsteuer, die Branntweinsteuer, wie für fast alle anderen Verbrauchsteuern. Die Umsatzsteuer wurde (unter Berücksichtigung des Systemwechsels) um rund 50 Prozent erhöht; bei der Gewerbesteuer dürfte es im Durchschnitt ein Drittel gewesen sein. Die Lohnsteuerlastquote hat sich in demselben Zeitraum verdoppelt. Bei den Kapitaleinkünften wurden nicht nur die Sätze erhöht; es wurden überdies inflationäre Scheineinkommen besteuert. Das ist kein kleiner Brocken. Eine Schätzung für eine Zufallsstichprobe von Unternehmen für 1980 ergab reale Steuersätze auf das reale Einkommen von rund 85 Prozent, obgleich die nominalen Steuern auf Nominalgewinne nur mit 58 Prozent ausgewiesen waren.

Und nun der Clou: Die Steuerlastquote, also der Anteil der Steuern am Sozialprodukt, ist seit 1969 nahezu unverändert.

Hier hat offenbar ein Laffer-Prozeß stattgefunden. Der Staat hat die Steuersätze immer weiter erhöht. Es gelang aber nicht, dabei auch das Steueraufkommen zu steigern. Die zweite Folgerung aus der Laffer-Kurve muß also auch gelten: Obwohl nicht mehr Steuern aufkamen, müssen die Opfer der Bürger überproportional zu den Steuersätzen gestiegen sein. Gröber gesagt: Der Staat hat versucht, mit höheren Steuern seine Kassen zu füllen. Das ist mißlungen. Aber er hat damit die Wirtschaftsaktivität abgewürgt.

Der Zusammenhang für die Bundesrepublik ist nicht so einfach wie auf Laffers Papierserviette. Es gibt Wirtschaftsaktivitäten, die nicht besteuert, sondern subventioniert werden, so zum Beispiel die Landwirtschaft. Dasselbe gilt für Investitionen und Kapitalanlagen. Dem stehen hochbesteuerte Aktivitäten, Investitionen, Finanzierungsformen gegenüber. Je höher die Steuern werden, um so größer wird auch der Anreiz, von den hoch- in die niedrigbesteuerten Bereiche auszuweichen. Eine Eigenkapitalinvestition in einer Industrieaktiengesellschaft von einer Million Mark bringt pro Jahr über 60000 Mark in die Staatskasse. Wird diese Million statt dessen im Wohnungsbau, der Landwirtschaft oder dem Schiffbau (unter anderem) angelegt, dann kostet sie den Fiskus 60000 Mark oder mehr.

Diesen Ausweichprozeß beobachten wir überall. In den fünfziger Jahren herrschte bittere Wohnungsnot. Heute stehen wir in der Wohnungsversorgung mit an der Weltspitze. Trotzdem ist der Anteil des Wohnungsbaus an den Nettoinvestitionen heute größer als damals. Das Eigenkapital wird weit höher besteuert als das Fremdkapital. Folglich finanzieren sich die Unternehmen immer mehr mit Krediten. Die Eigenkapitalquote ist von über 60 Prozent nach der Währungsreform auf

19 Prozent gefallen. Beim Gründungsgeschäft (das in früheren Zeiten ein wichtiger Geschäftszweig war) gibt es einen geradezu klassischen Fall. Dieses Geschäft existiert gar nicht mehr, weil es so hoch besteuert wird. Das Steueraufkommen ist also wegen der hohen Besteuerung Null, doch der volkswirtschaftliche Schaden ist gewaltig.

Jede Steuerreform, die ihren Namen verdienen soll, muß hier ansetzen. Sie muß die zahlreichen Schlupflöcher, Ungleichheiten, Lücken beseitigen, aber auch die Doppel- und Mehrfachbesteuerungen. Dann lassen sich die Steuersätze drastisch senken, ohne daß die Staatskasse Not leidet.

Minister Johann Wilhelm Gaddum hat genau das vorgeschlagen. Sein Vorschlag ist in irgendwelchen Schubladen oder Papierkörben verschwunden. Es wird oft vermutet, daß das heimtückische Wirken irgendwelcher Interessengruppen vernünftige Vorschläge sabotiert. Das mag auch manchmal stimmen. In diesem Fall allerdings herrscht wohl eher schlichtes Unverständnis für das kleine Steuer-Einmaleins.

September 1984

Anti-Unternehmer-Steuer

Die Besteuerung von Veräußerungsgewinnen

Kompromisse sind unvermeidlich, und das ganz besonders im Steuerrecht. Da muß man die systematisch saubere gegen die praktisch handhabbare Lösung abwägen, wirtschaftlichen Nutzen gegen fiskalischen Schaden. Da widerstreiten Einfachheit und Gerechtigkeit, das ökonomisch Sinnvolle und das politisch Machbare. Jetzt aber steht eine Steuerrechtsänderung an, bei der keiner dieser Konflikte auftritt. Der Paragraph 34 EStG sieht vor, daß Gewinne aus dem Verkauf bestimmter Beteiligungen und ganzer Unternehmen nur mit dem halben Satz versteuert werden müssen. Statt dessen sollen sie nach dem Willen der Regierung voll steuerpflichtig werden. Diese Lösung ist steuersystematisch falsch; sie ist ungerecht; sie richtet großen wirtschaftlichen Schaden an, bringt keine Steuererträge und verprellt den Mittelstand. Kurz: Dem geballten Schaden steht nicht der geringste Nutzen gegenüber.

Steuersystematik: Über die gesamte Lebensdauer eines Unternehmens sind die Gewinne gleich den Einnahmeüberschüssen und gleich dem Wertzuwachs des Vermögens. Einnahmeüberschüsse, Gewinne und Wertzuwächse sind also lediglich verschiedene Messergebnisse desselben wirtschaftlichen Sachverhalts, nur periodenverschoben. Wenn man also die Gewinne besteuert, dann darf man den Wertzuwachs des Vermögens und den Einnahmeüberschuß nicht versteuern. Deshalb ist es steuersystematisch bereits ein Fehler, Veräußerungsgewinne von Beteiligungen oder Aktien im Betriebsvermögen überhaupt zu besteuern. Der halbe Steuersatz des Paragraphen 34 EStG auf den Wertzuwachs eines Unternehmens im Privatvermögen, dessen laufende Gewinne ohnehin steuerpflichtig sind, ist also keine Subvention, sondern bereits eine Doppelbelastung. Der Steuersatz muß nicht verdoppelt, sondern abgeschafft werden.

Beim Grundvermögen oder bei Antiquitäten gilt gerade die entgegengesetzte Logik: Da keine laufenden Gewinne ausgewiesen werden, kann die Besteuerung nur am Wertzuwachs ansetzen. Hier wird aber weder ein laufender Gewinn noch ein Wertzuwachs steuerpflichtig. Sauber und gerecht ist die Lösung nur bei Kursgewinnen von Aktien: Sie bleiben steuerfrei, weil die zugrunde liegenden Gewinne schon bei der Gesellschaft versteuert werden.

Wirtschaftlicher Schaden: Es wurde hier schon früher dargelegt, daß die Doppelbesteuerung sowohl des Gewinnes als auch des Wertzuwachses von Beteiligungen im Betriebsvermögen das Gründungsgeschäft in der Bundesrepublik steuerlich abgewürgt hat. Nun wird ihm auch die letzte Lücke verstopft. In USA oder England blüht dieses Geschäft; es entstehen ständig viele neue Unternehmen. Der eigentliche Kardinalfehler unseres ganzen Steuersystems liegt nicht so sehr in der Höhe der Steuersätze als vielmehr in der Ungleichheit der Besteuerung. Riskantes und produktives Kapital wird mehrfach und extrem hoch belastet. Grundvermögen, Geldvermögen, Edelmetalle und Kunstgegenstände unterliegen keiner oder nur einer geringen Besteuerung. Deshalb flieht das Kapital in Deutschland aus dem einzigen Bereich, der produktiv ist und auf Dauer Arbeitsplätze schafft, aus den Unternehmen. Es flieht ins Geldvermögen, ins Grundvermögen und zunehmend ins Ausland. Mit der vorgeschlagenen Neuregelung wird die Ungleichheit verschärft. Es sollten die Flicks getroffen werden. Aber die sind schon aus dem Geschäft. Statt dessen entmutigt man die vielen tausend Unternehmer, die ihr Kapital riskieren in der Hoffnung, auch einmal ein Flick zu werden.

Fiskalische Einbußen: Wenn man einen Geschäftszweig, wie das Gründungsgeschäft bisher schon, steuerlich erdrosselt, dann fließen dem Fiskus daraus auch keine Einnahmen zu. Aber nicht nur die Einnahmen aus dem Gründungsgeschäft fehlen - es fallen auch die Steuererträge der Unternehmen aus, die erst gar nicht gegründet werden. Der neuen Steuer kann man mit einigem Aufwand entgehen, beispielsweise dadurch, daß man den Firmensitz ins Ausland verlegt. Die Steuerertragswirkung läßt sich absehen: Zu steuerpflichtigen Betriebsveräußerungen kommt es genau dann, wenn Verluste auftreten, die mit anderweitigen Gewinnen verrechnet werden können. Dann fallen Steuererträge aus. In den Fällen dagegen, in denen steuerpflichtige Gewinne aufträten, wird eine ausländische Holding gegründet und im Ausland dann steuergünstig veräußert. Der deutsche Fiskus sieht dann keinen Pfennig, allenfalls der ausländische.

Politische Torheit: Die Neuregelung bedeutet, daß die mittelständischen Unternehmen in ihrer Gesamtheit mit einer Hypothek von vermutlich über hundert Milliarden Mark belegt werden. Der Mittelstand hat bisher nicht nur treu CDU und FDP gewählt; er hat die Parteien auch finanziell unterstützt. Diese neue und offensichtliche Diskriminierung der Unternehmer gegenüber den Hauseigentümern, den Aktien- und Rentenbesitzern wird einen bitteren Geschmack hinterlassen. Die Mittelständler werden wohl nicht gleich zur SPD überlaufen, aber sie können sich, wie die Bauern, der Stimme enthalten. Welche Wähler die Regierungsparteien auf der anderen Seite mit einer derartigen Maßnahme ansprechen wollen, bleibt unerfindlich. Der Paragraph 34 EStG ist nur ein Detail, freilich ein besonders häßliches: Hier ist einer Ehe von Neid und Unvermögen ein merkwürdiger Wechselbalg entsprungen.

Kommentiert das „Wall Street Journal" unter der Überschrift „Germany's Anti-Entrepreneur Tax": „Wenn schon dieser Teil (der Steuerreform) schiefläuft, dann ist schwer zu sehen, wie denn der Rest richtig laufen sollte."

Mai 1988

Fällige Reform

Besteuerung von Hausarbeit

Ausgaben, die der Erzielung von Einkünften dienen, können als Werbungskosten vom steuerpflichtigen Einkommen abgesetzt werden. Ausgaben, die dem privaten Verbrauch dienen, dagegen nicht. Beschäftigt eine Familie eine Haushaltshilfe oder Wirtschafterin, so zählt das steuerrechtlich als privater Luxus; ihr Gehalt ist also nicht abzugsfähig. Von dieser allgemeinen Regel gibt es seit jeher einige bemerkenswerte Ausnahmen. So etwa wird die Pfarrhaushälterin von der Kirche bezahlt. Der Pfarrer muß deren Leistungen aber nicht als Naturalkonsum versteuern.

Diese Regelungen basieren auf einem Bild der Familie, das der gesellschaftlichen Realität immer weniger entspricht: Die Frau besorgt den Haushalt und erzieht die Kinder; der Mann verdient das Geld im feindlichen Leben. Unter solchen Umständen ist eine Haushälterin freilich ein privater Luxus. Die Steuerfreiheit der Pfarrhaushälterin beleuchtet dasselbe Bild von der anderen Seite. Dem Mann ist Hausarbeit nicht zuzumuten; er braucht häusliche Dienste nicht zum steuerpflichtigen Einkommen zu zählen.

Sind beide Ehepartner erwerbstätig, so sieht die Sache anders aus. In der Theorie können sich zwar Mann und Frau die Hausarbeit teilen; in der Praxis bleibt sie an der Frau hängen. Die Frau muß also entweder mit der Doppelbelastung von Beruf und Haushalt leben - was eine Karriere fast unmöglich macht -, oder aber die Eheleute müssen das am Markt kaufen, was sonst die Hausfrau an Werten schafft. Sie müssen also in einer Wäscherei waschen lassen, im Restaurant essen, den Garten vom Gärtner bestellen lassen und die Kinder in Ganztageskindergärten oder Ganztagesschulen unterbringen. Solange die Eheleute kinderlos sind, lassen sich die Nachteile noch verkraften. Haben sie Kinder, so scheitern sie an Organisationsschwierigkeiten: Ganztagesschulen und Ganztageskindergärten gibt es fast nicht. Das sind bekannte und fast allgemein akzeptierte Fakten, die aber im Steuerrecht beharrlich ignoriert werden: Wenn beide Ehepartner berufstätig sind, dann sind die Mehrkosten der Haushaltsführung - also etwa das Gehalt einer Wirtschafterin - Werbungskosten, die steuerlich abzugsfähig sein sollten.

In der Praxis führt die heutige Regelung zu mehreren Folgen. Wird eine Frau erwerbstätig, dann muß sie vor Steuern und Abgaben rund doppelt soviel verdienen, wie sie einer Haushälterin netto auszahlen kann, wenn von der Berufstätigkeit finanziell überhaupt etwas übrigbleiben soll. Dieser Fall ist äußerst selten. Er kommt nur bei sehr hochqualifizierten Frauen vor. Zum zweiten nehmen viele Frauen die Doppelbelastung auf sich, oder sie arbeiten nur in Teilzeit. Beides bedeutet Verzicht auf beruflichen Aufstieg. Zum dritten aber wird die Hausarbeit als Beruf fast völlig in die Schattenwirtschaft abgedrängt. Die Zahl solcher Schwarzarbeitsverhältnisse wird insgesamt auf etwa zwei Millionen geschätzt.

Der FDP-Abgeordnete Hermann Otto Solms - der auch sonst mit guten Ideen von sich reden macht - hat kürzlich einen Vorstoß zur steuerlichen Neuregelung von Hausarbeit, häuslicher Alten- und Krankenpflege unternommen. Er schlägt vor, die Kosten einer Haushaltshilfe im Falle berufstätiger Ehepartner entweder als Werbungskosten oder aber als Sonderausgaben steuerlich zur berücksichtigen. Das wäre die billigste und wirksamste Familien- und Sozialpolitik, die sich denken läßt. Die Erwerbstätigkeit der Hausfrau lohnt dann schon, wenn sie, brutto gerechnet, etwas mehr verdient, als sie der Haushaltshilfe brutto bezahlt. Drei Fälle sind denkbar. Entweder eine Frau, die bisher den eigenen Haushalt besorgt hat, entschließt sich, nun berufstätig zu werden. Oder eine berufstätige Frau legalisiert ein bestehendes Schwarzarbeitsverhältnis. Oder aber - drittens - eine Familie entschließt sich, die Doppelarbeit der Frau durch eine Haushaltshilfe zu mildern.

Im Bereich der Alten- und Krankenpflege ist es ähnlich: In vielen Fällen wird an die Stelle der Pflege im Krankenhaus, im Alterspflege- oder Altersheim die Betreuung im Hause treten. Die Wirkungen, die dabei für die staatlichen Kassen eintreten, hängen von vielen Faktoren ab, die großenteils nur ungenau geschätzt werden können - etwa von der Stärke der einzelnen Effekte, vom Grenzsteuersatz der Familien, von den Kosten der Alters- und Altenpflegeheime. Werden aber in eine solche Rechnung plausible Werte eingesetzt, dann wird der Steuerausfall nahezu ausgeglichen durch Mehreinnahmen aus Steuern und Sozialabgaben aus neuen Arbeitsverhältnissen und durch Einsparungen bei der Alten- und Krankenpflege.

Der private Haushalt wird ein Schwarzarbeitsverhältnis zwar nur dann legalisieren, wenn er sich dabei nach Steuern und Abgaben besser steht, und dasselbe gilt für die Arbeitnehmerin im Haushalt. Also muß der Fiskus Einbußen erleiden. Darüber hinaus tritt aber ein gesellschaftlicher Rationalisierungseffekt ein: Teure Pflege in Krankenhäusern und Altenheimen wird durch weit billigere und humanere Pflege zu Hause ersetzt, qualifizierte Frauen, die heute ihre Kenntnisse im Haushalt nicht einsetzen können, verwerten ihre Fähigkeiten wieder nutzbringend. Außerdem fallen Einnahmen bei der Rentenversicherung an, denen Ausgaben erst viel später gegenüberstehen.

Selbst im ungünstigsten Falle wäre ein gesellschaftlicher Fortschritt billig erkauft. Wir wissen, daß sich die meisten Paare zur Zeit der Heirat Kinder wünschen, sie aber dann nicht bekommen, daß die Frauenerwerbstätigkeit und die Geburtenrate - vom Vatikanstaat abgesehen - die niedrigste in der entwickelten Welt ist, daß der Bereich der Hausarbeit fast vollständig in die Schattenwirtschaft untergetaucht ist. Ein Staat, der Gleichberechtigung und Chancengleichheit propagiert, kann nicht andererseits klammheimlich überkommene Familienbilder im Steuerrecht zementieren.

Oktober 1988

Steuergrenzen

Umsatzsteuer in Europa

Mit der Schaffung eines europäischen Binnenmarktes verlieren die Mitgliedsländer einen Teil ihrer Steuersouveränität. Die Einheitliche Europäische Akte sieht vor, daß bei den speziellen Verbrauchssteuern - also bei Mineralöl-, Tabak-, Tee-, Alkoholsteuer et cetera - die Sätze angeglichen werden sollen. Die Bemessung und Erhebung der Umsatzsteuer ist bereits harmonisiert worden.

Die Steuersätze sind bisher stark unterschiedlich. Hier ist die Kommission der Meinung, daß die Bandbreite auf eine Differenz von rund fünf Prozent eingeengt werden muß. Auch in den Vereinigten Staaten gibt es eine Sales Tax, also eine Einzelhandelssteuer, die von Staat zu Staat verschieden ist, ohne daß sich daraus wesentliche Störungen ergeben hätten.

Bei der Umsatzsteuer bleiben die Grenzen erhalten. Der deutsche Exporteur erhält die deutsche Umsatzsteuer erstattet. Der französische Importeur muß Einfuhrumsatzsteuer in Höhe des französischen Steuersatzes zahlen. Exportiert dagegen ein hessisches Unternehmen nach Niedersachsen, so bekommt weder der Exporteur eine Steuerrückvergütung, noch muß der

Importeur eine Niedersachsen-Steuer entrichten. Vielmehr kann das Unternehmen in Hannover die vom Frankfurter Lieferanten ausgewiesene Vorsteuer von seiner eigenen Umsatzsteuerschuld absetzen.

Diesen eleganten Weg hat sich die Gemeinschaft durch ihre Umsatzsteuerrichtlinie verbaut. Nehmen wir an, im Lande A wird eine Umsatzsteuer von zehn Prozent, im Lande B dagegen eine viel höhere von 25 Prozent erhoben. Exportiert nun ein Hersteller in B Pelzmäntel im Werte von 100 000 Mark nach A, dann erscheinen auf seiner Rechnung 25 000 Mark Steuern. Der Händler in B verkauft die Pelze für 125 000 Mark. Er hat also 12 500 Mark Umsatzsteuer zu zahlen. Kann er davon die Vorsteuer von 25 000 Mark absetzen, so verbleibt ihm ein Erstattungsanspruch gegen das A-Finanzamt von 12 500 Mark. Der Fiskus in B hätte also 25 000 Mark kassiert, der Fiskus in A müßte 12 500 Mark erstatten.

Bei dem von der EG gewählten Vorsteuer-Verfahren müssen deshalb entweder die Steuergrenzen beibehalten werden, oder alle Länder müssen denselben Steuersatz erheben. Beim Vorumsatz- anstelle des Vorsteuer-Verfahrens wäre die Sache problemlos gewesen. Hier hätte der Pelzhändler in A von seinem Umsatz von 125 000 Mark den Vorumsatz von 100 000 Mark abgezogen. Die Differenz von 25 000 Mark wäre mit zehn Prozent steuerpflichtig. Der Fiskus in B hätte also von der Wertschöpfung in B 25 Prozent eingenommen, und der Fiskus in A von der Wertschöpfung in A zehn Prozent. Das Vorumsatz-Verfahren hätte also eine Beseitigung der Steuergrenzen auch dann erlaubt, wenn die Steuersätze verschieden sind.

Fallen die Grenzkontrollen in der Europäischen Gemeinschaft, so kommt es zu einer weiteren Komplikation. Ist der

Importeur nicht umsatzsteuerpflichtig - also beispielsweise eine Privatperson - dann bekommt das importierende Land überhaupt keine Steuern. Das gilt nicht nur für Holländer oder Franzosen, die in der Bundesrepublik einkaufen, sondern auch für deutsche Versandhäuser, die in die Niederlande und nach Frankreich liefern.

Dann könnte etwa Quelle für seine Verkäufe in andere EG-Länder vom deutschen Fiskus eine Steuererstattung verlangen, ohne daß dort Umsatzsteuer anfiele. Im Ergebnis wäre das Produkt also überhaupt nicht mit Umsatzsteuer belastet. Hier muß also eine zusätzliche Lösung gefunden werden.

Die Umsatzsteuergrenzen sind ohnehin eine europäische Spezialität. Weder Japan noch die USA erstatten ihren Exporteuren Steuern, noch erheben sie eine Einfuhrsteuer. In Europa herrscht die Meinung, Steuererstattung und Einfuhrumsatzsteuer seien notwendig, um einen unverzerrten Wettbewerb zu gewährleisten.

Das ist aber abwegig: Wenn bei allen deutschen Exporten die inländische Umsatzsteuer von 14 Prozent erstattet und bei allen Importen eine entsprechende Steuer erhoben würde, so entspräche das einer Aufwertung der Deutschen Mark von 14 Prozent. Anders ausgedrückt: Würde man die Steuergrenzen ersatzlos aufheben, dann käme es zu einer entsprechenden Mark-Abwertung, und die internationale Konkurrenzfähigkeit wäre wieder gleich.

In Wirklichkeit verzerren gerade die Steuergrenzen den Wettbewerb. Es werden nämlich weder alle Exporte entlastet noch alle Importe belastet. Das gilt nicht nur für den Einkauf von Privatem über die Grenze, sondern auch für den gesamten Reiseverkehr und Tourismus, für den Außenhandel mit steuerfreien Dienstleistungen wie Kreditverkehr und Versicherung und bei Transportleistungen. Steuergrenzen begünstigen oder benachteiligen einzelne Branchen selektiv, eine Wechselkursänderung würde alle gleichermaßen treffen.

Inzwischen weiß man bei den europäischen Behörden, daß das Vorsteuer-Verfahren bei der Umsatzsteuer ein Fehler war. Es zwingt dazu, die Steuergrenzen in Europa aufrechtzuerhalten. Es verhindert den Übergang vom heutigen Bestimmungslandprinzip zum Ursprungslandprinzip, bei dem eben jeder Staat Steuern von der Wertschöpfung auf seinem Gebiet erhebt. Für den deutschen Fiskus wäre das Ursprungslandprinzip von großem Vorteil.

Weil die Bundesrepublik viel mehr exportiert als importiert, reicht die Einfuhrumsatzsteuer bei weitem nicht aus, um die Exporterstattungen auszugleichen. Der Export wird vielmehr mit fünf bis sechs Milliarden Mark netto subventioniert. Da aber das europäische Recht, einmal geschaffen, kaum noch revidierbar ist, wird es wohl bei den Steuergrenzen in Europa bleiben.

Dezember 1988

Banaler Grund

Die Besteuerung von Kapitaleinkünften

Nach geltendem Recht sind Zinseinkünfte steuerpflichtig. Die Exekutive hatte den Finanzämtern aber die Kontrolle dieser Einkünfte verboten. Das ist ein elementarer Verstoß gegen Grundprinzipien jedes Rechtsstaates. Das Bundesverfassungsgericht hatte keine andere Wahl, als ihn für verfassungswidrig zu erklären. Möglicherweise hat das Gericht da eine Lawine losgetreten: Das Gebiet der Besteuerung von Kapital und Kapitaleinkommen ist in sich so widersprüchlich geordnet, daß die Gleichheit vor dem Gesetz verletzt ist.

Die biederen Sparer, die ihr Geld auf Konten mit gesetzlicher Kündigungsfrist angelegt haben, werden zum Jahresende 1991 Zinsgutschriften erhalten und versteuern, die geringer sind als die Entwertung ihres Vermögensbestandes durch die Preissteigerung. Sie zahlen Steuern auf ein Einkommen, das real nicht existiert. Die wohlhabende Witwe, der ihr Mann eine halbe Million Mark in Rentenpapieren hinterlassen hat, erzielt bei achteinhalb Prozent Rendite ein Einkommen von 42 500 Mark. Darauf zahlt sie beispielsweise, wenn sie noch sonstiges Einkommen hat, 20 000 Mark Einkommen- und Vermögensteuer. Zum Jahresende 1991 dürfte die Inflationsrate über vier Prozent betragen. Also hat sie nur ein reales Einkommen von 22500 Mark, nach Steuern bleibt ihr ein Realeinkommen von nur noch 2500 Mark übrig. Da Gewinne in demselben Maße (wenn auch nicht immer in derselben Periode) inflationär aufgeschwemmt werden wie Zinserträge, bedeutet die Beschleunigung der Inflation gleichzeitig eine Erhöhung der realen Steuerlast der Unternehmen - ebenso wie die Stabilisierung von 1982 bis 1985 eine wirksame Unternehmensteuerreform war.

Freundlich behandelt der Gesetzgeber den Eigenheimbesitzer. Er muß zwar sein Eigenkapital aus schon versteuertem Einkommen aufbringen. Dann aber ist die Rendite - die Eigennutzung des Hauses - steuerfrei. Dazu kann er noch Abschreibungen vom steuerpflichtigen Einkommen absetzen. Abschreibungen sind nichts anderes als ein Pauschalbetrag für Wertverlust. Es wird also ein Verlust fingiert, obgleich das Haus in aller Regel an Wert gewonnen hat. Verkauft der Besitzer sein Haus und wird die Wertsteigerung auf diese Weise sichtbar, so ist auch dieser Gewinn steuerfrei. Da überdies der Wert des Hauses steuerlich weit unter dem Marktwert angesetzt wird, wird er auch von der Vermögen- und Erbschaftsteuer verschont, wenn auch nur eine geringe Hypothek auf der Liegenschaft ruht.

Noch mehr liebt der Staat die gesetzliche Rentenversicherung. Hier kann schon steuerfrei gespart werden: Die Arbeitgeberbeiträge zählen nicht zum Einkommen, und die Beiträge des Versicherten sind als Sonderausgaben abzugsfähig. Die Einzahlungen haben sich zumindest in der Vergangenheit höher verzinst als Anlagen am Kapitalmarkt. Diese Zinsen sind im Prinzip zwar steuerpflichtig; der Gesetzgeber hat aber den sogenannten Ertragsanteil der Rente so niedrig fingiert, daß nur in Ausnahmefällen eine Steuerpflicht eintritt. Die private Lebensversicherung kommt nicht ganz so gut weg wie die gesetzliche Rentenversicherung, aber doch noch viel besser als alle anderen Kapitalanlagen. Dafür schlägt der Fiskus dort unbarmherzig zu, wo Investitionen produktiv sind, wo Anleger Risiko übernehmen, kurz, wo Einkommen und Arbeitsplätze geschaffen werden. Die Erträge des Unternehmens werden - Unternehmen und Eigentümer zusammengerechnet - zu über 70 Prozent besteuert. Das bedeutet, daß bei vier Prozent Inflation eine Eigenkapitalrendite von elf Prozent vor Steuern mindestens nötig ist, soll nach Steuern real gerechnet überhaupt noch etwas übrig bleiben. Rechnet man noch die Erbschaftsteuer ein, die heute praktisch zu einer Sondersteuer für mittelständische Unternehmen geworden ist, reicht auch das nicht aus.

Die Skala reicht also von der Rentenversicherung, wo weder die Ersparnis noch die Zinsen besteuert werden, über Lebensversicherung und Eigenheim, in denen die Ersparnis, nicht aber die Zinsen steuerpflichtig sind, bis zum Unternehmenseigentum, wo Ersparnis wie Ertrag hoch und mehrfach besteuert werden. Das kann wohl mit der Gleichheit der Bürger vor dem Gesetz nicht gemeint sein, zumal wenn dabei - wegen der Inflation - Realsteuersätze von über 100 Prozent herauskommen können. Die Ungerechtigkeit, die das Verfassungsgericht jetzt beseitigte, hatte einen banalen Grund: Geldvermögen kann sich der Steuer allzu leicht entziehen, wie man aus Anlaß der Quellensteuer sehen konnte, Unternehmen aber sind nicht mobil. Doch darf die fiskalische Opportunität in einem Rechtsstaat nicht zum leitenden Steuerprinzip werden.

Juli 1991

Heimlicher Gesetzgeber

Besteuerung und Inflation

Im Saarland gab es ein Unternehmen, das durch die Satzung verpflichtet war, seine Bilanzen sowohl in Mark als auch in französischen Franc aufzustellen. Nach der Rückgliederung des Saarlandes 1959 wurde also eine Eröffnungsbilanz in beiden Währungen aufgemacht und fortgeführt. Einige Jahre später wies die Franc-Bilanz einen recht ordentlichen Gewinn aus, die Mark-Bilanz dagegen einen Verlust. Nun wandte sich der Vorstand an einen renommierten Bilanzexperten der Universität. Hatte er tatsächlich verdient oder verloren? Der Professor konnte da nicht helfen. Gewinn, so ließ er wissen, könne nur relativ zu einer Maßeinheit angegeben werden; in Mark habe der Vorstand eben verloren und in Franc Gewinn erzielt.

Mit diesem Problem schlagen sich heute alle Konzerne herum, die ihre Bilanzen international konsolidieren. Da weist die brasilianische Tochter einen stolzen Cruzado-Gewinn aus; konsolidiert und in Mark wird daraus ein happiger Verlust. Also erfinden Wirtschaftsprüfungsorganisationen wie der Financial Accounting Standard Board (FASB) Tricks, um wenigstens die absurdesten Ergebnisse zu vermeiden: Vermögenswerte werden statt zum aktuellen zu einem historischen Kurswert oder, je nach Alter, zu verschiedenen Kursen umgerechnet. Aber es bleibt das Ergebnis, daß ein und derselbe Konzern zu ganz verschiedenen Gewinnen kommt, je nachdem ob er in Dollar, Mark oder Pfund Sterling konsolidiert.

Des Rätsels Lösung liegt in unterschiedlichen Inflationsraten und Wechselkursen. Wer 100 000 Mark in Renten zu acht Prozent angelegt hat, der erzielt daraus ein nominales Einkommen von 8000 Mark. Bei vier Prozent Inflation braucht er davon die Hälfte, um die Kaufkraft seines Vermögens auch nur zu erhalten. Sein realer Gewinn hat sich auf 4000 Mark halbiert. Hätte unser Anleger statt der Renten ein Sparguthaben mit 3,5 Prozent Verzinsung gehabt, dann wäre sein nominales Zinseinkommen 3500 Mark. Weil er aber ebenfalls 4000 Mark braucht, um sein Vermögen real zu erhalten, so wird aus dem nominalen Gewinn ein realer Verlust von 500 Mark. Für Unternehmen gilt dasselbe Prinzip. Bei einer Eigenkapitalrendite von 14 Prozent und vier Prozent Inflation bleibt real nur noch eine Rendite von zehn Prozent übrig.

Erhebt der Fiskus eine Steuer von 50 Prozent auf die nominalen Einkünfte, so ist das in Wirklichkeit beim Rentenanleger eine Steuer von 100 Prozent auf seinen realen Ertrag; der Sparbuchbesitzer zahlt Steuern, obgleich er einen realen Verlust erlitten hat, und der Unternehmer wird mit 70 Prozent belastet.

Die reale Steuerlast steigt also mit jedem Prozentpunkt an Inflation gewaltig, selbst wenn die Geldentwertung nur bescheiden ist. Umgekehrt war die Rückführung der Inflation von 1982 bis 1986 eine Unternehmensteuerreform, deren Entlastungswirkung weit höher war als alles, was in Deutschland unter dieser Überschrift sonst diskutiert wird. Das Eigentümliche an der Sache liegt darin, daß über die Besteuerung der realen Kapitalerträge nicht der Gesetzgeber, also Bundestag und Bundesrat, entscheidet, sondern die Deutsche Bundesbank. In wenigen Jahren wird Europageld und eine europäische Zentralbank existieren. Dann hat der Deutsche Bundestag faktisch seine Gesetzgebungskompetenz an eine supranationale Behörde abgegeben, über deren Politik man noch nichts weiß.

Dabei brauchte man lediglich das Anfangskapital mit dem Inflationsfaktor zu indexieren und nur die Differenz von Schlußkapital und indexiertem Eigenkapital als Einkommen zu zählen. Bei unserem Anleger in Rentenwerten würde also das Anfangsvermögen von 100 000 Mark mit dem Inflationsfaktor 1,04 multipliziert. Steuerpflichtig wäre nur der Ertrag von 4000 Mark, der sich aus der Differenz des Endvermögens von 108 000 Mark und dem indexierten Anfangskapital von 104 000 Mark ergibt.

Aber die Indexierung ist nach Auffassung der Bundesbank Teufelswerk. Dabei sind alle Renten der gesetzlichen Rentenversicherung mit dem Durchschnittslohn indexiert; bei Betriebsrenten wird eine Indexierung mit den Lebenshaltungskosten praktisch erzwungen, und selbst die Ruhegehälter der Zentralbankräte sind mit dem Gehalt aktiver Beamter indexiert. Inzwischen wäre es an der Zeit, auch vom Bilanznominalismus Abschied zu nehmen.

Für den Finanzminister wäre das eine Unternehmensteuerreform, die auf Jahre hin überhaupt nichts kostet. Die Unternehmen würden nämlich stille Reserven aufdecken und versteuern, weil dadurch die Basis für die Indexierung wächst. Sollten wir in vier Jahren wieder zu einem stabilen Geldwert zurückgekehrt sein, so bliebe der Fiskus auch auf Dauer der Gewinner. *Februar 1992*

Pflegesteuer

Eine neue Abgabe und ihre Begründung

Der Bundeskanzler hat es verkündet: Es soll eine neue Abgabe eingeführt werden, und sie soll den irreführenden Namen „Pflegeversicherung" bekommen. Es gibt in Deutschland keinen pflegebedürftigen Greis, dem die Pflege verweigert würde. Versichert wird also ein schon versichertes Risiko. Man muß deshalb argwöhnen, daß die Begründung für die neue Abgabe nur vorgeschoben ist, daß in Wirklichkeit andere Interessenten bedient werden sollen.

So ist es auch. Wer heute als Pflegebedürftiger in einem Heim untergebracht wird, der muß die Kosten zunächst aus eigenem Einkommen zahlen. Weil ein Heimplatz rund 3.500 Mark pro Monat kostet, reicht in der Regel die Rente nicht aus, um für die Kosten aufzukommen. In diesem Falle springt die Sozialhilfe ein; sie füllt die Differenz zwischen Einkommen und Pflegesatz auf und zahlt dem Betroffenen außerdem ein Taschengeld. Hat der Pflegebedürftige Vermögen, so können die Sozialbehörden darüber hinaus in begrenztem Maße darauf zugreifen, hat er Familie, so können sie deren Unterhaltspflicht anmahnen, um sich für die Pflegekosten schadlos zu halten. Träger der Sozialhilfe sind wiederum die Gemeinden. Sie wehren sich seit langem gegen die Belastung, die sie aus Steuermitteln finanzieren müssen. In gut zwei Dritteln aller Heimpflegefälle muß die Sozialhilfe Zuschüsse leisten. Insoweit ist die sogenannte Pflegeversicherung überhaupt keine Versicherung, sondern eine neue Steuer, und zwar eine recht ergiebige: Das Pflegesteueraufkommen dürfte zu Anfang etwa zwei Prozentpunkten Mehrwertsteuer entsprechen.

Zur anderen Hälfte ist sie wirklich Versicherung, allerdings auch hier mit einem falschen Etikett. Um 1980 wurden etwa neun von zehn Invaliden zu Hause von der Familie gepflegt; der Anteil dürfte inzwischen auf etwa drei Viertel zurückgegangen sein. Seit der Gesundheitsreform von 1989 werden einige Leistungen der Hauspflege von der Krankenversicherung bezuschußt. Diese Kosten sind über Erwarten stark gestiegen. Durch die sogenannte Pflegeversicherung werden die Kassen wieder entlastet. Insoweit handelt es sich einfach um eine versteckte Erhöhung der Beiträge zur gesetzlichen Krankenversicherung.

Ganz abgesehen von der Liebe zu den alten Eltern hat die Pflege in der Familie aber auch noch einen handfesten finanziellen Vorteil. Die Familie hat nicht nur die Rente des Gepflegten. In Deutschland haben fast alle Alten Vermögen, meist in Form von Wohnungseigentum. Die Sozialhilfe greift nicht nur auf die Erträge, sondern auf das Vermögen selbst zu. Die Pflegeversicherung dagegen zahlt unabhängig vom Einkommen oder Vermögen. Begünstigt sind also weniger die Pflegebedürftigen als deren Erben. Das also ist die dritte Komponente der neuen Abgabe: eine Erbschaftserhaltungsversicherung.

Eine Prognose der Kostenentwicklung dieses Systems ist einfach und zuverlässig. Die Familie kann nach der Reform nicht nur ohne eigene Anstrengungen auf ein ungeschmälertes

Erbe hoffen; sie kann auch von der Sozialhilfe nicht mehr für Unterhaltszahlungen in Anspruch genommen werden. Die Altenpflege zu Hause wird einseitig zu einer finanziellen Last für die Familie.

In zehn Jahren werden nur noch zwei von zehn Alten zu Hause, acht in Heimen gepflegt werden. Darüber hinaus werden die Kosten pro Pflegefall unmäßig steigen. Der politische Druck zur Einführung der neuen Abgabe kam, neben den Gemeinden, von den Heimträgern. Sie mußten bisher eisern sparen, weil ihnen die Kommunen auf die Finger und in die Bücher schauten. Sie fordern seit langem mehr Pflegepersonal und höhere Bezahlung für ihre Bediensteten.

Die Zahl der Pflegefälle wird sich also vervielfältigen, erstens weil die Pflege zu Hause vom Regel- zum Ausnahmefall wird, zweitens weil die Überalterung der Deutschen fortschreitet. Weil der Einzelfall überdies viel teurer wird, so wird die Pflegesteuer wohl schon in fünf Jahren höher sein als die Arbeitslosenversicherung, und in zehn Jahren wird sie zwischen Arbeitslosen- und Krankenversicherung liegen. Die Holländer haben einen Teil dieser Erfahrung schon gemacht.

Jenseits von Kosten und Leistung bleibt als Ergebnis, daß die pflegebedürftigen Alten in diesem System fast ausnahmslos in Pflegeheime abgeschoben werden. „Das sind wir unseren Alten schuldig“, meinte der Bundeskanzler zur Begründung der Pflegesteuer. Und: „Jetzt ist nicht die Zeit des Verteilens“, sagte er einen Tag später. Die Träger von Pflegeheimen und die Gemeinden sind freilich von diesem Grundsatz wohl ausgenommen.

März 1992

Negativsteuer

Neue Arbeitsmarktkonzepte

Seit etwa 1970 zeigt sich in allen Industrieländern eine ähnliche Entwicklung: Die Nachfrage nach gering qualifizierter Arbeit geht zurück. Die Verdrängung einfacher Arbeit hat zwei Ursachen - Rationalisierung und Wettbewerb aus Niedriglohnländern. Je einfacher eine Arbeit ist, desto leichter kann sie von Maschinen übernommen werden. Die Automatisierung der Fabriken hat einen großen Teil der Hilfsarbeiter, die man früher brauchte, erübrigt. Bei einfachen und arbeitsintensiven Produkten ist die Industrie der entwickelten Welt nicht mehr konkurrenzfähig; sie werden aus Niedriglohnländern importiert. Man kann diese Entwicklungslinien leicht in die Zukunft ausziehen. Die Rationalisierung wird sich mit der Verbesserung und Verbilligung der Datentechnik fortsetzen und zunehmend den Dienstleistungssektor ergreifen. Die Verlagerung von Produktionen in Billiglohnländer wird sich beschleunigen und auch Arbeitsplätze mit höherer Qualifikation bedrohen.

Auf diese Herausforderung gibt es zwei Antworten. In Amerika kam es zu einer immer stärkeren Lohnspreizung. Seit 1970 ist der reale Lohn für einfache Arbeit um rund ein Viertel gesunken, während er für qualifizierte gestiegen ist. Die Hilfsarbeiter, die die Industrie freisetzte, fanden großenteils Jobs im Dienstleistungsbereich: In Amerika werden an den Tankstellen noch die Scheiben geputzt und im Lebensmittelladen die Einkäufe verpackt.

In Deutschland, wie auch in anderen Ländern Europas, bildete sich dagegen ein immer höherer Sockel an Hilfsarbeiterarbeitslosigkeit, ein Sockel, der selbst im Konjunkturaufschwung weiter steigt. Die Lohnpolitik war, im Gegensatz zu Amerika, bestrebt, Lohndifferenzen abzubauen. Die unteren Lohngruppen wurden durch Sockelbeträge stärker als die oberen angehoben. Entsprechend war der Anreiz, einfache Arbeit durch Maschinen zu ersetzen oder ganz wegfallen zu lassen, in Deutschland größer als in den USA. Tankstellen mit Service gibt es hier kaum noch.

Die Tarifpartner sind diesen Weg nicht ganz freiwillig gegangen. Zwischen den Einkommen in den unteren Lohngruppen und den Leistungen der Sozialhilfe kam es, besonders bei Familien mit Kindern, zu immer größeren Überschneidungen. Lohnspreizung wie in Amerika hätte also in Deutschland lediglich dazu geführt, daß noch mehr Arbeiter in die Sozialhilfe abgewandert wären und mit etwas Schwarzarbeit ein höheres Einkommen erreicht hätten. Das Ergebnis der deutschen Politik war dann eben die Hilfsarbeiterarbeitslosigkeit und immer mehr Sozialhilfeempfänger. Im Jahre 1970 bezogen erst 1,5 Millionen Sozialhilfe; heute sind es in den alten Bundesländern allein rund vier Millionen. Der Zuwachs besteht fast ausschließlich aus Personen im Erwerbsalter und deren Kindern.

Für die Gesellschaft insgesamt ist das sehr teuer. Für die Sozialhilfe allein muß ein Durchschnittshaushalt in den alten

Bundesländern rund 1500 Mark Steuern im Jahr aufbringen. Die Kosten der Arbeitslosigkeit Unqualifizierter sind nicht viel niedriger. Das Milieu bringt überdies steigende Kriminalität hervor. Aber nicht die hohen Kosten, sondern das Schicksal dieser Menschen am Rande der Gesellschaft ist das eigentliche Ärgernis.

Wenn wir die amerikanische Problemlösung - wachsende Einkommensdifferenzen - nicht akzeptieren wollen, wenn aber der Markt andererseits hohe Löhne für unqualifizierte Arbeit nicht hergibt, dann bleibt nur noch eine Lösung: Man muß die Löhne dem Markt überlassen und unangemessene Differenzen nachträglich korrigieren. Das Instrument dafür ist die sogenannte Negativsteuer. Sie wird in der Politik seit Jahren von den Grünen propagiert; vor einigen Monaten tauchte sie in der Wahlplattform der FDP auf, und vergangene Woche wurde sie ins Parteiprogramm der CDU aufgenommen. Dabei stammt der Anstoß für die jüngere Diskussion aus der Sozialdemokratie. Die Erfinderin der Negativsteuer, Lady Rhys-Williams, war aktives Mitglied der Fabian Society, eines linksintellektuellen britischen Klubs. Seit freilich der erzliberale Milton Friedman das Instrument propagiert, ist es in der SPD anrüchig geworden.

In ihrer allereinfachsten Version sieht die Sache so aus: Der Steuertarif setzt sich aus einem proportionalen Satz, zum Beispiel 30 Prozent und einem festen Anspruchsbetrag („Bürgergeld") von zum Beispiel 8000 Mark zusammen. Bei einem Einkommen von 60 000 Mark ergibt sich dann eine Steuerpflicht von 18 000 Mark minus 8000 Mark Bürgergeld, saldiert 10 000 Mark. Verdient der Steuerpflichtige nur 20 000 Mark im Jahr, dann führt dieselbe Rechnung zu 6000 Mark Steuerpflicht minus 8000 Mark Bürgergeld, also minus 2000

Mark. Der Pflichtige muß also nicht Steuern zahlen; er bekommt vom Finanzamt 2000 Mark.

Der Witz der Idee besteht darin, daß bei einem Sozialhilfeempfänger heute ein zusätzliches Arbeitseinkommen nahezu voll auf die Sozialhilfe angerechnet wird; der implizite Grenzsteuersatz liegt nahe bei 100 Prozent. Deshalb sind Löhne unter dem Sozialhilfeniveau nicht realisierbar. Bei der Negativsteuer dagegen kann der Lohn auch darunter liegen; der Arbeiter steht sich dann immer noch erheblich besser als bei reiner Sozialhilfe.

Ursprünglich wurde die Negativsteuer zu einem anderen Zweck empfohlen: Sie sollte Ordnung in unser chaotisches Umverteilungssystem bringen, ein System, in dem niemand mehr wissen kann, wer an wen wieviel zahlt. Es scheint heute, daß sie auch das einzig erfolgversprechende Konzept zur Bekämpfung der Hilfsarbeiterarbeitslosigkeit ist.

Februar 1994

Die Gesamtdeutsche Mark

Hilfe für die DDR

Es wurde hier schon ausgeführt: Wenn es nicht schnell zu einem Wirtschaftsaufschwung in der DDR kommt, dann haben wir nicht mit Hunderttausenden, sondern mit Millionen von Flüchtlingen zu rechnen. Opfer muß die Bundesrepublik in jedem Fall bringen, sei es als Hilfe für die Wirtschaft der DDR, sei es zur Bewältigung eines großen Flüchtlingsstromes. Die Sozialisten in Ost und West fordern Zuwendungen an die DDR ohne Bedingungen. Damit freilich würden wir lediglich eine gescheiterte Planwirtschaft noch für einige Zeit über Wasser halten. Das Opfer wäre sinnlos, würde spätere Lasten nicht ersparen, sondern vergrößern.

Die DDR braucht, wenn sie nicht ausbluten will, eine Wirtschaftsreform, so wie wir sie 1948 erlebten. Ihr Kernstück müßte die Freigabe der Preise, das selbständige Wirtschaften der Betriebe und die Orientierung des Managements am Gewinn sein. Die Bedingungen für den Erfolg sind heute in der DDR günstiger als damals in den Westzonen. 1948 waren die Fabriken zerstört; die Wirtschaftsleistung lag bei einem Bruchteil der Vorkriegszeit. Die DDR hat heute eine beachtliche Produktionskapazität. Die Gütermengen, die dort gehortet werden oder in überhöhten Lagerbeständen gebunden sind, übersteigen die Horte von 1948 vermutlich bei weitem. Kurz: Die Freigabe der Preise würde die Regale dort ebenso schlagartig füllen wie seinerzeit im Westen.

Die Wirtschaftsreform würde nur einen Teil des Problems lösen. Die DDR hat jahrzehntelang von der Substanz gezehrt. Die Wohnungen verfallen, die Infrastruktur ist unzureichend, der Produktionsapparat veraltet. Konsumwünsche der Bevölkerung haben sich aufgestaut. Die interne Kapitalbildung wird auf Jahre unzureichend bleiben. Die Modernisierung der Fabriken, Häuser, Leitungsnetze und Straßen erfordert Summen von mehreren hundert Milliarden Mark. Man muß sich diese Größenordnung vor Augen halten, will man erkennen, daß auch die großzügigste öffentliche Hilfe nur ein Tropfen auf den heißen Stein sein kann. Die erforderlichen Investitionsmittel sind nur auf den internationalen Kapitalmärkten zu mobilisieren. Die DDR hat an den Weltkapitalmärkten allenfalls zehn Milliarden Dollar Kredit, eher weniger. Sie braucht das Vertrauen der internationalen Kapitalanleger. Dazu könnte die Bundesrepublik einen überragenden Beitrag leisten. Eine Wirtschaftsreform in der DDR müßte ohnehin mit einer Währungsumstellung verbunden werden, sollen die Preise nicht schlagartig stark steigen. Dann aber könnte die Bundesrepublik anbieten, die Mark der DDR statt in ein neu zu schaffendes Geld gleich in Deutsche Mark umzutauschen. Die Deutsche Mark ist schon heute eine zweite Umlaufswährung in der DDR; sie würde damit auch zur offiziellen Währung.

Die technischen Probleme wären nicht allzu schwierig. Bei einem angenommenen Umtauschkurs von einer Deutschen Mark für zwei Mark der DDR müßten alle Forderungen und

Schulden im Verhältnis eins zu zwei umgestellt werden. Die Passiva der Staatsbank der DDR, hauptsächlich Banknoten, würden wie die Aktiva - Kredite an Unternehmen und den Staat - von der Bundesbank übernommen. Die Staatsbank der DDR würde zur Landeszentralbank; die DDR könnte außerdem einen Teil der Gewinne der Bundesbank beanspruchen.

Auf diese Weise wäre das Geld der DDR sofort konvertibel, der größere Teil des Länderrisikos, nämlich der Zweifel an der Transfermöglichkeit, schlagartig beseitigt. Die Betriebe der DDR würden denselben Kreditwürdigkeitsmaßstäben unterliegen wie die in der Bundesrepublik. Wenn sie rentable Investitionsmöglichkeiten haben - und die haben sie überreichlich -, dann könnten sie auch Kapital bekommen. Der zurückgestaute Konsumbedarf der Ostdeutschen ließe sich weich abfangen. Die Wirtschaft der Bundesrepublik erhielte einen starken Konjunkturimpuls. Natürlich stünde es der DDR frei, sich aus dem Währungsverbund wieder zu lösen. Allerdings wären die Vorteile des Verbundes so groß, die Lasten einer Rückkehr zu einer eigenen Währung so gewaltig, daß man sie politisch nahezu ausschließen kann. Die Investoren könnten Vertrauen schöpfen. Selbst unter Wirtschaftswissenschaftlern ist der Irrglaube verbreitet, ein Staat brauche auch nationales Geld. Anhänger dieser Auffassung würden die Einführung der Deutschen Mark in der DDR schon für eine halbe Wiedervereinigung halten. Sie sollten sich in der Welt umschauen: Eine ganze Gruppe westafrikanischer Staaten hat eine gemeinsame Währung, den CFA-Franc, und selbst unser Nachbar Luxemburg bezieht sein Geld aus Belgien.

Dezember 1989

Soziale Kälte

Die moralische Unhaltbarkeit des Sozialismus

Das Reden über die Wiedervereinigung war für Egon Bahr noch vor wenigen Wochen politische Umweltverschmutzung. Der Entwurf des SPD-Parteiprogramms, der in Bremen beraten werden sollte, enthielt nichts zur deutschen Frage. Die Deutschlandpolitik der SPD war vor der Revolution auf die Stabilisierung des Honecker-Regimes gerichtet. Die SPD, unterstützt von den öffentlich-rechtlichen Medien, gaukelte uns ein geschöntes Bild der DDR vor, einer DDR, die es zu einigem Wohlstand gebracht habe, in der die Mieten niedrig seien und Vollbeschäftigung herrsche. Gleichzeitig wurde eine wachsende Armut in der Bundesrepublik - gemessen an der Zahl der Sozialhilfeempfänger - gebrandmarkt. Daß ein Sozialhilfeempfänger in der Bundesrepublik mehr Kaufkraft hat als ein vollbeschäftigter Facharbeiter in der DDR, hörte man nie.

An eine Wiedervereinigung mochte die SPD nicht denken, weil dann das sozialistische Musterland DDR dem Kapitalismus anheimgegeben worden wäre. Die Revolution und die Öffnung der Grenzen haben diese Politik zu Makulatur werden lassen. Inzwischen lassen sich die Zustände in der DDR -

die jedem Fachmann längst bekannt waren - nicht länger verschleiern. Der Sozialismus ist seit langem gescheitert; erst jetzt wird die Tatsache den meisten offenbar. Aufgegeben haben die Sozialisten freilich nicht. Schon gibt es eine neue Sprachregelung: Die DDR hat nicht etwa den Sozialismus realisiert; sie hat ihn vielmehr verraten. Nicht der Sozialismus ist gescheitert, sondern nur der Stalinismus. Jetzt gilt es, den wahren Sozialismus demokratisch und mit menschlichem Antlitz zu verwirklichen.

Die falschen Propheten von gestern treten ungeniert als die wahren Propheten von heute auf. Wenn doch nur einer von ihnen sagen könnte, wie denn der wahre Sozialismus aussieht, welches seine Institutionen, seine Gesetze, seine Verfassung wären - dann könnte man wenigstens rational darüber diskutieren. Bisher wissen wir nur, daß es in 110 Ländern dieser Erde sozialistische Experimente gegeben hat. Es gab sie in ganz alten Kulturen wie China und Birma, in ganz jungen wie Tansania und Mocambique. Sie fanden auf ganz verschiedenen Entwicklungsstufen statt - in Subsistenzwirtschaften wie Guinea oder Äthiopien, in Industrieländern wie der DDR und der CSSR. Der Sozialismus wurde in allen Teilen der Welt erprobt und in Ländern mit fast allen religiös-moralischen Traditionen - Christentum, Buddhismus, Islam, Konfuzianismus, Animismus. Das Ergebnis war und ist überall Unterdrückung und Armut. Unsere Sozialisten halten dagegen, es gehe eben nicht nur um materielle, sondern vornehmlich um moralische Werte. Man staunt - die Basis des Sozialismus war und ist der Materialismus. Die Sozialisten setzten den angeblich bloß formalen bürgerlichen Freiheiten die sozialistische Freiheit als Abwesenheit von materieller Not entgegen. Der sozialistische Dichter Bert Brecht hat es auf den Punkt gebracht: „Erst kommt das Fressen, dann kommt die Moral.“

Der Sozialismus ist inzwischen selbst zu einer moralischen Frage geworden. Stellen Sie sich vor, Sie würden an ein Gitter geführt, an das ein Gefangener angekettet ist. Man zeigt Ihnen eine Apparatur mit einem roten und einem schwarzen Knopf. Einer davon befreit den Gefangenen, der andere setzt ihn einem schmerzhaften Stromstoß aus. Von einem verantwortungsbewußten Menschen wird man erwarten, daß er alle Anstrengungen unternimmt, um die Funktionsweise der Apparatur zu ergründen. Wer, nur weil er an die Farbe Rot glaubt, auch den roten Knopf drückt, der mag zwar guter Absicht und auch guten Glaubens sein, er handelt aber unverantwortlich. Wer aber hundertzehnmal auf den roten Knopf gedrückt hat und hundertzehnmal erlebt hat, daß der Gefangene leidet, der handelt unmoralisch.

Das ist der moralische Unterschied zwischen Marx, Engels, Lassalle, Bebel, Liebknecht, Luxemburg und den heutigen Sozialisten: Marx hat alle geistigen Mühen auf sich genommen, um die Funktionsweise der Knöpfe zu ergründen. Er hat sich geirrt. Seine heutigen Proselyten haben hundertmal erlebt, wie aus Sozialismus Armut und Unfreiheit wächst. Sie nehmen aber noch nicht einmal die Mühe auf sich, den Ursachen des Irrtums nachzuspüren. Die Hermann Kant und Stefan Heym im Osten, die Günter Gaus, Egon Bahr, Franz Steinkühler im Westen machen nicht nur einen Fehler - viel schlimmer, sie instrumentieren die Moral für unmoralische Zwecke. Sie schmücken sich - wie Joachim Fest schreibt - mit einer Opfergesinnung, deren Kosten und Kränkungen sie anderen zumuten. Dies ist sie in reiner und eisiger Klarheit - die vielberedete soziale Kälte.

Januar 1990

Was ist die Ost-Mark wert?

Über Ost-West-Währungspolitik

Der Kronberger Kreis hat jetzt das schwierigste Sachproblem im Verhältnis von DDR und Bundesrepublik aufgegriffen, die Geld- und Währungspolitik. Eine Währungsreform in der DDR sei überflüssig. Die statistischen Daten lassen keinen Kaufkraftüberhang erkennen. Die eigentlich drängende Aufgabe liegt darin, daß die Mark der DDR sehr schnell konvertierbar werden muß. Dafür gibt es mehrere Gründe. Einmal hat die DDR in den Kombinaten Monopolanbieter geschaffen. Innerhalb der DDR kommt auch dann kein Wettbewerb zustande, wenn die Preise freigegeben werden. Es wäre zu fürchten, daß die Monopolisten ohne die Peitsche des Wettbewerbs ebenso ineffizient blieben, wie sie es heute sind, nur daß sie dann teurer werden. Eine Entflechtung braucht Zeit. Also kann der Wettbewerb zunächst nur von außen kommen. Zum zweiten gehören ständige Engpässe zu den wichtigsten Gründen für die geringe Leistungsfähigkeit der DDR-Wirtschaft. Sie lassen sich durch Öffnung der Grenzen schlagartig beseitigen.

Der wichtigste Grund ist aber der hohe Investitionsbedarf in Wirtschaft und Infrastruktur. Ob man die Summe nun auf

500 Milliarden D-Mark oder - wie die Wirtschaftswoche (vergleiche Heft 3/1990) - auf 1,3 Billionen D-Mark schätzt, ist schon fast unerheblich. Die DDR kann weder den einen noch den anderen Betrag aus eigener Kraft aufbringen. Sie braucht massive Kapitalhilfe. Aus öffentlichen Mitteln kann allenfalls ein kleiner Bruchteil kommen. Den Löwenanteil müssen private Investoren aufbringen. Die aber gehen nur dann in ein Land und eine Währung, wenn sie sicher sind, daß sie notfalls wieder herauskommen.

Die wirksamste Lösung wäre die Einführung der D-Mark als offizielle Währung der DDR, also eine Währungsunion zwischen beiden Staaten, so wie sie auch in der Europäischen Gemeinschaft auf den Weg gebracht worden ist. Das Vertrauen, das sich die D-Mark in Jahrzehnten errungen hat, würde unmittelbar auf die DDR übertragen. Zahlungsbilanz- und Konvertibilitätsprobleme oder Wechselkursrisiken würden gleich gar nicht auftreten. Das wäre, wie der Kronberger Kreis schreibt, das größte Geschenk, das die DDR sich selbst und die Bundesrepublik der DDR machen könnte.

Die DDR müßte freilich dann einen Teil ihrer Souveränität abgeben; ihre Geldpolitik würde von der Bundesbank gemacht. Die Gründung einer gemeinsamen Notenbank von Bundesrepublik und DDR kann erst ein zweiter Schritt sein. An den Beginn gesetzt, würde sie das Vertrauen in die D- Mark, auf das es gerade ankommt, gefährden. Wenn die politische Hürde des Souveränitätsverzichts nicht zu überwinden ist, dann kann man zunächst auch an die österreichische Lösung denken: Die Mark der DDR wird konvertierbar und mit einem festen Wechselkurs an die D-Mark gekoppelt. In beiden Fällen braucht man einen Wechsel- oder Umtauschkurs von Deutscher Mark in Mark der DDR. Was also ist die Ost-Mark wirklich wert? Die

Grenze nach oben bildet der offizielle Kurs von 1 zu 1. Er ist mit Sicherheit zu hoch - sonst würde sich kein Schwarzmarkt bilden. Der freie Kurs wiederum ist mit Sicherheit zu niedrig. Überall wo es Schwarzmärkte gibt, sind die Preise übertrieben, weil sich der gesamte Überhang aus dem offiziellen Handel auf den kleinen freien Markt stürzt. Ein Kaufkraftvergleich läßt vermuten, daß der angemessene Kurs eher am oberen Ende der Bandbreite liegt.

In den Materialien zum Bericht zur Lage der Nation wird die innere Kaufkraft der Ost-Mark mit 1,07 D- Mark angegeben. Zu einem ähnlichen Ergebnis kommt man bei einer Schätzung über Löhne und Produktivität. Die Stundenlöhne drüben liegen bei etwa einem Viertel der unseren, und die Produktivität wird auf etwa die Hälfte geschätzt. Auch wenn man mit guten Gründen die Produktivitätsschätzung aus den „Materialien“ für weit übertrieben hält und selbst wenn man bedenkt, daß die gezahlten Löhne in hohem Maße ausbeuterisch sind, also weit niedriger als die Arbeitsproduktivität liegen, so käme man doch zu einem Wert der Ost-Mark, der etwa dem der West-Mark entspräche.

Faßt man alle Anhaltspunkte zusammen, so kommt man auf ein Verhältnis von Ost- und West-Mark zwischen 1 zu 1 und 1 zu 2, wie es der Kronberger Kreis annimmt. Der Wert der Ost-Mark dürfte irgendwo in der Nähe von 70 Deutschen Pfennigen liegen. Der von Ingrid Matthäus- Maier vorgeschlagene Umtauschkurs von 1 zu 5 liegt jedenfalls weit außerhalb jeder Plausibilität: Er würde bei den heutigen Löhnen bedeuten, daß ein Arbeiter in der DDR nur ein Fünfzehntel der Produktivität seines westdeutschen Kollegen hätte. So schlimm steht es um die DDR nun doch nicht.

Februar 1990

Vereinigungsdividende

Privatisierung von DDR-Vermögen

Das Wohlstandsgefälle zwischen den beiden Teilen Deutschlands ist nach fast dreißig Jahren strikter Abschließung gewaltig: Ein Arbeitsloser in der Bundesrepublik ist von der DDR aus gesehen geradezu ein Kaufkraftprotz. Nachdem die Grenzen offen sind, kann sich das Gefälle freie Bahn schaffen, sei es dadurch, daß die Einkommen drüben rasch steigen, sei es dadurch, daß Bürger der DDR in die Bundesrepublik strömen.

Die zweite Lösung wäre für uns eine Last, für die DDR eine Katastrophe. Die DDR wird wohl ein Wirtschaftswunder erleben. Doch wird auch der strahlendste Optimist nicht erwarten, daß es weniger als fünf Jahre dauert, bis sich der Druck soweit angeglichen hat, daß sich die Wanderung normalisiert.

Noch vor wenigen Monaten glaubte man, die hohe Arbeitslosigkeit in der Bundesrepublik werde den Zustrom wirksam bremsen. Aber der Arbeitsmarkt schluckt die Zuwanderer ohne große Mühe. Der Ifo-Test zeigt ein Bild, das wir zuletzt Ende der sechziger Jahre sahen: Eine große Zahl von Unternehmen meldet Schwierigkeiten der Expansion wegen Arbeitskräftemangels. In den Sechzigern herrschte freilich Vollbeschäftigung bei einer Arbeitslosenquote von weniger als einem Prozent. So muß man heute daran zweifeln, daß die statistische Arbeitslosigkeit von über zwei Millionen echt, also wirklich unfreiwillige Arbeitslosigkeit ist.

Es bleibt der Wohnungsmangel als letzte Barriere. Würde es durch Zauberei gelingen, den Wohnungsbau 1990 gegenüber dem Vorjahr zu vervierfachen, so wären doch alle Wohnungen bis zum Jahresende belegt. Statistisch ist der Wohnungsmarkt in der Bundesrepublik ausgeglichen; die Zahl der Wohnungen ist etwas größer als die Zahl der Haushalte. Unter diesen Bedingungen bedeutet jede zusätzliche Wohnung eine zusätzliche Familie aus der DDR.

Paragraphenmauern gegen die Zuwanderung können und sollten wir nicht bauen. So ist die Gefahr groß, daß die beiden Teile Deutschlands pathologisch zusammenwachsen, durch Überbevölkerung hier und durch Entvölkerung drüben. Die Sorge darum läßt nach Lösungsmöglichkeiten suchen. Es werden Bleibeprämien erwogen oder eine neue Art von Lastenausgleich. Vor einigen Tagen erreichten mich fast gleichzeitig zwei Manuskripte, eines von Holger Bonus, das zweite von Friedrich Thiesen, die beide den Kerngedanken enthalten, man solle den Bürgern der DDR das Staatsvermögen schenken.

Das sieht ganz grob skizziert so aus: In der DDR gehört 95 Prozent des Vermögens dem Staat. Davon ist ein Teil, die Infrastruktur, nicht privatisierbar. Der größere Teil jedoch, die Betriebe, Wohnungen, Grundstücke, sind verkäuflich. Dieses privatisierbare Vermögen wird in einen Fonds eingebracht, an dem jeder Bürger einen nicht übertragbaren Anteilschein erhält, gewissermaßen eine DDR-Aktie. Dieser Anteil verfällt zugunsten aller anderen, wenn der Inhaber des Zertifikats die

DDR verläßt. Der Fonds selbst wird zu angemessenen Preisen liquidiert, und die Erlöse, zusammen mit den Vermögenserträgen, an die Anteilseigner ausgeschüttet. Geht man von der Daumenregel aus, daß das Volksvermögen etwa das Fünffache des Volkseinkommens ausmacht, so ergäbe das rein rechnerisch einen Betrag von rund 100 000 Mark für jeden Bürger. Gliedert man die Infrastruktur zusammen mit den Staatsschulden aus, so reduziert sich die Summe; sie bleibt aber immer noch so beträchtlich, daß sie einen Anreiz zum Ausharren abgibt. Abwanderer verlieren nicht nur die Privatisierungsdividende, sie vergrößern gleichzeitig den Betrag, der für alle anderen übrigbleibt.

Ein Einwand liegt nahe. Der Staatshaushalt der DDR wird bisher zu einem beträchtlichen Teil aus den Abführungen der Betriebe gespeist. Darüber hinaus fließen auch die Mieten größtenteils in die Staatskasse. Der Fiskus verliert also sowohl Gewinnabführungen als auch Mieteinnahmen. Dem stehen allerdings Einsparungen gegenüber: Der Staat braucht keine Aufwendungen mehr zu betreiben, um die Häuser zu erhalten, und er braucht die Neuinvestitionen der Betriebe nicht mehr zu finanzieren. Die Einsparungen sind fast mit Sicherheit beträchtlich höher als die Einnahmeausfälle.

Die Idee hätte einen weiteren Reiz. Das Durchschnittseinkommen liegt in der DDR bei etwa einem Drittel des unseren, das Durchschnittsvermögen der Privaten aber bei weniger als einem Zehntel. Das Vermögen der DDR ist in der Hand des Staates entstanden. So wäre es nicht nur gerecht, sondern auch wirtschaftlich vernünftig, den Bürgern das Vermögen wiederzugeben, das sie sich selbst erarbeitet haben.

März 1990

Wettbewerb um die DDR

Deutsch-deutsche Fusionen

Das Interesse westdeutscher Unternehmen an einem Engagement in der DDR übertrifft auch die kühnsten Erwartungen. Das Wirtschaftswunder Ost ist schon mit Händen zu greifen. Das sei, so ein Unternehmensleiter, die letzte Möglichkeit, in Deutschland zu expandieren, ohne mit dem Bundeskartellamt in Konflikt zu geraten. Da werden die Hüter des Wettbewerbs wachsam. Wird die erwünschte Kapitalspritze für die DDR nicht mit höherer Konzentration der Wirtschaft in einem vereinigten Deutschland zu teuer erkauft?

Über das Kartellgesetz läßt sich schwer sprechen, ohne daß alle möglichen Emotionen geweckt werden. Ludwig Erhard mußte es gegen schwere Widerstände im Kabinett und im Bundestag mit dem Einsatz des ganzen Gewichts seiner Person durchsetzen. Die Wissenschaft stand geschlossen hinter ihm, die Wirtschaft ebenso geschlossen gegen ihn. Die „Frankfurter Allgemeine" sah sich schweren Pressionen durch den Bundesverband der deutschen Industrie ausgesetzt; ihr damaliger Redakteur und jetziger Mitherausgeber Fritz Ullrich Fack war Persona non grata in der ganzen deutschen Wirtschaft. Seither ist das Kartellgesetz zum Prüfstein geworden: Wer für die Marktwirtschaft eintritt, der muß auch für die Wettbewerbsgesetzgebung kämpfen - andernfalls ist er kein Marktwirtschaftler, sondern nur ein schnöder Unternehmerknecht. Für die Ordoliberalen wurde das Wettbewerbsrecht zum Grundgesetz der Marktwirtschaft.

Dieser hohe Rang ist vor dem Hintergrund der Erfahrung aus den zwanziger Jahren und im Dritten Reich zu sehen. Die Wirtschaft war, oft mit staatlicher Unterstützung, durchkartelliert. In der Wirtschaftskrise hielten die Kartelle die hohen Preise durch und verminderten ihre Produktion und ihre Beschäftigung. Im Dritten Reich wurde die Preiskalkulation oktroyiert. Die Wissenschaft mußte die Kartellbildung als eigentliche Gefahr für die Marktwirtschaft auffassen.

Als das Kartellgesetz erlassen wurde, waren die Bedingungen für Gefährlichkeit von Kartellen nicht mehr gegeben. Bei offenen Grenzen und konvertiblem Geld ist der Wettbewerb international. Nationale Kartelle sind nicht mehr relevant. Die Differenzierung der Märkte ließ die Preiskonkurrenz immer unwichtiger werden. An ihre Stelle trat die Substitutionskonkurrenz. Wer nur die Konzentration bei einzelnen Produkten betrachtet, kommt zu schweren Fehlurteilen. In der Linoleumindustrie gibt es heute nur noch einen Monopolanbieter. Aber der Verbraucher kann zwischen Linoleum und PVC, Gummi, Parkett, Fliesen, Teppichboden von zahllosen Anbietern wählen. Der Preiswettbewerb unserer volkswirtschaftlichen Lehrbücher ist weitgehend durch Innovationswettbewerb verdrängt worden. Gemessen am Wettbewerb der Innovation, so Joseph A. Schumpeter, sei der Preiswettbewerb wie das Pochen an eine Tür verglichen mit einem Donnerschlag. Zu Monopol- und Kartellpraktiken kommt es eigentlich nur noch dort, wo der Staat den Wettbewerb unterbindet oder die Märkte abschirmt. In der volkswirtschaftlichen Literatur nimmt die Wettbewerbspolitik einen großen Raum ein; in der Theorie gilt die Monopolisierung als wichtigster Grund für Ineffizienzen in einer Marktwirtschaft. Die wenigen Versuche, diese Ineffizienz empirisch-statistisch zu messen, kommen zu dem Ergebnis, daß sie wenig Gewicht habe. Die Literatur kämpft immer noch mit den Problemen der zwanziger Jahre.

Es kommt hinzu, daß die Kartellgesetzgebung ihren hohen Rang im Rahmen der Wettbewerbspolitik einbüßt. Andere Instrumente werden wichtiger - die Öffnung der Märkte zum Ausland, der Abbau von Hindernissen für den Marktzugang insbesondere am Kapitalmarkt und im Steuerrecht, die Beseitigung von staatlichen Schutzmaßnahmen, vor allem die sogenannte Industriepolitik. Umgekehrt drängt sich der Verdacht auf, daß das Kartellamt immer mehr sinnvolle Aktivitäten behindert, ohne daß eine Wettbewerbsgefährdung erkennbar wäre.

Beim Streit um das Kartellgesetz gab es im Bundestag unter den Befürwortern einer aktiven Wettbewerbspolitik zwei Positionen. Ludwig Erhard und seine Freunde befürworteten das Kartellverbot und setzten es auch durch. Eine andere Gruppe von Abgeordneten um Franz Böhm wollte Kartellverträgen lediglich die Rechtswirksamkeit versagen. Rückblickend muß man sich fragen, ob es nicht besser gewesen wäre, Franz Böhm hätte sich durchgesetzt. Gemessen an der Bedeutung von Investitionen für die DDR sind wettbewerbspolitische Bedenken - vielleicht mit Ausnahme der Allianz-Versicherung - zumindest kleinkariert.

April 1990

Sächsischer Gewerbefleiß

Wirtschaftsaussichten der DDR

Erinnern wir uns an die Zeit vor der Währungsreform. Die Kapazitäten waren teils zerstört, teils demontiert, teils nicht ausgelastet, weil Zulieferungen und Ersatzteile fehlten. Die Produktion reichte gerade aus, um einem Mann alle sieben Jahre einen Anzug, alle drei Jahre ein paar Schuhe zuzuteilen. Statistiken gibt es für diese Zeit nur lückenhaft. Indes dürfte die Produktivität eines amerikanischen Arbeiters das Sieben- bis Achtfache, die eines englischen das Dreifache ihres deutschen Kollegen betragen haben. Die Preise waren niedrig, aber man konnte gegen Reichsmark nichts kaufen. Wer ein paar Dollar in der Tasche hatte, fühlte sich reich. Das Land hatte neun Millionen Flüchtlinge und zahlreiche Soldatenjahrgänge einzugliedern.

Entsprechend düster waren die Prognosen, als Erhard schlagartig mit der Währungsreform auch die Marktwirtschaft einführte. Inflation und Arbeitslosigkeit wurden angesagt, Elend der Arbeiter und Reichtum der Spekulanten. Wir haben das Schicksal der Prognosen erlebt; zwischen Juni 1948 und Ende 1949 - eine Zeit, für die es keine offizielle Statistik gibt -

muß sich die Wirtschaftsleistung mehr als verdoppelt haben. Die Arbeitslosigkeit sank rapide von gut zehn Prozent 1950 auf ein Prozent 1960.

Wer diese Zeit erlebte, der hat jetzt ein Deja-vu-Erlebnis. Die Betriebe der DDR seien der bundesdeutschen Konkurrenz nicht gewachsen, heißt es; sie würden zum großen Teil schließen müssen. Die Produktivität im Westen sei dreimal so hoch wie im Osten - also werde Massenarbeitslosigkeit von zwei bis drei Millionen entstehen. Die Preise müßten steigen, der Lebensstandard also zurückgehen. Und schließlich wird gar behauptet, es gäbe keine Erfahrungen für die Umstellung einer Planwirtschaft auf eine Marktwirtschaft, obgleich wir selbst diese Erfahrung, in allen Einzelheiten dokumentiert, vor genau 42 Jahren gemacht haben.

Freilich - die Geschichte wiederholt sich nicht. Aber die Rahmenbedingungen sind heute für die DDR nicht ungünstiger, sondern erheblich günstiger, als sie bei uns 1948 waren. Die Löhne in der DDR liegen heute bei einem Drittel, die Produktivität aber bei etwa 40 Prozent der Bundesrepublik. Rein rechnerisch müßten also die DDR-Betriebe den Westdeutschen im Wettbewerb überlegen sein. Zwischen den Westzonen auf der einen, Amerika und Großbritannien auf der anderen Seite war das Verhältnis 1948 genau umgekehrt. Nach der Währungsreform 1948 kam es zu einer sprunghaften Produktivitätssteigerung, weil es plötzlich keine Engpässe, Lieferstockungen, keinen Ersatzteilmangel mehr gab und weil sich die Menschen statt mit unproduktivem Hamstern und Schlangestehen mit produktiver Arbeit beschäftigten. Genau das trifft auch für die DDR zu, und entsprechend wird sich auch dort die Produktivität sprunghaft erhöhen. Die Bundesrepublik erhielt später eine Starthilfe aus Amerika in Form des Marshallplans von 1,3

Milliarden Dollar. In die DDR wird ein Vielfaches dieses Betrages, und zwar sofort, fließen.

In der DDR wird es zu Arbeitslosigkeit kommen, aber nur ganz kurzfristig. Wenn auf einem Wochenmarkt die gleichen Tomaten zu verschiedenen Preisen angeboten werden, dann werden die billigeren zuerst gekauft. Für den Arbeitsmarkt trifft das ebenso zu: Wenn auf dem deutschen Markt Arbeitskraft in geringer Entfernung nur noch ein Drittel kostet, dann kaufen die Unternehmen dort, wo es billiger ist.

Das Problem liegt weder in der Qualifikation der Arbeitskräfte noch in deren Produktivität; es liegt in den unverkäuflichen Produkten der DDR. In der Planwirtschaft werden Neuerungen systematisch unterdrückt; in unserer Marktwirtschaft wurden sie ebenso systematisch begünstigt. Die Umstellung von veralteten auf moderne, von unverkäuflichen auf verkäufliche Produkte braucht Zeit. Bei Joghurt sind das drei Wochen, bei Hemden drei Monate, bei Autos drei Jahre. Diese Umstellungszeit wird zu einem massiven Strukturwandel führen - ebenso wie in der Bundesrepublik ganze Industriezweige und Handwerke in den fünfziger Jahren verschwunden sind.

Der Lebensstandard wird in der DDR nicht einmal vorübergehend fallen. Wenn die Produktivität sofort steigt, wenn also mehr produziert wird, dann kann auch gleich mehr verbraucht werden. Vor dem Kriege wurden die Sachsen und Thüringer wegen ihres Gewerbefleisses gerühmt oder gefürchtet. Nach dem Kriege haben in der Bundesrepublik die Schwaben ihre Stellen eingenommen. In zwei Jahren wird uns nicht das Problem der Arbeitslosigkeit im deutschen Osten beschäftigen, sondern eher die drückende Konkurrenz von dort.

Mai 1990

Zwischenbilanz

Die DDR-Wirtschaft und die Vereinigung

Es waren die schweren Wirtschaftsprobleme, die den Beitritt der DDR zur Bundesrepublik so beschleunigt haben. Zusammen mit der Hoffnung, mit der Vereinigung seien auch die Probleme vom Tisch. Das sind sie nicht, so hilfreich der Schritt auch sein mag. Ein Rückblick macht die Natur der Schwierigkeiten deutlich, läßt den weiteren Handlungsbedarf erkennen.

Die sofortige Einführung der Deutschen Mark in der DDR war eines der größten Geschenke, die die Bundesrepublik der DDR zu Anfang machen konnte. Der Umstellungskurs von 1 zu 1 bei den Löhnen war freilich ein Risiko. Zu diesem Kurs, das wußte man, konnten die Betriebe der DDR nicht konkurrieren. Sie hätten also Zeit gebraucht, um neue marktfähige Produkte zu entwickeln, die Produktivität zu steigern, Märkte zu erschließen, leistungsfähige Organisationen und ein geeignetes Rechnungswesen zu entwickeln und um Bilanzen zu erstellen. Diese Zeit hat die Regierung der DDR ihren Betrieben nicht gelassen. Die Grenzen wurden sofort und völlig geöffnet. Das war der erste Fehler. Im Parallelfall, der Rückgliederung des Saarlandes, gab es eine Übergangszeit von 1956 bis 1959, obgleich die Probleme ungleich leichter waren.

Ob ein Umstellungskurs zu hoch oder zu niedrig ist, hängt in erster Linie von zwei Schlüsselzahlen ab: von der Arbeitsproduktivität und von den Löhnen. Der für die DDR-Wirtschaft nur schwer tragbare Umstellungskurs von 1 zu 1 hätte einerseits Lohnsenkungen, zumindest aber eine längere Lohnpause erfordert, andererseits einen raschen Anstieg der Produktivität. Statt dessen wurden die Löhne in zwei Schüben vor und nach der Umstellung um insgesamt wohl etwa 40 Prozent erhöht. Das war der zweite, ebenso schwere Fehler. Um die Produktivität zu erhöhen, hätten die Betriebe investieren müssen - in neue Produkte, in Markterschließung und auch in den Produktionsapparat. Man hat sie aber so knapp mit Geld ausgestattet, daß sie gerade eben die Löhne zahlen konnten. Das war der dritte Fehler: Es blieb keine Luft für Investitionen, meist nicht einmal für Materialbestellungen. Die Betriebe konnten keine Eigeninitiative entfalten.

Die Fehler kumulieren. Wenn man den Betrieben schon einen so hohen Umstellungskurs zumutet, dann hätte man ihnen wenigstens eine längere Anpassungsfrist und eine Lohnpause einräumen müssen. Wenn aber der Umstellungskurs ohne jede Frist bewältigt werden sollte, dann hätte der Staat als Eigentümer der Betriebe und als Konzernspitze großzügig investieren müssen, um die Betriebe für den Wettbewerb fit zu machen. Das, was der Staat an Investitionsmitteln eingespart hat, wird nun in mehrfacher Größenordnung als Verlust auf die Staatskasse zukommen.

Noch ist vieles zu retten, was in wenigen Monaten, ja Wochen verloren sein kann. Zunächst müssen in den Betrieben der DDR und auch in der Treuhandanstalt die richtigen Motivationen geschaffen werden. Jedes Management in der Bundesrepublik Deutschland ist in der einen oder anderen Form am Erfolg beteiligt. Eine solche Leistungsmotivation fehlt in der DDR bisher völlig. Die Entscheidungskompetenzen müssen von den Kombinaten auf die Betriebe verlagert werden, und das Management der Betriebe sollte am Privatisierungserlös partizipieren. Dann würde sich das zu Fragebögen kondensierte Mißtrauen erübrigen, daß Kredite ohnehin nur in den Sand gesetzt würden.

Zum zweiten erfordert die Situation einen sofortigen Lohnstopp für Tarifverträge. Die Löhne müssen ohnehin in der DDR nach Leistung differenziert werden, und das alleine führt zu einer nicht unbeträchtlichen Erhöhung der Durchschnittslöhne. Noch eine Lohnrunde wie die letzte - und die DDR kann als Investitionsstandort sicherlich abgeschrieben werden.

Zum dritten sollte man die Betriebe völlig von ihren Altschulden befreien. Eigentümer ist ohnehin der Staat. Die Schuldenübernahme wäre lediglich eine Umbuchung - aber sie macht die Betriebe kreditwürdiger. Und viertens sollte der Staat neue Kredite großzügig verbürgen, sei es direkt, sei es über das Instrument der Hermes-Bürgschaften.

Die bisherigen Fehler machen das Tal, das die DDR durchschreiten muß, tiefer, und sie verzögern den Aufschwung. Die Wirtschaftskrise hat aber auch ihr Gutes. Sie hat die Vereinigung beschleunigt und damit die Voraussetzungen eines starken Wirtschaftswachstums verbessert. Freilich wäre es ein schlimmer weiterer Fehler, würde man glauben, der Beitritt alleine werde die Probleme schon lösen. Es gibt noch viel Handlungsbedarf.

September 1990

Sargnägel

Über den Aufschwung im Osten

Professor Norbert Walter, Chefvolkswirt der Deutschen Bank, kommt zu einer pessimistischen Einschätzung der Aufschwungchancen im Osten. Mit Steuererhöhungen hier und höheren Subventionen dort verfehle man das eigentliche Problem. Notwendig sei eine Änderung der Mentalität, der Motivation und der Anspruchshaltung. „Im Westen will man möglichst ungestört so weiterleben wie bisher. Im Osten glaubt man noch zu oft, daß Marktwirtschaft ein paradiesähnlicher Zustand ist, der sich durch kostenlose Abgabe von schönen Dingen auszeichnet.“ Im Osten also ruft man „Tischlein, deck dich“, im Westen fordert die Regierung „Goldesel, streck dich“, und am Ende steht der „Knüppel aus dem Sack“, der Ossis und Wessis gleichermaßen prügeln wird.

Aus dem Metallbereich in Mecklenburg-Vorpommern wird jetzt ein Tarifabschluß gemeldet, nach dem die Löhne dort bis 1994 auf Westniveau steigen sollen. Das bedeutet eine Verfünffachung der Löhne von 1989 bis 1994 (unter der Annahme, daß die Ost-Mark 70 West-Pfennig wert war und daß die Löhne im Westen um fünf Prozent pro Jahr steigen). Von heute gerechnet, müssen die Löhne um gut 30 Prozent pro Jahr steigen. Die „Lübecker Nachrichten" jubeln, hier seien doch endlich einmal Nägel mit Köpfen gemacht worden; endlich hätten die Investoren Planungssicherheit. Gewiß sind das Nägel mit Köpfen, Sargnägel nämlich. Gewiß, die Investoren können kalkulieren. Sie können jetzt genau ausrechnen, daß Investitionen im Osten nicht lohnen.

Die Betriebe im Osten können schon heute die Löhne nicht erwirtschaften, die seit Anfang 1990 vereinbart wurden. Eine Angleichung der Löhne in Ost und West bis 1994 aus eigener Wirtschaftskraft des Ostens ist schiere Illusion. Soll sie erzwungen werden, dann wird fast die gesamte Bevölkerung arbeitslos und strömt auf den Arbeitsmarkt im Westen. Dann könnte auch im Westen Vollbeschäftigung nur durch massive Lohnsenkungen erreicht werden. Zu Westlöhnen läßt sich fast keine Produktion im Osten mehr rentabel betreiben. Die Kapitalausstattung mag technisch noch brauchbar sein, wirtschaftlich wäre sie bei diesen Löhnen Schrott. Wollte man die Arbeitsplätze im Osten auf Westproduktivität bringen, so müßte nahezu der gesamte Produktionsapparat in wenigen Jahren ersetzt werden. Das erfordert Nettoinvestitionen von etwa zwei Billionen Mark, wenn ein moderner Arbeitsplatz eine viertel Million Mark kostet.

Die Summe ist utopisch. Zum Vergleich: In der Altbundesrepublik mit vierfacher Einwohnerzahl lagen die Nettoinvestitionen in den Produktionsapparat 1989 bei gut 100 Milliarden Mark. Die gesamtwirtschaftliche Kapitalbildung dürfte in diesem Jahr in ganz Deutschland bei 250 Milliarden Mark liegen.

Für Investitionen braucht man überdies erschlossene Flächen, klare Eigentumsrechte, eine funktionierende Verwaltung;

man braucht Monteure, Bauarbeiter, Transportkapazitäten. Fachleute schätzen, daß die Investitionsmöglichkeit in den neuen Ländern rein physisch auf 50 bis 70 Milliarden Mark pro Jahr begrenzt ist. Mehr Geld läßt sich nicht ausgeben, selbst wenn man es hätte.

Durch diese Politik wird nicht etwa der Aufschwung in den neuen Ländern verzögert; wir programmieren den wirtschaftlichen Zusammenbruch, und der würde auch im Westen zu einer schweren Krise führen. Wenn man will, daß Löhne und Gehälter im Osten rasch - also im Laufe von drei Jahren - zu denen im Westen aufschliessen, dann gibt es dazu nur eine Möglichkeit - man muß einen Teil der Lohneinkommen im Westen wegsteuern und muß sie als Lohnsubvention im Osten zahlen. Mit zehn bis zwölf Prozent aller Löhne und Gehälter im Westen ließen sich 40 bis 50 Prozent Lohnsubvention im Osten aufbringen. Man braucht diese Lösung nur auszusprechen, und weiß schon, daß sie politisch nicht durchsetzbar ist.

Natürlich wußte man von Anfang an, daß die Lohnpolitik in den neuen Ländern sich nicht nach der Regel richten kann, daß die Lohnsteigerung nicht über den Produktivitätszuwachs hinausgehen darf. Die Löhne im Osten müssen schnell steigen, und wenn sich die Löhne nicht an der Produktivität orientieren können, dann muß sich eben die Produktivität an die Löhne anpassen. Deshalb ist es richtig, massive Investitionsanreize zu geben. Wenn man aber im Osten die Marktwirtschaft für ein Tischleindeckdich hält, das beliebige Einkommenssteigerungen ermöglicht, und wenn man im Westen so weiter leben will wie bisher, kann die Rechnung nicht aufgehen. An Adam Riese hat sich noch keiner vorbeimogeln können. Dieser Kerl hat kein soziales Gewissen. Er schlägt unbarmherzig zu.

März 1991

Rat-Schläger

Vereinigungspolitik

Rainer Hübner hat in „Capital“ eine Philippika gegen die wirtschaftspolitischen Berater der Regierung gestartet. Die Ratschläge der Neoliberalen hätten sich als verhängnisvoll erwiesen, die angebotsorientierte Politik habe in der deutschen Wiedervereinigung ihr Waterloo erlebt. Anscheinend hat Rainer Hübner die entscheidenden Monate in Australien oder sonstwo weit ab vom Schuß verbracht. Alle einflußreichen Gremien - der Sachverständigenrat, der wissenschaftliche Beirat beim Bundeswirtschaftsministerium, der Kronberger Kreis und andere - hatten vor dem Kurs, der tatsächlich eingeschlagen wurde, gewarnt. Soweit es bekannt ist, hat die Regierung überhaupt keinen Rat von außenstehenden Fachleuten eingeholt. Es sieht so aus, als habe sie nicht einmal ihre eigenen Fachleute gehört. Der Leiter des Wirtschaftsreferats im Bundeskanzleramt, Georg Grimm, jedenfalls ist anscheinend frustriert vorzeitig aus dem Amt geschieden. Bei der deutschen Wiedervereinigung hat der Chef persönlich gekocht.

Vor der Wirtschafts- und Währungsunion waren sich alle Fachleute in einem einig: Die Wirtschaft der DDR sei einem sofortigen Wettbewerb mit der Bundesrepublik nicht gewachsen, sie müsse darunter zusammenbrechen. Die einen befürworteten deshalb flexible Wechselkurse zwischen Ost- und Westmark und/oder Konvertibilitätsbeschränkungen der Ost-Mark, die anderen traten für eine sofortige Einführung der D-Mark im Osten ein, freilich verbunden mit zeitweiligem Zollschutz der dortigen Industrie, ähnlich dem Verfahren bei der Rückgliederung des Saarlandes. Als dann die Löhne im Verhältnis 1 zu 1 umgestellt wurden, ohne daß der Industrie im Osten Schutz gewährt wurde, forderten Fachleute einen sofortigen Lohnstopp. Die Lohnwelle begann indes schon vor der Wiedervereinigung zu rollen. Die Wirtschaftswoche hat schon im August 1990 vor den Folgen gewarnt und die Gefahr beschworen, daß die DDR zum deutschen Mezzogiorno werden könne. Inzwischen hat die Welle noch an Wucht gewonnen; der weitere wirtschaftliche Niedergang in den neuen Bundesländern ist nur noch schwer aufzuhalten.

Die Wirtschaftswoche war nach dem 9. November 1989 zunächst optimistisch: Ein schneller und kräftiger Wirtschaftsaufschwung in der DDR sei möglich. Nachdem die Wirtschafts- und Tarifpolitik keinen auch nur irgend vorstellbaren Fehler ausgelassen hat, muß man entweder schwarz oder rot sehen. Die Industrie in den neuen Bundesländern wird in den kommenden Jahren großenteils zusammenbrechen. Selbst diejenigen Betriebe, die die heutigen Löhne noch erwirtschaften, werden nur dann in drei Jahren Westlöhne zahlen können, wenn sie ihren Produktionsapparat völlig erneuern. Das ist wegen der Größe der Summen gänzlich ausgeschlossen. Mit der Industrie schrumpft auch der Dienstleistungssektor. Dabei dürfte annähernd die Hälfte aller Arbeitsplätze von 1989 bis 1994 verlorengehen.

Ursprünglich hatte man für 1991 mit Transferleistungen in den Osten von 60 bis 80 Milliarden Mark gerechnet. Diese Transfers sollten sich im Laufe von vier bis fünf Jahren auf null abbauen. Heute werden die Zahlungen schon für 1991 auf 140 Milliarden Mark geschätzt. Was aber viel schlimmer ist: Diese Leistungen müssen in den kommenden Jahren noch zunehmen. So wie es heute aussieht, werden sie 1993 die Grenze von 200 Milliarden Mark übersteigen, weil ein großer Teil der notwendigen Transfers vom Lohnniveau abhängig ist. Solche Summen lassen sich auf Dauer weder aus den Kapitalmärkten noch aus den Steuerzahlern herauspressen. Die öffentlichen Haushalte geraten also in eine Notlage, die ihrerseits eine Verführung zu weiteren wirtschaftspolitischen Fehlern darstellt - etwa die Erhöhung der Unternehmensbesteuerung.

Die Lohnkosten werden in diesem Jahr in ganz Deutschland um zehn bis zwölf Prozent, die Produktion aber nur um null bis zwei Prozent steigen. Das stellt die Bundesbank spätestens im Herbst vor eine schwierige Stabilisierungsaufgabe. Im Zangengriff von hohen Löhnen einerseits, hohen Zinsen andererseits könnte die Konjunktur allzuleicht geknackt werden.

Die Wirtschaftspolitik der Wiedervereinigung muß ein wahres Wunder vollbringen, sollen all diese Gefahren abgewendet werden. Einige der Schäden lassen sich überhaupt nicht mehr reparieren. In anderen Fällen ist es noch nicht zu spät. Nur: Mit viel Geld und Gottvertrauen allein ist das nicht zu schaffen. Man sollte sich schon des Rates der Fachleute bedienen - oben jener, von denen Rainer Hübner meint, sie hätten versagt, die aber in Wirklichkeit nie gehört wurden.

Juni 1991

Kurswechsel

Strategien für die neuen Bundesländer

Die Stimmung in den neuen Bundesländern ist ebenso schlecht wie in den alten. Im Osten hat man den Eindruck, die Alt-Bundesrepublik habe es darauf angelegt, die Industrie dort zu zerstören und sich den Rest zu Ausverkaufspreisen unter den Nagel zu reißen. Die Ostdeutschen empfinden sich als bevormundet und kolonialisiert. Im Westen dämmert ganz langsam eine Ahnung, daß der Prozeß der wirtschaftlichen Wiedervereinigung auf einem falschen Gleis laufe. Aber es wird noch längst nicht verstanden, daß weit größere Opfer gebracht werden müssen, daß der Lebensstandard im Westen nicht zu halten sein wird. Es wird verdrängt, daß es Zeit für einen Kurswechsel ist. Die Wirtschaftswoche hat seit August 1990 immer wieder gewarnt. Die einzig gründliche Analyse, das Buch „Kaltstart" von Gerlinde und Hans-Werner Sinn, wurde aber im Westen mürrisch aufgenommen und teilweise verrissen.

Die Wirtschaft der DDR war weit hinter der Alt-Bundesrepublik zurückgeblieben und zahlte entsprechend geringe Löhne. Nach der Wirtschafts- und Währungsunion hätte die Produktivität der Ost-Betriebe durch bessere Anreize, Umorganisation, Zusatzinvestitionen möglichst rasch gesteigert werden müssen. Dann hätte die höhere Produktivität auch höhere Löhne ermöglicht. Dieses Vorgehen bezeichnen die Sinns als „Organische Transformationsstrategie".

Statt dessen wurde eine „High-Wage-High-Tech"-Strategie gewählt. Die Löhne wurden in abenteuerlicher Geschwindigkeit hochgezogen in der Hoffnung, daß die Produktivität schon nachwachsen werde. Diese Strategie ist gescheitert. Zu den heutigen Löhnen sind nur noch ganz wenige Betriebe konkurrenzfähig. Für die kommenden Jahre sind Lohnsteigerungen von rund 25 Prozent pro Jahr programmiert. 1989 hatte die DDR geringere Lohnkosten als die Türkei; 1995 sollen die neuen Bundesländer die USA überholt haben. Da kann die schnellste Rationalisierung nicht mithalten. Mitte der neunziger Jahre wird es fast keinen lebensfähigen Industriebetrieb im Osten mehr geben.

Die Kapitalsubventionen, mit denen der Standort attraktiv gemacht werden soll, bewirken etwa eine Halbierung der Kapitalkosten. Die neuen Bundesländer werden auf diese Weise zum idealen Standort für menschenleere Roboterhallen, Fabriken, die kaum Arbeitsplätze schaffen und deren Erträge dort anfallen, wo das Kapital herkommt. So stehen Produktionskapazitäten leer, weil die Löhne nicht mehr erwirtschaftet werden können, während neue Fabriken auf der grünen Wiese entstehen. Im Osten wird auf diese Weise zwar die Produktion steigen, aber die Zahl der Arbeitsplätze wird weiter abnehmen. Die Summen, die im Osten in nagelneue Fabriken investiert werden, fehlen dann im Westen. Damit sprudelt auch die Quelle für künftige Lohnsteigerungen schwächer, oder sie versiegt ganz.

Die Transfers, die heute von West nach Ost fließen, sind zum großen Teil lohnabhängig - Arbeitslosengeld, Renten, Löhne in den Beschäftigungsgesellschaften, Verluste der Treuhand-Betriebe. Diese Transfers werden also nicht abnehmen, sondern stark steigen müssen. Das bedeutet entweder höhere Steuern oder größere Staatsverschuldung, wahrscheinlich aber beides.

In die Wirtschaft der neuen Bundesländer müßten - ohne Infrastruktur, Wohnungsbau, Umweltsanierung - eins bis 1,6 Billionen Mark investiert werden, um den heutigen Standard im Westen zu erreichen. Dazu kommen in den nächsten zehn Jahren weitere 500 Milliarden Mark, weil auch der Westen nicht stehenbleibt. Investitionen in dieser Größenordnung sind eine schiere Utopie. Das ist das Ergebnis der „High-Wage-High-Tech"-Strategie.

Die Fehler der Vergangenheit lassen sich nicht mehr rückgängig machen, aber es ist allemal besser, die Strategie jetzt zu wechseln als fortzufahren wie bisher.

Löhne sind Einkommen für die Beschäftigten und Kosten für die Betriebe. Wenn wir wollen, daß die Einkommen im Osten rasch zu denen im Westen aufschließen, dann gibt es gar keine andere Wahl, als die Einkommen der Beschäftigten und die Lohnkosten der Betriebe zu entkoppeln. Dafür gibt es verschiedene Modelle; zwei davon haben wir in der Wirtschaftswoche vorgestellt. Sinn und Sinn schlagen vor, die Entlohnung teilweise in Form von Anteilsrechten an den Betrieben zu gewähren, eine Lösung, die überdies den Vorzug hätte, daß nicht alle Betriebe im Osten zu verlängerten Werkbänken von Westunternehmen werden.

März 1992

Ins zweite Glied

Über die deutsche Wirtschaftskraft

Der Aufschwung Ost dauere länger, als man zunächst angenommen habe, und er koste auch mehr, aber er sei inzwischen auf einem guten Weg, sagte der Bundeskanzler in Schwarzheide. Zweckoptimismus ist ein gutes Recht der Politiker. In diesem Fall freilich muß man befürchten, daß Helmut Kohl glaubt, was er sagt.

Denn nur wenn die Osttransfers rasch und drastisch abgebaut würden, ließen sich die zig Milliarden an neuen Ausgaben, die die Regierung plant, auch realisieren: Erhöhung der Entwicklungshilfe auf 0,7 Prozent des Sozialprodukts, Finanzfolgen des Abtreibungsgesetzes, Pflegeversicherung, Entschädigungsleistungen, Neuordnungen der Familienbesteuerung, Leistungen an Osteuropa, Delors-II-Paket, verstärkte Förderung des Wohnungsbaus und obendrein noch eine Senkung des Körperschaft- und Einkommensteuerspitzensatzes.

Vielleicht hat die Regierung sich auch in den Nebel verlaufen, den sie über alle Fakten verbreitet hat. Die mittelfristige Finanzplanung zeigt einen kerngesunden Bundeshaushalt. Mittlerweile türmen sich die Defizite und Schulden in Schattenhaushalten - Fonds Deutsche Einheit, Treuhandanstalt, Kreditabwicklungsfonds, Reichsbahn, Bundesbahn. Die Arbeitslosigkeit in den neuen Bundesländern wird jeden Monat mit einer Zahl angegeben, die mit der Realität wenig gemein hat. Von den fast zehn Millionen Arbeitsplätzen der DDR existieren noch weniger als sieben Millionen. Schätzungsweise auf zwei Millionen davon wird entweder gar nicht gearbeitet oder aber eine Wertschöpfung erzielt, die weit unter den Löhnen liegt. Es bleiben fünf Millionen, die derzeit lebensfähig sind. Davon dürften etwa vier Millionen von Transfers aus dem Westen abhängen.

Die Ost-West-Transfers liegen brutto 1992 bei rund 220 Milliarden Mark und damit etwa gleich hoch wie das Sozialprodukt in den neuen Bundesländern. Der Aufschwung Ost soll 1992 mit der eindrucksvollen Wachstumsrate von zehn Prozent einsetzen. Das sind in absoluten Zahlen 20 Milliarden Mark und damit weniger als der Zuwachs der Transfers von 1991 auf 1992. Derweil siedeln pro Monat rund 20.000 Ostbürger in den Westen über - meist hochqualifizierte Fachkräfte. Der Osten blutet aus.

Die offiziellen Stellen mahnen zur Geduld. Eine Investitionsplanung brauche Zeit, und bis die neuen Arbeitsplätze existieren, könnten Jahre vergehen. Wohl wahr - nur geben die bekannten Investitionspläne auch wenig Hoffnung. Die Automobilfabriken von Opel und VW etwa werden die drei- bis vierfache Produktivität der Westwerke erreichen. Trotz der Milliarden an privaten Investitionen und staatlichen Subventionen entstehen so nur wenige Arbeitsplätze. Der größere Teil der geschaffenen Einkommen fällt im Westen, nicht im Osten an.

Die Transferleistungen sind überwiegend direkt lohnabhängig - Bezüge von öffentlich Bediensteten, Renten, Arbeitslosengeld, Verluste der Treuhandanstalt und anderes. Nach dem jüngsten Tarifabschluß im öffentlichen Dienst müssen die Entgelte - abhängig von der Entwicklung im Westen - um 20 bis 25 Prozent pro Jahr steigen. Das bedeutet, daß sich die konsumtiven Transfers um 20 bis 30 Milliarden Mark pro Jahr erhöhen. Kommen die Investitionen schneller ans Laufen, so spart der Finanzminister nichts. Die Verminderung konsumtiver Transfers wird dann durch die Erhöhung der Investitionsförderung überkompensiert. Für Investitionen allein in die Infrastruktur fordert Sachsen 290 Milliarden Mark. Das ergebe, hochgerechnet auf alle neuen Bundesländer, einen Bedarf von rund 1,2 Billionen Mark.

Zählt man alles zusammen - konsumtive Transfers, notwendige Investitionen in die Infrastruktur und den Wohnungsbau, Schaffung lebensfähiger Arbeitsplätze -, so kommt man auf Summen, die meilenweit jenseits der Realisierbarkeit liegen. Die Bundesregierung müßte einen Goldesel erfinden, wollte sie obendrein die Steuern senken, in Osteuropa helfen, den Umweltschutz und den Familienlastenausgleich verbessern und Kindergarten- und Pflegeheimplätze schaffen.

Deutschland, Ost und West zusammen, ist schon vom ersten ins zweite Glied der Industrieländer getreten. Unser Durchschnittseinkommen liegt nicht nur hinter den USA und Japan, sondern auch in der EG erst an achter Stelle. Die staatliche Neuverschuldung, einschließlich aller Schattenhaushalte, wird in der OECD nur noch von Italien übertroffen. Die gesamtdeutsche Inflationsrate liegt gleichauf mit Italien. Nur Spanien hat eine noch schnellere Geldentwertung. Beim Wirtschaftswachstum liegen wir ebenfalls in der Nachzüglergruppe. Ohne Kurswechsel droht sogar der Abstieg in die dritte Liga.

Juli 1992

Kassandra hatte recht

Der schöngefärbte Aufschwung Ost

Wernhard Möschel, der, obgleich Jurist von Beruf, zu unseren profiliertesten Ökonomen gehört, tadelt in einem ganzseitigen Aufsatz in der „Frankfurter Allgemeinen" die Kassandra-Propheten. In den neuen Bundesländern zeichne sich ein investitionsgeführter Aufschwung ab. Die industrielle Produktion habe sich stabilisiert, und die Planungen der Unternehmen ließen eine kräftige Steigerung der Investitionen im Jahre 1992 gegenüber 1991 erwarten.

Die industrielle Produktion liegt derzeit im Osten bei einem Drittel des Standes von 1989. Wächst sie mit der abenteuerlichen Rate von zehn Prozent pro Jahr, dann ist im Jahre 2004 der Stand der alten DDR wieder erreicht; um 2015 wird dann die Alt-Bundesrepublik von 1989 eingeholt. Weil diese aber ebenfalls wächst, kann es weitere Jahrzehnte dauern, bis Ost- und Westländer auf dem gleichen Stand sind.

Die Investitionen im Osten steigen von 72 Milliarden Mark 1991 auf 94 Milliarden Mark 1992. Das sind stolze 30 Prozent. Wenn die neuen zu den alten Bundesländern aufschließen sollen, dann müssen etwa zwei Billionen Mark investiert werden - zusätzlich zu dem, was im Westen neu geschaffen wird. Die Investitionen in den alten Ländern liegen 1992 bei rund 9700 Mark pro Einwohner. Soll die Aufholjagd zehn Jahre dauern, dann müßten im Osten rund 13 000 Mark mehr investiert werden als im Westen, also etwa 23 000 Mark pro Einwohner und Jahr. Der Investitionsboom, der Möschel so optimistisch stimmt, bringt die Investitionen im Osten von 4500 Mark pro Einwohner 1991 auf 5850 Mark 1992. Damit holen die neuen Länder nicht auf; damit fallen sie immer weiter zurück.

Der Osten braucht, wenn er wettbewerbsfähig werden soll, neue und leistungsfähige Maschinen. Investiert wird aber überwiegend in Bauten, angelockt von geradezu abenteuerlichen Steuervergünstigungen. Allein um Leipzig sollen derzeit 30 Einkaufszentren im Bau oder in der Planung sein.

In der eigentlichen Industrie tut sich wenig. Die westdeutsche Wirtschaft hat in Fabriken im Osten 1991 rund 9,5 Milliarden Mark investiert; 1992 sollen es 18 Milliarden Mark werden. Dieser Betrag enthält die Käufe von Treuhand-Firmen, also Ausgaben, denen keine einzige neue Maschine gegenübersteht, sowie die Investitionen der Telekom und die staatlichen Zuschüsse und Zulagen. Rechnet man diese Beträge heraus, so bleibt nur ein Kleckerbetrag übrig, den westdeutsche Firmen aus eigenen Mitteln im verarbeitenden Gewerbe des Ostens anlegen. Zum Vergleich: Die Direktinvestitionen der deutschen Wirtschaft im Ausland lagen 1991 bei rund 36 Milliarden Mark.

Die ohnehin schon kümmerlichen Industrieinvestitionen schaffen überdies kaum Arbeitsplätze. Das Opel-Werk in Eisenach kostet beispielsweise eine Milliarde Mark und soll rund 2000 Leute beschäftigen. Das ist eine halbe Million Mark pro Arbeitsplatz oder mehr als das Doppelte dessen, was ein Arbeitsplatz im Westen kostet. Bei VW in Mosel und Zeiss in Jena liegen die Zahlen ähnlich. Zu derart arbeitssparenden und kapitalintensiven Fabriken kommt es, weil der Staat die hohen Kapitalkosten auf die Hälfte heruntersubventioniert, nicht aber die Arbeitskosten.

Das Sozialprodukt lag in den neuen Ländern 1991 bei 193 Milliarden Mark; die Nachfrage war fast doppelt so hoch. Die Lücke wurde durch Transfers aus dem Westen geschlossen. Diese Transfers werden von 1991 auf 1992 netto etwa doppelt so stark wachsen wie das Sozialprodukt. Bis 1996 sollen die Einkommen im Osten auf mindestens 85 Prozent der Einkommen im Westen anwachsen. Das ist durch Tarifverträge weitgehend programmiert. Selbst bei sieben bis zehn Prozent Wirtschaftswachstum im Osten bedeutet das einen Transferbedarf von 450 bis 500 Milliarden Mark. Das also ist Wernhard Möschels investitionsgeführter Aufschwung in Zahlen.

Kassandra war bekanntlich eine Seherin, die den Untergang Trojas ankündigte. Aber niemand mochte ihr zuhören. Möschels Bild paßt: Deutschland, von der Regierung über die Gewerkschaften, Unternehmer bis hin zur Wissenschaft, verschließt die Augen vor den Realitäten. Ab 1996 tritt zu den Lasten der Ostintegration die Bürde des Rentnerberges hinzu. Sie wird dann von Jahr zu Jahr schwerer. Nicht Pessimismus ist unser Problem, sondern Schönfärberei. Wir haben es noch in der Hand, das Blatt zu wenden. Jeder Tag, den wir ungenutzt verstreichen lassen, vergrößert die Lasten.

Die Trojaner hätten rechtzeitig auf Kassandra hören sollen: „Einst wird kommen der Tag, da die heilige Ileos hinsinkt . . .“ Das könnte uns auch blühen, nur brauchen wir dazu keine feindliche Armee. Das schaffen wir auch ganz alleine.

August 1992

Biedenkopfs Rache

Solidarpakt

Das Stückt heißt „Solidarpakt“ und wird derzeit im Bundestheater gegeben. Ob es Drama, Tragödie oder Komödie werden soll, weiß man noch nicht. Dem Programmheft ist die Vorgeschichte des Stücks zu entnehmen. Bei der deutschen Wiedervereinigung wurde der Länderfinanzausgleich aller Bundesländer für vier Jahre außer Kraft gesetzt. An seine Stelle trat der Fonds Deutsche Einheit. Später soll ein gesamtdeutscher Finanzausgleich gelten. Das würde die alten Bundesländer rund 28 Milliarden Mark pro Jahr kosten. Großes Geschrei bei den Westländern: Eine solche Summe würde sie finanziell entblößen. Ebensolches Geschrei bei den Ostländern: 28 Milliarden Mark reichten bei weitem nicht. Der Bund könnte dem Palaver in Ruhe zuhören. Nach der Rechts- und Beschlußlage braucht er keine Konzessionen zu machen. Er braucht aber die Länder und die Espede, um Gesetze im Bundesrat durchzubringen und das Grundgesetz zu ändern. Die Weichen sind also auf Kompromiß gestellt: Der Bund schießt Geld zum Länderfinanzausgleich zu, die Länder lassen im Gegenzug Gesetze im Bundesrat passieren.

Das Stück beginnt. Man sieht den Bundesfinanzminister das Solidarpaket schnüren. Es enthält Einsparungen, Steuererhöhungen, Zuschüsse zu den Länderhaushalten und Bundesratsbeschlüsse. Er wickelt es in die mittelfristige Finanzplanung ein, die ohnehin das Papier nicht mehr wert ist, auf das sie geschrieben wurde. Zweite Szene im Schloß zu Potsdam. Die Ministerpräsidenten der Länder treffen sich zum Treueschwur. Sie weisen einen Weg aus der Misere und beschließen erstens, daß die alten Bundesländer nichts abgeben, zweitens, daß die neuen Länder mindestens das Doppelte dessen bekommen, was ihnen nach den Regeln des Finanzausgleichs zustünde, drittens, daß Sparmaßnahmen nicht stattfinden, und viertens, daß der Bund alles zahlt. Kurt Biedenkopf läßt in Vorfreude auf den Sieg die Kuppel seines Palais mit Blattgold belegen.

Dritter Auftritt im Kanzleramt. Die Garde der Ministerpräsidenten tagt, aber sie ergibt sich nicht. Um Mitternacht tritt der Geist eines Kompromisses auf, verschwindet aber wortlos wieder. Schließlich ist die Schlacht geschlagen. Ein Herold verkündet die Beschlüsse. Erstens: Die alten Länder geben (fast) nichts ab. Zweitens: Die neuen Länder bekommen mindestens das Doppelte dessen, was ihnen nach den Regeln des Finanzausgleichs zustünde. Drittens: Sparmaßnahmen sind unsozial und finden (fast) nicht statt. Viertens: Der Bund zahlt alles. Die Streitmacht der Espede zieht unter ihrem Führer Kurt Biedenkopf siegreich ab. Ende des ersten Aktes unter dem Titel „Biedenkopfs Rache“.

Der zweite Akt des Solidarpakts folgt nach kurzer Pause. Es erscheint ein kleines Häuflein Metallarbeiter aus dem Osten und verlangt 26 Prozent Lohnzuschlag, um damit 80 Prozent der Westlöhne zu erreichen. Dahinter aber formiert sich eine gewaltige Streitmacht, die Staatsbediensteten im Osten, rund ein Viertel aller regulär Beschäftigten. Sie haben die 80 Prozent zwar längst in der Tasche und werden demnächst auf volle 100 Prozent gesetzt, sind aber solidarisch. Die vereinten Streitkräfte drohen, das Kanzleramt zu stürmen. Der Autor bietet für die Fortsetzung zwei Varianten an.

Erste Variante: Das Kanzleramt ergibt sich, die Metaller bekommen 26 Prozent Lohnzuschlag. Alle Arbeitsplätze fallen weg. Die Metallarbeiter werden im öffentlichen Dienst eingestellt und treten geschlossen der ÖTV bei. Titel: „Monikas Triumph“.

In der zweiten Variante ergibt sich das Kanzleramt auch, aber es kommt zum Kampf zwischen IG Metall und ÖTV. Im Bonner Frieden wird dann beschlossen, im Osten eine Recycling-Industrie aufzubauen. Es werden Maschinen gebaut, die unverkäuflich sind. Sie werden umgehend recycelt, also wieder eingeschmolzen; das Metall wird wieder zu Maschinen verarbeitet et cetera. In der folgenden Szene trifft ein reitender Bote des Bundesumweltministers ein und ermahnt zum Energiesparen. Daraufhin werden der Bau der Maschinen und das Einschmelzen nur noch simuliert. Der Pressesprecher des Umweltministers verkündet beträchtliche Erfolge beim Energiesparen. Titel dieser Variante: „Sisyphus oder die Arbeit als Wert an sich“.

Der dritte Akt folgt in einigen Jahren. Er heißt: „Michael Kohldampf“. Der Staat und seine Repräsentanten sind in einem klassischen Dilemma. Sie tun Gutes aus sozialer Wärme. Björn Engholm tritt auf (falls er dann noch auftritt) und verspricht jedem Bürger ein Grundstück in der Toskana. Helmut Kohl spricht entschlossen von Solidarität, christlicher Nächstenliebe und Pflegeversicherung. Klaus Kinkel wiederholt wörtlich, was er schon im „Heute-Journal“ vom 19. März 93 erklärte: „Das Bonbon der sozialen Kälte lassen wir uns nicht ankleben.“ Engholm (gegebenenfalls Schröder, Lafontaine oder Scharping) und Kohl umarmen sich. Kinkel wird wegen fortwährender Mißhandlung der deutschen Sprache verurteilt und eingesperrt. Helmut Kohl stürzt, weil er versehentlich einen Reporter überfahren hat, der unter seinem Wagen die Fahrgestellnummer daraufhin überprüfte, ob es sich um einen Leihwagen handelt.

Der Staat will wegen sozialer Wärme die Arbeitslosen, auch die im öffentlichen Dienst, die Pflegebedürftigen, die industriellen Kerne, die neuen Bundesländer, die Landwirtschaft, die Stahlindustrie, die Rentner, die Automobilproduktion, den Rußlandexport et cetera bezahlen. Steuern und Abgaben werden dramatisch erhöht, Schwarzarbeit mit Zuchthaus bestraft. Ein Teil des deutschen Volkes wird eingesperrt. Das Gute triumphiert, aber leider ist kein Geld mehr da.

Nun wissen es die Zuschauer: Es war eine Tragödie.

März 1993

Fortgesetzter Niedergang

Der Aufbau Ost

Bei Redaktionsschluß dieser Ausgabe der Wirtschaftswoche ist es fast auf die Stunde vier Jahre her, daß die Mauer in Berlin fiel. Ein Rückblick ist nützlich - nicht um irgend jemandem die Schuld am Desaster der deutschen Vereinigungspolitik anzulasten, sondern um aus den Erfahrungen dieser Jahre für die Zukunft zu lernen.

Im November 1989 lag die Produktivität der DDR etwa bei einem Drittel der Bundesrepublik. Die Ostlöhne betrugen ebenfalls in Ost-Mark etwa ein Drittel der Westlöhne. Der Außenwert der Mark der DDR wurde von der eigenen Regierung mit rund 0,22 West-Mark angesetzt. Die Produkte, die in der DDR hergestellt wurden, waren großenteils auf westlichen Märkten unverkäuflich.

Als der Ostblock wenig später zusammenbrach, stöhnten die ehemaligen Planwirtschaften unter der Last des Transformationsprozesses. Nur Ostdeutschland - so damals die allgemeine Meinung - habe es gut, weil der große Bruder im Westen helfen würde. Rückblickend stellen wir fest, daß Länder des früheren Ostblocks, Rußland eingeschlossen, die Talsohle durchschritten haben. Das zeigt sich in den Statistiken noch nicht, weil sich die neue Privatproduktion der statistischen Erfassung entzieht, während der alte Staatssektor daniederliegt.

In Ostdeutschland dagegen ist die Industrieproduktion auf ein Drittel abgestürzt, und selbst dieses Drittel wird teilweise unmäßig subventioniert. Die Beschäftigung hat sich nahezu halbiert. Auch diese Zahl ist geschönt, weil der Staatssektor aufgebläht ist und viele Betriebe die Löhne nicht erwirtschaften, die sie bezahlen. Die Hälfte der Einkommen im Osten stammt aus Transferleistungen, und auch für die andere Hälfte gibt es keine Basis im Lande. Die eigene Wertschöpfung der neuen Bundesländer besteht in den Kosten des Staatsapparates, in der Bautätigkeit und in den Spannen der Einzelhändler, Reisebüros, Restaurants, Kinos, Banken et cetera. Würden die Transferleistungen entfallen, dann gäbe es auch die eigene Wertschöpfung in den neuen Bundesländern nicht mehr, weil die Kaufkraft fehlte.

Die Transferleistungen werden in den kommenden Jahren weiter stark steigen. Auf dieser Basis kann auch die Eigenleistung wachsen. Solange sie aber schwächer als die Transfers zunimmt, handelt es sich nicht um einen Aufschwung, sondern um die Fortsetzung des Niedergangs.

Die Wirtschaftswoche war, als sich die Wirtschafts- und Währungsunion abzeichnete, überaus optimistisch, erwartete ein zweites deutsches Wirtschaftswunder: Die Wirtschaft der DDR hatte gewaltige Rationalisierungsreserven. Die Arbeitenden waren unmotiviert, weil sich Leistung nicht lohnte, die Produktion litt unter ständigem Mangel an Zulieferungen und an Engpässen, die sich mit geringem Einsatz beheben ließen. Überdies konnten die Betriebe von den gewaltigen Abgaben an den Staat entlastet werden, die in der DDR ein Mehrfaches der Lohnsumme ausmachten. Diese Hoffnungen wurden durch die Bedingungen der Wirtschafts- und Währungsunion und die anschließende Lohnentwicklung zerstört. Die Lohnkosten der Betriebe stiegen, gemessen am Außenwert der Ost-Mark, innerhalb von drei Jahren vom Niveau der Türkei auf das Niveau der USA. Das hält keine Wirtschaft aus.

Im August 1990 warnte ich, das Steuer der Wirtschaftspolitik müsse sofort nach der Wiedervereinigung um 180 Grad herumgeworfen werden; wenige Wochen später befürchtete ich, daß die neuen Bundesländer zum deutschen Mezzogiorno werden könnten. Wieder einige Monate später verließ ich ein einziges Mal die Enge der Kommentarseite, um in einem sechsseitigen Artikel darzulegen, warum diese Politik der wirtschaftlichen Integration in eine Katastrophe münden müsse und wie die Instrumente auszusehen hätten, mit denen man den Aufbau Ost schnell bewerkstelligen könne. Auch Heinz Dürr, Lutz Hoffmann, Ernst-Moritz Lipp, Tyll Necker und viele andere hatten gewarnt. Die Bundesregierung, die doch auf die Erfahrungen bei der Rückgliederung des Saarlandes und auf vier Jahrzehnte Berlin-Politik zurückgreifen konnte, setzte und setzt für den Aufbau Ost auf ein einziges Instrument: Förderung von Investitionen (die freilich in Dutzenden von Programmen verzettelt). Damit senkt man die Kapitalkosten, macht also Investitionen um so attraktiver, je kapitalintensiver sie sind. Anders ausgedrückt: Die Belohnung für den Investor fällt um so höher aus, je weniger Arbeitsplätze er schafft. Die Investitionsruinen des Jahres 2000 sind derzeit im Bau.

Die Politik stand nach dem Fall der Mauer vor einem schwierigen Problem. Die Löhne, zu denen die Betriebe im Osten wettbewerbsfähig gewesen wären, waren so niedrig, daß es zu einer gewaltigen Kluft im Einkommen von Ost und West gekommen wäre. Dieses Gefälle hätte eine starke Ost-West-Wanderung ausgelöst. Der einzige Weg aus dem Dilemma hätte darin bestanden (und besteht heute noch darin), die Lohnkosten der Betriebe und die Einkommen der Beschäftigten zu entkoppeln. Dazu hätte es wiederum mehrere wirksame Instrumente gegeben, die alle aus der Berlin-Politik bekannt waren: Lohnzuschüsse (in Berlin als Einkommensteuerpräferenz) und/oder eine Umsatzsteuerpräferenz.

Der Schaden, den die Integrationspolitik angerichtet hat, läßt sich zum größeren Teil nicht mehr beheben. Es läßt sich nur noch verhindern, daß er immer größer wird und der Aufschwung Ost auf den Sankt-Nimmerleins-Tag verlegt werden muß. Dazu wäre es freilich nötig, daß die Politiker aus den Erfahrungen der Vergangenheit lernen, also den Kurs, der in die Katastrophe geführt hat, ändern.

November 1993

Scheinblüte

Perspektiven im Osten

Die Landschaften im Osten blühen zwar noch nicht. Die Anzeichen des Aufschwungs aber seien unübersehbar, meinte Bundeskanzler Helmut Kohl. Er habe sich lediglich im Zeitbedarf verschätzt. Dafür gibt es auch gute Gründe. Überall rührt sich etwas. Häuser werden repariert, Straßen gebaut, Plätze gestaltet, und wenn man einen erhöhten Standpunkt einnimmt, sieht man in den meisten ostdeutschen Städten einen Wald von Baukränen. Die Statistik unterstützt den sinnlichen Eindruck: Das reale Inlandsprodukt ist um fast zehn Prozent im Jahr 1992, um gut sechs im Rezessionsjahr 1993 gewachsen, und es wird in diesem Jahr um etwa sieben Prozent zunehmen. Die Produktivität erhöhte sich 1992 um abenteuerliche 12,5 Prozent, 1993 waren es immer noch gewaltige 8,5 Prozent, und 1994 werden es wohl wieder neun Prozent. Die hohe Preissteigerungsrate ist inzwischen auf westdeutsches Niveau gesunken. Das sind Zahlen, die an das Wirtschaftswunder der fünfziger Jahre im Westen erinnern.

Die Entwicklung ist trotzdem unvergleichbar. Das soll an einem Gedankenexperiment erläutert werden. Nehmen wir an, die Deutschen erkennen eines Tages, daß sie zu dicht aufeinanderhocken, und beschließen, daß fünf Millionen Freiwillige auf einer fernen Insel - sagen wir Nauru, weil das einmal deutsche Kolonie war - einen deutschen Ablegerstaat gründen. Die Aussiedler werden mit genügend Kaufkraft ausgestattet, damit sie nicht darben müssen, und der Staat gibt beträchtliche Anreize, in Nauru zu investieren.

Die Neusiedler werden zunächst einmal das Geld ausgeben, das sie von zu Hause bekommen haben. Das Volkseinkommen in Nauru ist gleich dem Leistungsbilanzdefizit, weil anfangs noch nichts produziert wird. Weil die Siedler aber tüchtige und fleißige Leute sind, eröffnen sie Einzelhandelsgeschäfte, Reisebüros, Restaurants, Frisörsalons, sie gründen Bauunternehmen, Farmen, Metzgereien. In all diesen neuen Tätigkeiten werden Werte geschaffen in der Form von Handelsspannen, Produktionserlösen, Vermittlungsprovisionen et cetera. Das Bruttoinlandsprodukt steigt in atemberaubendem Tempo. Nach fünf Jahren übersteigt es, pro Kopf gerechnet, das des Heimatlandes.

Die zurückgebliebenen Deutschen meinen also, es sei an der Zeit, die Transferzahlungen einzustellen. Nun aber ereignet sich Schlimmes. Die Kaufkraft der Nauru-Deutschen sinkt. Sie können weniger beim Einzelhandel kaufen, im Restaurant essen, Urlaub machen. Die Einzelhändler, Gastwirtschaften, Bauunternehmen müssen Personal abbauen. Die Kaufkraft sinkt weiter. Am Ende steht, wenn es gutgeht, eine Subsistenzwirtschaft.

Offenbar gab es in Nauru einen Aufschwung, aber der war auf die Ausstattung mit Kaufkraft in Form von Transfers gegründet. Woran aber hätte man erkennen können, ob der Aufschwung selbsttragend oder nur geborgt war? Die Antwort lautet: am Leistungsbilanzdefizit. Solange die Nauru-Deutschen das, was sie importieren, nicht aus eigenen Exporten bezahlen können, steht die Wirtschaft auf tönernen Füßen.

Daran gemessen sieht es im Osten immer noch düster aus. Das Handelsbilanzdefizit der neuen Länder - einschließlich Handel mit Westdeutschland - ist seit 1991 nicht geschrumpft, sondern kräftig gestiegen. Rudolf Hickel und Jan Priewe kommen in ihrem neuen Buch* zu dem Schluß: „Die ostdeutsche Nachfrage war 1993, ebenso wie in den Vorjahren, fast doppelt so hoch wie die dort erwirtschaftete Produktion. Ostdeutschland lebt zur Hälfte von Transfers, Subventionen und Staatskrediten, ohne daß sich eine Änderung dieses Mißverhältnisses abzeichnet. Mit Fug und Recht kann man die ostdeutsche Wirtschaft als Dependenzökonomie und als Transferökonomie bezeichnen."

Die Entwicklung des Inlandsprodukts täuscht noch in einem anderen Aspekt. Die meisten der privatisierten und fast alle neugegründeten Industriebetriebe gehören Westdeutschen oder Ausländern. Die Kapitaleinkommen, die dort anfallen, gehören zwar zum Inlandsprodukt, fließen aber nicht der ansässigen Bevölkerung zu. Die neuen Betriebe sind zudem extrem kapitalintensiv. Pro eingesetzte Million wird also die Zahl der Arbeitsplätze und damit das Lohneinkommen minimiert. Gewinne und Zinsen fließen in den Westen. Trotz aller Neuinvestitionen liegt die Industrieproduktion nur noch bei einem Drittel von 1989. Die Industrieforschung soll auf 15 bis 20 Prozent des ursprünglichen Standes zurückgegangen sein, ebenso die Zahl der Patentanmeldungen. Die Kapazitäten, die noch existieren, produzieren überwiegend für den lokalen Bedarf, sind kaum exportfähig: Brauereien, Fleischwarenfabriken, Zementherstellung, Baugewerbe, Zuckerindustrie und andere.

Um Hickel und Priewe zu zitieren: „Die ostdeutsche Wirtschaft wurde transformiert, aber sie ging dabei weitgehend verloren." Und schließlich: „In Ostdeutschland wird es einen sich selbsttragenden Aufschwung aller Voraussicht nach nicht geben."

Das schießt nun freilich übers Ziel hinaus. Die Autoren meinen, es käme allenfalls zu einer passiven Sanierung der Ostwirtschaft, also zur Abwanderung der aktiven Bevölkerung. Das aber ist kein Schicksal. Es hängt von der Politik ab, die wir treiben. Es wäre schon viel gewonnen, wenn die verantwortlichen Politiker sich wenigstens selbst eingestünden, daß die bisherigen Maßnahmen falsch waren und durch weiteres Zuwarten nicht besser werden. Sonst werden die Landschaften vielleicht blühen, aber keine Früchte bringen.

* Rudolf Hickel und Jan Priewe: „Nach dem Fehlstart". S. Fischer Verlag, Frankfurt am Main 1994

Juni 1994

Alles Schrott

Verschwendung im Osten

In den neuen Bundesländern sollen 65 Milliarden Mark an Subventionen verschwendet worden sein. Man wundert sich, warum diese Zahl ein so großes Echo gefunden hat. Wahrscheinlich, weil sie sich so anschaulich illustrieren ließ - mit erschlossenen Gewerbegebieten, auf denen sich keine Betriebe ansiedeln, mit begonnenen und wieder eingestellten Projekten für Einkaufszentren, mit überdimensionierten Kläranlagen und was dergleichen Fälle mehr angeht, die leicht zu bebildern sind.

Die eigentlich großen verschwendeten Summen packt man auf diese Weise nicht. Jeder besserverdienende Bürger erhielt zum Jahresende Dutzende von Prospekten, in denen für Beteiligungen am Wohnungsbau oder an Gewerbeobjekten in Ostdeutschland geworben wurde - mit Abschreibungsmöglichkeiten, die oft 200 Prozent des eingesetzten Eigenkapitals überstiegen. Bei solchen Verlustzuweisungen braucht sich der Investor über die Qualität des Objekts gar nicht mehr zu informieren. Das Eigenkapital läßt sich locker aus der Steuerersparnis finanzieren. Und weil nicht Bürogebäude oder Wohnhäuser, sondern Steuerschutzbunker gekauft wurden, dürfte ein beträchtlicher Teil der Gelder fehlinvestiert sein.

Zu den Mieten, die man auf Basis von Baukosten und Zinsen haben müßte, lassen sich diese Objekte nicht vermieten. Die Hoffnung auf zukünftige Mietsteigerungen ist vielleicht eine gottgefällige Tugend, auf Erden aber schwach fundiert. Die neuen Bundesländer verlieren durch Abwanderung und Sterbeüberschuß alle drei bis vier Jahre eine Million Einwohner. Die brauchen dann weder Büro- noch Einkaufsflächen und auch keine Wohnungen mehr.

Die Industrieansiedlung wird mit einer kaum noch überschaubaren Vielfalt von Programmen gefördert. Dazu kommen dann noch erschlossene Gewerbeflächen, die zu symbolischen Preisen abgegeben werden. Legt man die Subventionen auf die neugeschaffenen Arbeitsplätze um, dann erhält man Summen, die höher sind als der Durchschnittswert eines Arbeitsplatzes in Deutschland. Zählt man die spektakulären Investitionen von Siemens, Opel, Volkswagen, Springer, Quelle zusammen, so kommt man kaum über zehntausend neugeschaffene Arbeitsplätze - jeder davon mit Staatshilfe in Gold gefaßt. Ein Teil der Subventionen scheint überhaupt nicht im Osten anzukommen. Auf dem westdeutschen Gebrauchtmaschinenmarkt tauchen derzeit auffällig oft fast neue Maschinen auf, die angeblich aus dem Osten stammen, allerdings von einer westdeutschen Firma hergestellt sind. Da entsteht der Verdacht auf einen Subventionsschwindel, wie er bisher nur bei landwirtschaftlichen Produkten bekannt war.

Eine weitere Quelle der Verschwendung scheint der öffentliche Dienst zu sein. Zieht man von der Gesamtzahl der Beschäftigten in den neuen Bundesländern die Personen in Umschulung und Fortbildung, ABM-Maßnahmen, das Vollzeitäquivalent der Kurzarbeiter und die Löhne in Betrieben, die nur durch Subventionen am Leben erhalten werden, ab, so kommt man zu dem verblüffenden Ergebnis, daß rund 30 Prozent der Beschäftigung beim Staat liegt. Da braucht man sich über die Wachstumsraten nicht mehr zu wundern: Jede Lohnerhöhung im öffentlichen Dienst erhöht rechnerisch das Bruttoinlandsprodukt.

Die alte DDR war zumindest in einer Beziehung ein grundsolider Staat: Das Staatsvermögen machte ein Mehrfaches der Staatsschulden aus. Dieses ganze Vermögen hat die Bundesrepublik mit dem Beitritt geerbt - fast die ganze Industrie, beträchtliche Teile des Wohnungsvermögens, der land- und forstwirtschaftlichen Flächen. Die Verwertung dieses Vermögens hat allerdings keinen Überschuß erbracht, sondern weit über eine viertel Billion Zuschuß erfordert. Da sei eben alles Schrott gewesen, wird heute behauptet.

Daran ist eines richtig. Die Produktionsanlagen waren nach westlichen Vorstellungen veraltet, nicht weil sie technisch nicht brauchbar gewesen wären, sondern weil die Technik arbeitsintensiver war als die im Westen. Eine Selfaktor-Spinnerei in Sachsen produzierte ein qualitativ hochwertiges Garn, allerdings mit der drei- bis vierfachen Bedienungsmannschaft wie in einer Kammgarnspinnerei im Westen. Durch die Umstellung der Löhne im Verhältnis eins zu eins und die anschließenden Lohnrunden konnte man solche technisch einwandfreien Betriebe nicht mehr wirtschaftlich betreiben. Der Produktionsapparat wurde schlagartig entwertet. Hätte man den Betrieben vorübergehend Lohnbeihilfen gezahlt - so wie das von der Akerlof-Gruppe und anderen vorgeschlagen wurde -, so hätte man den Wert des Produktionsvermögens erhalten und auch die Arbeitsplätze, und das mit einem Bruchteil des Aufwands, der der Treuhandanstalt und dem Staat mit ihrer Brechstangenmethode entstand. Die Betriebe hätten Zeit gehabt, mit neuen Investitionen allmählich zu gesunden. Alleine diese Verschwendung liegt in der Größenordnung des Zehnfachen der 65 Milliarden, die jetzt so großes Aufsehen erregen.

Der Bundesfinanzminister hatte 1990 damit gerechnet, daß die neuen Bundesländern eine Anschubfinanzierung von 115 Milliarden Mark brauchen würden. Heute wenden wir das Doppelte pro Jahr auf, und diese Transfers sinken nicht; sie steigen - insbesondere wenn man sie pro Kopf rechnet. Ein Ende ist nicht abzusehen. Da mögen Bürgermeister unsinnig investiert haben, da mag so manche Milliarde im Schlendrian vertan worden sein. Die großen Summen sind das nicht. Die große Verschwendung rührt aus dem politischen Mißmanagement des Vereinigungsprozesses, und dieses Mißmanagement dauert immer noch an.

März 1995

Schöne Bescherung

Liebe, Weihnachten und Kommerz

Geld regiert bekanntlich die Welt. Die Wirtschaftswissenschaftler, die für Geld zuständig sind, beschäftigen sich denn heute auch mit einer Welt, die zumindest früher nicht zum Gebiet Wirtschaft gehörte. Kenneth Boulding hat eine Ökonomie des Schenkens entwickelt. Gary Becker behandelt das Kinderkriegen als Investitionsproblem. Zur Erklärung der Kriminalität ziehen die Ökonomen die Verbrechensrendite heran - je rentabler der Einbruch, um so häufiger ist er auch.

Die Modelle haben einen hohen Erklärungswert. Es werden tatsächlich um so weniger Kinder geboren, je höher deren finanzielle Lasten für die Eltern sind. Die Zunahme der Einbrüche in den letzten Jahren läßt sich mühelos im ökonomischen Modell unterbringen: Die Beute ist immer größer geworden, die Wahrscheinlichkeit, erwischt zu werden ist gesunken. Das Modell erklärt sogar, warum Professoren seltener einbrechen als Hilfsarbeiter - das ist keine Angelegenheit der Moral, sondern der höheren Opportunitätskosten, also der geringeren Rendite, die Professoren aus Einbrechertätigkeit erzielen.

In der kommerzialisierten Welt haben bisher nur wenige Bereiche der ökonomischen Analyse widerstanden. Einer davon - und deshalb erscheint dieser Kommentar zu Weihnachten - ist die Liebe. Ich habe mich erstmals während meines Studiums auch theoretisch mit dem Problem befaßt. Abraham Wald hatte eine Methode der Qualitätskontrolle entwickelt, das Sequentialtestverfahren. Es ermöglicht die richtige Entscheidung über Annahme oder Ablehnung einer Partie bei minimalem Stichprobenumfang. Grundsätzlich erschien das Modell verallgemeinerungsfähig.

Eine Arbeitsgruppe lediger Mathematik- und Wirtschaftsstudenten versuchte das Verfahren auf die optimale Wahl einer Ehefrau zu übertragen. Das Ergebnis war unbefriedigend. Erstens riskierte man bei dem Modell mit einer unzumutbar großen Wahrscheinlichkeit, daß man überhaupt keine Frau bekam, und zweitens leuchtete uns nicht ein, warum man den Umfang der Stichprobe minimieren sollte. Ein zweiter Versuch mit einem noch raffinierteren statistischen Verfahren brachte dann ein besseres Ergebnis. Das wurde so lange als befriedigend empfunden, bis einer aus der Gruppe tatsächlich heiraten wollte. Man wies ihm nach, daß die Wahl unmöglich optimal sein könne. Seine Antwort war einleuchtend: In dem Modell war die Liebe nicht berücksichtigt worden. Der erneute Versuch, ein Modell unter Einschluß der Liebe zu entwickeln, scheiterte: Die Liebe konnte im Rahmen der Entscheidungstheorie nur als Zustand zeitweiliger Geistesverwirrung interpretiert werden. Gibt man die Annahme des Rationalverhaltens auf, so bricht jedes ökonomische Modell zusammen. Liebe oder Selbstmord aus Liebeskummer sind - wie Dieter Schneider formuliert - ökonomisch nicht faßbar.

Die Ökonomie beschäftigt sich mit Gütern und Nutzen. Eine Liebesbeziehung hat einen besonders hohen Nutzen - das Glück. Aber ein Wirtschaftsgut kann diese Liebe nicht sein. Ein freies Gut ist so reichlich vorhanden, daß es keinen Preis hat. Nun hat die Liebe keinen Preis - aber sicher nicht deshalb, weil sie so überreichlich vorhanden wäre. Ein wirtschaftliches Gut kann die Liebe aber auch nicht sein. Wäre sie ein privates Gut - wie etwa ein Schnitzel -, dann könnte der eine nicht genießen, was der andere hat: Je größer das Glück der Liesel, um so geringer müßte das Glück des Sebastian sein. Aber die Liebenden vermindern ihr Glück nicht dadurch, daß sie es beide genießen, sie vermehren es. Ein öffentliches Gut kann die Liebe aber auch nicht sein. Bei öffentlichen Gütern - wie etwa Rundfunkprogrammen - ist der Nutzen eines Individuums vom Nutzen eines anderen unabhängig. Wenn aber die Liesel den Sebastian liebt, dann kann sie ihr Glück nicht ohne den Sebastian haben. Und schließlich: Die Liebe, die man geschenkt bekommt, hat einen größeren Wert als die, die man kaufen muß.

Die Wirtschaftswissenschaftler haben vieles in den Griff bekommen, an der Liebe sind sie jedoch gescheitert. Weihnachten ist ein großes Wirtschaftsereignis. Spielzeughersteller, Kerzenmacher, Lebkuchenbäcker und viele andere leben großenteils vom Weihnachtsgeschäft. Das Fest hat in der wirtschaftlichen Bedeutung sogar zugenommen, weil die frei verfügbaren Einkommensteile schneller gewachsen sind als das Einkommen insgesamt. Die Kulturkritiker beklagen diese Kommerzialisierung des Festes. Aber noch immer ist es so, daß sich mit Geschenken ein Nutzen verbindet, den man ökonomisch nicht fassen kann.

Mir fielen bei einem Umzug einige Weihnachtsgeschenke in die Hände: Ein selbstgehäkeltes Etui mit zwei Druckknöpfen zum Einpacken einer Streichholzschachtel, ein selbstgenähter Kulturbeutel, den man wie ein Paket verschnüren muß, damit nichts herausfällt, und ein selbstgebasteltes Mobile aus Draht und Karton, bei dem springende Löwen vergeblich hinter laufenden Gazellen einherjagen. Abgesehen von dem Mobile, das anstandshalber eine Zeitlang in meinem Arbeitszimmer hing, habe ich keines der Geschenke benutzt. Beim Wiederfinden war meine Freude aber genauso groß wie an den Weihnachtsabenden, als ich sie geschenkt bekam.

Ein selbstgehäkeltes Streichholzschachtel-Etui ist eben kein Wirtschaftsgut und stiftet trotzdem Nutzen. Die meisten Geschenke - auch die, die Geld kosten und einen praktischen Nutzen haben - tragen über den Nutzwert hinaus auch eine nichtkommerzielle Botschaft, und diese entzieht sich immer noch der ökonomischen Analyse.

Dezember 1985

Produktionsfaktor Risiko

Über vernachläßigte Staatsaufgaben

Wenn man in Lehrbüchern nachliest, was denn die Versicherer Nützliches zur Volkswirtschaft beitragen, so erfährt man, daß sie Risiken beseitigen - sie produzieren das nützliche Gut Sicherheit. Ohne Versicherung würden die Menschen riskanter, also unangenehmer leben. Das ist aber nur ein - und wahrscheinlich der kleinere - Teil der Wahrheit.

Der Münchner Volkswirtschafts-Professor Hans-Werner Sinn macht den anderen Teil an einem Beispiel deutlich. Im 14. Jahrhundert entstand in Venedig die Seeversicherung. Vorher war eine Handelsreise zu entlegenen Häfen ein sehr riskantes Geschäft, weil Schiff und Ladung nicht selten verlorengingen. Also fanden sich nur wenige sehr reiche Kaufleute bereit, solche Reisen zu finanzieren. Das änderte sich mit der Seeversicherung. Das Risiko wurde auf viele Schultern verteilt. Es war damit gar kein Risiko mehr, sondern ein Kostenfaktor. Nun wagte es eine große Zahl von Kaufleuten, sich an den riskanten Seereisen zu beteiligen. Die venezianische Handelsflotte wurde zur bedeutendsten des Mittelmeerraumes. Durch die Seeversicherung - so folgert Sinn - war ungeahnter

Wohlstand entstanden, nicht notwendigerweise mehr Sicherheit. Sicher lebten die Venezianer auch, als sie noch arm waren - einfach deshalb, weil sie produktive Risiken nicht auf sich nehmen wollten.

Das, was für Venedig galt, gilt auch für unsere heutige Welt: Wenn niemand bereit wäre, Risiken zu übernehmen, dann wären wir bitterarm. Es gäbe keine Dachdecker, keine Ärzte, die Seuchen bekämpfen, keine Prospektion nach Bodenschätzen, keine Investoren, keine Erfinder. Niemand würde neue Produkte auf den Markt bringen. An den Märkten entwickelte sich eine ganze Reihe von Vorgängen, mit denen das hochproduktive Geschäft der Risikovernichtung betrieben wird - so etwa Termingeschäfte oder Diversifikation. Die Erfindung der Aktie war für die wirtschaftliche Entwicklung nicht allein deshalb bedeutsam, weil sie die Sammlung vieler kleiner Kapitalien zu einem großen Projekt möglich machte. Sie erlaubte insbesondere die Verteilung des Kapitals auf mehrere je für sich riskante Gesellschaften. Der Anleger konnte diversifizieren.

Der größere Teil aller Risiken läßt sich jedoch an Märkten nicht beseitigen. Die Staatsphilosophen des 18. und 19. Jahrhunderts haben den Zweck des Staates vornehmlich darin gesehen, daß er Sicherheit schafft. Die vorherrschende Theorie zur Rechtfertigung der Steuern war die Assekuranztheorie: Der Staat beseitigt Risiken und dafür muß, wie bei privaten Versicherungen, eine Prämie in Form von Steuern bezahlt werden. Nur der Staat kann innere und äußere Sicherheit schaffen, kann Rechtssicherheit garantieren, kann vor Willkür und Faustrecht schützen. Noch niemals ist ein Volk ohne geordnetes Rechtswesen zu Wohlstand gelangt. Eine leistungsfähige Polizei ist wichtiger als die gesamte Energie-, Verkehrs-, Landwirtschafts-, Kultur- und Gesundheitspolitik zusammen.

Moderne Staaten, nicht nur die Bundesrepublik, versprechen alles mögliche, was sie gar nicht leisten können - von der Beseitigung der Arbeitslosigkeit bis hin zur Versöhnung. Ihre zentrale Aufgabe, ihren eigentlichen Beitrag zum Wohlstand, vernachlässigen sie. Das Elend vieler Entwicklungsländer beruht darauf, daß die Investitionsrisiken so hoch sind, daß niemand sie tragen will. Man sagt gemeinhin, diesen Ländern fehle es an Realkapital, also an Maschinen, Fabriken, Transporteinrichtungen. Das ist richtig, aber oberflächlich: Wo genügend Rechtssicherheit, politische Sicherheit, wo kalkulierbare Rahmenbedingungen geschaffen werden, da findet sich auch das Investitionskapital, das heute fehlt. Das ist ein Rückschritt gegenüber den Zeiten des Kolonialismus.

Ähnliche Rückschritte hat es in den Industrieländern gegeben. Das Geld war über Jahrhunderte hinweg sicher. Im Ersten Weltkrieg wurde das Geldwesen vollends verstaatlicht. Seitdem wechseln Inflationen und Deflationen, Schuldnerkrisen, Zahlungsbilanzkrisen einander ab. Das Geld ist unkalkulierbar geworden. Die Rechtssicherheit früherer Zeiten ist teilweise verlorengegangen. Prozesse - nicht nur vor den Arbeitsgerichten - geraten zu Lotterien. Richter fällen Urteile bewußt gegen das Gesetz, ohne daß sie wegen Rechtsbeugung zur Verantwortung gezogen werden. Eine Hundertschaft Polizei beobachtet tatenlos, wie Straftaten begangen werden. Der Datenschutz scheint von vielen seiner Verfechter als Mittel gesehen zu werden, um Straftäter vor der Verfolgung zu schützen. Der maschinenlesbare Personalausweis könnte für die gesetzestreuen Bürger ein gutes Stück mehr Sicherheit schaffen. Gesetze sind so unklar formuliert, daß sich eine Verfolgung mißliebiger Politiker selbst unter dem Mantel des Rechtsstaats organisieren läßt.

Ein Bürger, der bereit ist, Risiken zu übernehmen und der damit mehr zum Wohlstand beiträgt als der Risikoscheue, wird grundsätzlich höher besteuert. Wegen der Progression des Einkommensteuertarifs ist die Steuerlast auf einem sicheren, gleichmäßig fließenden Einkommen geringer als die Last auf einem riskanten und damit ungleichmäßigen. Der steuerliche Verlustvortrag bietet dafür längst keinen Ausgleich. Wer sein Vermögen risikoarm in Geldwerten anlegt, der kann nahezu sicher sein, daß er die Steuern straflos hinterziehen kann. Wer sein Vermögen in produktiven Investitionen riskiert, der wird nicht nur nach dem Gesetz höher besteuert - die Steuern werden auch rigoros eingetrieben.

In der Beseitigung von Risiken gibt es noch viel Raum für produktive Staatstätigkeit.

Februar 1986

Zukunftsberuf Unternehmer

Folgen des technischen und wirtschaftlichen Wandels

Zwei Jahrzehnte lang galt es als gesicherte Erkenntnis, daß große Unternehmen leistungsfähiger als kleine sind, daß also die Großen die Kleinen schlucken, daß in der Marktwirtschaft ein unaufhaltsamer Konzentrationsprozeß stattfindet. Die Marxisten haben die These ins Soziologische gewendet: Im Monopolkapitalismus gibt es immer weniger Menschen, die disponieren und anordnen, und immer mehr, die ausführen und gehorchen. Der Unternehmer stirbt aus. Joseph A. Schumpeter - einer der großen Bewunderer des Unternehmertums - hat diese Botschaft übernommen. Unternehmen werden immer größer und damit immer bürokratischer. Die Unternehmer machen sich damit selbst überflüssig.

Die Entwicklung der letzten Jahrzehnte hat Marx wie Schumpeter widerlegt. Eine Konzentrationstendenz ist nicht mehr eindeutig festzustellen.

Für die Zukunft deutet vieles darauf hin, daß sich die historische Tendenz gerade umkehrt, daß also die Chancen der Kleinen gegenüber den Großen besser werden. Die Gründe liegen sowohl in der Entwicklung der Technik als auch der Märkte und der Organisation. Die Tendenz zum Großunternehmen ging ursprünglich von der Technik aus. Das Gesetz der Massenproduktion besagt, daß man in großen Mengen billiger produzieren kann. Bei großen Stückzahlen ist mehr Arbeitsteilung möglich. Wenn jeder Arbeiter nur noch einen Handgriff zu tun hat, dann tut er ihn perfekt und schnell. Zweitens machen große Mengen den Einsatz von Spezialmaschinen rentabel, und diese produzieren billiger als Universalmaschinen.

Beide Gründe werden mehr und mehr überholt. An die Stelle des Arbeiters, der nur noch einen Handgriff tut, tritt der programmierbare Roboter. Der hat, im Gegensatz zum Menschen, keine Lernkurve. So wird man auf Montagebändern bald verschiedene Produkte montieren können, ohne daß es zu Leistungseinbußen kommt. An die Stelle der Spezialmaschine tritt immer mehr die programmierbare Universalmaschine. Ein modernes Bearbeitungszentrum führt verschiedene Arbeitsgänge an einem Werkstück aus, wiederum ohne Leistungseinbußen. Die Kosten des innerbetrieblichen Transports fallen gegenüber den eigentlichen Herstellungs- und Bearbeitungskosten immer stärker ins Gewicht.

Die Märkte verstärken die Tendenz. Vor über 20 Jahren kreierte Bernt Spiegel sein psychologisches Marktmodell, das als Spiegel-Ei in die Marketingdiskussion einging und in dem das Wort Marktnische erstmals auftauchte. Der damalige Vertriebschef von BMW, Paul G. Hahnemann, bekannt als Nischen-Paule, machte das Konzept populär.

Inzwischen haben sich viele Märkte in lauter Marktnischen aufgelöst. Mit wachsendem Wohlstand verlor das Massenprodukt an Bedeutung. Die Leute können sich individuelle Produkte leisten, und sie tun das auch. Es kommt hinzu, daß sich die Produktion leichter rationalisieren läßt als der Vertrieb. Wer in Massen produziert, braucht längere Vertriebswege als der Kleinhersteller, der näher am Kunden sitzt. Gewinnen die Vertriebskosten an Bedeutung, dann schwinden die Vorteile der Massenproduktion. So ist es heute oft billiger, Möbel beim Schreiner zu bestellen als fertig zu kaufen. Maßgefertigte Kleidung war fast verschwunden, jetzt ist sie wieder im Anzug.

Wichtigster Faktor ist aber die Organisation. In kleinen und überschaubaren Gruppen sind Menschen leichter zu motivieren als in Großorganisationen. In der Vorkriegszeit etwa galten in Unternehmen Befehl und Gehorsam, Pflichterfüllung und Durchsetzungsvermögen. Heute zählt Initiative, Verantwortung, Motivation. Die Soziologen fordern die Dezentralisation der Betriebe, um die Arbeitswelt zu humanisieren. Die Betriebswirte fordern dasselbe, um die Leistung zu steigern.

Es kam in den letzten Jahrzehnten zu zwei konvergierenden Entwicklungen. Auf der einen Seite haben sich Großunternehmen im Innern immer stärker dezentralisiert. Divisionalisierung, Profit-Center, Management by Goals waren die Schlagworte dieser Tendenz. Auf der anderen Seite haben Kleinunternehmen die Nachteile der Kleinheit oft durch Kooperation überwunden. Es entstanden freiwillige Ketten, das Franchise-System; es entwickelten sich Einkaufsverbände zu Managementvereinigungen. Die Grenzen zwischen Arbeitnehmern und Selbständigen beginnen an vielen Stellen zu verschwimmen. Das eine Speditionsunternehmen fährt mit eigenen Wagen, ein anderes stützt sich auf ein System kleiner selbständiger Fuhrunternehmer. In der Bauwirtschaft treten die Subunternehmer immer mehr an die Stelle eigenen Personals, und viele Presse-Erzeugnisse werden zu großen Teilen von selbständigen Journalisten beliefert.

Viele Großunternehmen wie Siemens, Hoechst oder Veba sind zwar gewachsen. Größer geworden sind aber nur die Rechtspersonen. Unter dem Mantel der Rechtsperson vollzieht sich Dezentralisierung, also die Bildung immer kleinerer selbständiger Gruppen. Diese Entwicklung ist noch längst nicht am Ende.

So behalten Marx wie Schumpeter gleichermaßen unrecht. Der Blick hinter den Schleier der Rechtsbeziehungen enthüllt Organisationsstrukturen, in denen Befehl, Gehorsam, Erledigung zurückgeht, in denen Disposition, Verantwortung, Selbständigkeit zunimmt. Die Zukunft gehört dem angestellten oder selbständigen Unternehmer, dessen Gewinnbeteiligung in beiden Fällen nur logisch ist - vorausgesetzt freilich, man macht den Unternehmer nicht zum staatlich anerkannten Lehrberuf.

März 1986

Wohlstand ohne Wert?

Wachstumsdiskussionen und -definitionen

Wer zur intellektuellen Elite gehören will, der muß beim Wort „Wachstum" zumindest bedenklich die Stirn runzeln. Besonders Progressive lehnen das Wirtschaftswachstum rundweg ab.

Dabei geht es in der bedeutungsschwangeren Diskussion eigentlich nur um Fragen der empirischen Statistik. Die Statistiker versuchen, den materiellen Wohlstand der Bevölkerung zu messen. Tatsächlich erfaßen sie nur eine Näherungsgröße, das sogenannte Bruttosozialprodukt. Daß zwischen dem eigentlich Gemeinten - dem materiellen Wohlstand - und dem tatsächlich Gemessenen - dem Bruttosozialprodukt - Diskrepanzen entstehen können, weiß man, seit es die volkswirtschaftliche Gesamtrechnung gibt.

Zum Bruttosozialprodukt kann man immer nur das addieren, was am Markt gehandelt wird. Das berühmteste Beispiel eines Meßfehlers ist über 100 Jahre alt: Wenn alle Ehefrauen ihre Dienste wie Kochen, Kinderbetreuen, Waschen et cetera gegen Entgelt erbringen würden, dann wäre das Sozialprodukt mit einem Schlag fast um die Hälfte größer. Ladislaus von

Bortkiewicz, von dem das Beispiel stammt, fügte damals schon hinzu, es sei doch wohl ein Wohlstandsverlust, wenn man für das Etcetera bezahlen müßte.

Solche Beispiele gibt es noch mehr. Den wichtigsten Fall bilden Güter, die zwar wertvoll sind, aber keinen Preis haben. Dazu gehört die Umwelt. Wenn Papier erzeugt und dabei das Wasser verschmutzt wird, dann wird das Papier als Wertschöpfung gezählt. Für die Umweltverschmutzung gibt es aber keinen Abzugsposten.

Ein anderer Fall dieser Art ist die Freizeit. Der Anteil der Arbeitszeit an der gesamten Lebenszeit ist heute nicht einmal halb so hoch wie vor einem Jahrhundert. Teilt man das sogenannte Arbeitsvolumen durch die Bevölkerungszahl, so erhält man das Ergebnis, daß der Mensch heute im Durchschnitt eine Stunde und 55 Minuten pro Tag arbeitet. Seine Zeit vor dem Fernseher ist nur wenig kürzer. Auch den Zuwachs an Freizeit zählen wir nicht als Wohlstandsmehrung. Ein Versuch, die Zunahme der Freizeit zu bewerten, liegt im Tobin-Nordhaus-Indikator vor. Dieser Maßstab des Wohlstands weist nicht nur allgemein ein höheres Wachstum als das Bruttosozialprodukt auf, er läßt speziell die Bundesrepublik in gutem Licht erscheinen, weil hier die Arbeitszeit schneller als in anderen Industriestaaten verkürzt wurde.

Eine zweite Kategorie bilden die sogenannten positionalen Güter, das sind Statussymbole wie etwa Doktortitel. Junge Menschen verwenden viel Arbeit und Mühsal darauf, solche Titel zu erwerben. Der Wert beruht aber nur darauf, daß andere den Titel nicht haben. Die Freude der einen wird mit dem Mißmut der anderen erkauft. Das positionale Gut hat zwar einen Wert für seinen Besitzer, nicht aber für die Gesellschaft insgesamt. Hätten alle den Doktortitel, dann wäre er für jeden wertlos. Im Falle der Titel ist das harmlos, weil sich hier zwei Meßfehler aufheben - das Gut hat keinen gesellschaftlichen Wert, aber auch keinen Preis. Viele andere Statussymbole werden aber zum Sozialprodukt gezählt - Repräsentationskosten, Nerzmäntel, Brillantringe.

Die dritte Kategorie bilden Güter, die Kosten verursachen, aber ebenfalls keinen Preis haben. Das ist besonders der Staatssektor. Er geht mit seinen Kosten in die Statistik ein. Wird also ein Regierungsrat zum Oberregierungsrat befördert, so registriert die Statistik den Vorgang als Wachstum. In den letzten zwanzig Jahren hat sich der Staat gewaltig aufgebläht, hat dadurch zum statistischen Bruttosozialprodukt beträchtlich beigetragen, ohne daß man den Eindruck hätte, der Staat sei für seine Bürger um soviel wertvoller geworden.

Schließlich gibt es Güter, deren Vermehrung eine Wohlstandseinbuße anzeigt. So etwa sind Polizei und Justiz in der Vergangenheit immer größer und teurer geworden. Gleichzeitig avancierte die Sicherheitsindustrie, also Bewachungsdienste, Leibwächter, Alarmanlagen, Tresore, zu einer Wachstumsindustrie. Das Gut „Sicherheit" hat sich vermindert. Die Statistik zählt aber nicht das gemeinte Gut, sondern die Alarmanlagen, die sich vermehrt haben. Eine weitere Wachstumsindustrie, die Schattenwirtschaft, entgeht den Statistikern ohnehin.

Es hat nicht an Versuchen gefehlt, den Wohlstandsindikator „Sozialprodukt" durch eine bessere Meßlatte zu ersetzen. Sie sind gescheitert, weil man dafür willkürliche Annahmen treffen müßte, so daß man jedwedes politische Werturteil scheinbar objektiv beweisen könnte. Da bleibt man besser beim Bruttosozialprodukt und stellt in Rechnung, daß es immer nur eine Annäherung an den eigentlich gemeinten Wohlstand mißt. In der Regel sind Wohlstand und Bruttosozialprodukt gleichläufig. Nur beim Umweltschutz muß der Staat entscheiden, auf wieviel privaten Wohlstand die Bürger verzichten müssen, damit die Umwelt verbessert wird. Der Fachmann hat das nie anders verstanden.

Ein wirtschaftspolitisches Ziel kann Wachstum ohnehin nicht sein. Der Staat kann nur die Rahmenbedingungen so setzen, daß sich die Bürger in ihren persönlichen Zielen nicht behindern, sondern fördern. Wenn die Bürger dann nach höherem materiellen Wohlstand streben, dann ergibt sich daraus Wirtschaftswachstum. Sind sie mit dem zufrieden, was sie haben, dann wächst auch das Sozialprodukt nicht. Erst wenn unsere Kulturkritiker auf ihre jährliche Gehaltserhöhung verzichten, wird ihre Wachstumskritik glaubhaft. Von einem solchen Fall hat man bisher nie gehört.

Juli 1986

Ausgezeichneter Steuermann

Über Nobelpreisträger James M. Buchanan

Am Markt werden nur Güter hergestellt und verkauft, an denen sich Eigentum herstellen läßt. Wo man das nicht kann, versagt der Markt. Fische im Meer lassen sich nicht einzäunen; Verteidigung oder innere Sicherheit lassen sich nicht portionsweise an die Nutznießer verkaufen. Darum braucht man einen Staat, der solche öffentlichen Güter bereitstellt.

Grundidee der Demokratie ist es, daß die Menge der öffentlichen Güter vom Willen der Mehrheit gesteuert werden soll. Anscheinend funktioniert das nicht besonders gut. Die gemeinsame Landwirtschaftspolitik der EG beispielsweise ist ein System, das keiner will, nicht einmal die Bauern. Trotzdem hat es sich in Mehrheitsentscheidungen durchgesetzt.

James Buchanan und Gordon Tullock haben die Logik demokratischer Prozesse (in: „Calculus of Consent“) untersucht. Ihr Ergebnis ist verblüffend: In einer Demokratie ist es möglich, daß eine Lösung sich durchsetzt, die keiner will, und umgekehrt, daß ein Projekt, das alle wollen, scheitert. Betrachten wir als Beispiel eine Gemeinde mit drei gleich großen Wählergruppen: Schwimmer, Fußballspieler und kinderreiche Familien. Nun wird vorgeschlagen, ein Schwimmbad, einen Fußballplatz und einen Kindergarten zu bauen und durch eine allgemeine Steuer zu finanzieren. Jedes Projekt kostet einen Betrag von 90, und es hat für die Begünstigten zusammen einen Wert von 100. Läßt man die Projekte nun einzeln abstimmen, so werden alle drei abgelehnt. Die Schwimmer und Fußballspieler stimmen gegen den Kindergarten; die Fußballspieler und Kinderreichen gegen das Schwimmbad und die Kinderreichen und Schwimmer gegen den Fußballplatz. Bündelt man dagegen zwei Projekte in einer Abstimmung und läßt über das dritte getrennt entscheiden, so wird das Bündel beschlossen, das getrennte Projekt abgelehnt. Bündelt man alle drei Projekte, so wird dieses Paket einstimmig angenommen. Man kann also in einem demokratischen Prozeß sämtliche Ergebnisse produzieren - von der totalen Ablehnung bis zur einstimmigen Annahme.

Buchanan und Tullock haben in einer Vielzahl von Fällen gezeigt, daß das Ergebnis eines demokratischen Prozesses von der Art der Abstimmung, der Bündelung, der Reihenfolge und der Finanzierung des Projekts abhängt.

Bei der Finanzierung läßt sich das an unserem Beispiel zeigen: Hätte man die Kosten des Fußballplatzes den Fußballspielern, die Kosten des Schwimmbads den Schwimmern und die des Kindergartens den Kinderreichen auferlegt, dann hätte die Abstimmung in jeder beliebigen Bündelung und Reihenfolge zur Annahme aller drei Projekte geführt. Die Zufälligkeit des Abstimmungsergebnisses beruht darauf, daß die Finanzierung Umverteilungselemente enthielt: Die Schwimmer mußten für die Fußballspieler zahlen und die Fußballspieler für die Kinderreichen.

Buchanan hat in einer Reihe von Veröffentlichungen die Grundlagen für eine Wirtschaftstheorie des Staates gelegt. Bis dahin gab es ganze Bibliotheken zum Problem des Marktversagens; seither findet das Staatsversagen zunehmende Aufmerksamkeit. Noch zu Beginn der siebziger Jahre waren die meisten Wirtschaftswissenschaftler der Meinung, ein Marktversagen allein rechtfertige schon den Eingriff des Staates. Seit den Arbeiten Buchanans weiß man, daß das Staatsversagen noch viel schädlicher sein kann. In den „Limits of Liberty" weist Buchanan nach, daß der Markt dem Staat bei der Produktion privater Güter überlegen sei. Sein Buch „Public Finance in a Democratic Process" hat eine ganze Reihe von Ergebnissen, die inzwischen zum allgemeinen Gut der Wirtschaftswissenschaften gehören. Man wußte schon lange, daß soziale Absichten nicht dadurch verwirklicht werden sollten, daß man in den Marktprozeß eingreift. In der Allokationstheorie wurde gezeigt, daß solche Eingriffe ineffizient sind, daß also die Opfer der Belasteten viel höher sind als der Nutzen für die Begünstigten. Friedrich August von Hayek hatte darüber hinaus argumentiert, daß solche Eingriffe zur Bürokratisierung der Gesellschaft führen. Buchanan hat bewiesen, daß dadurch die Ergebnisse eines demokratischen Prozesses zufällig werden. Wenn man den Armen helfen will, dann soll man ihnen Geld geben, nicht aber verbilligte Wohnungen, subventionierte Butter oder ermäßigte Studiengebühren.

Ein anderes Ergebnis ging gegen den Zeitgeist. Buchanan konnte zeigen, daß jede Art von Mischfinanzierung, Finanzausgleich oder Zweckzuweisungen unweigerlich zu öffentlicher Verschwendung führt. Wenn eine Gemeinde siebzig Prozent Staatszuschuß zum Bau einer Strasse bekommt, dann wird eine Strasse zu zehn Millionen Mark auch dann gebaut, wenn sie nach Urteil der Gemeindevertreter nur fünf Millionen wert ist.

Die jüngeren Arbeiten Buchanans haben die Basis für eine wirtschaftliche Theorie der Verfassung gelegt. Als progressive Kräfte in der Schweiz auf eine Generalrevision der Verfassung drängten, weil diese angeblich veraltet sei, da meldeten sich Buchanans Schüler zu Wort. Nach den jüngsten Erkenntnissen der Wissenschaft - so argumentierten sie auf der Grundlage von Buchanans Arbeiten - sei die Schweiz in Wirklichkeit der einzige Staat mit einer wirklich modernen Verfassung. Um die Generalrevision ist es seither still geworden. Würden wir in der Bundesrepublik Deutschland die Ergebnisse Buchanans in die Praxis übersetzen, dann brauchten wir alle weniger Steuern zu zahlen, und unsere Demokratie würde wirklich vom Mehrheitswillen gesteuert.

Oktober 1986

Nach dem Monetarismus

Die künftige Geldpolitik

In jüngster Zeit wurde in aller Stille eine Wirtschaftsphilosophie beerdigt, die erst wenige Jahre zuvor den Durchbruch geschafft hatte: der Monetarismus. Nach der Rezession von 1967 waren fast alle Staaten der westlichen Welt zu der sogenannten keynesianischen Wirtschaftspolitik übergegangen. Diese Lehre versprach, die Konjunktur mit Hilfe einer staatlichen Lenkung stets bei gleichbleibend warmer Temperatur zu halten. Sie scheiterte in der Rezession von 1975. Die einzige Konkurrenz, der Monetarismus, setzte sich innerhalb weniger Jahre weitgehend durch.

Die Keynesianer räumten der Geldpolitik zur Konjunktursteuerung eine untergeordnete Rolle ein. Nach ihrer Auffassung kann man zwar eine überschäumende Konjunktur mit Zinserhöhungen wieder auf ein angemessenes Tempo zurückführen. Dagegen taugt Geldpolitik nicht zur Konjunkturanregung. Lahmt die Konjunktur, so muß der Staat mit Haushaltsdefiziten wieder für mehr Schwung sorgen.

Man hat diese Aufgabenteilung zwischen Geld- und Fiskalpolitik mit Zügel und Sporen verglichen. Die Geldpolitik ist der Zügel mit dem man das Pferd anhalten kann, die Fiskalpolitik ist der Sporn, um das Pferd wieder in Trab zu bringen. Beide Mittel müssen aufeinander abgestimmt sein - man kann dem Gaul also nicht auf der einen Seite die Sporen eines Haushaltsdefizits geben und gleichzeitig die Zügel hoher Zinsen anziehen.

Die Geldmenge spielte dabei für die Keynesianer keine Rolle. Die Wirksamkeit der Geldpolitik hängt nach ihrer Auffassung allein am Zins. Dagegen sind nach Auffassung der Monetaristen Staatsdefizite konjunkturell weitgehend wirkungslos. Zwar tritt der Staat auf der einen Seite als Nachfrager auf, belebt also die Konjunktur. Er muß allerdings auf der anderen Seite Kredit aufnehmen, um das Defizit zu finanzieren. Damit verdrängt er private Kredit- und also auch Investitionsnachfrage. Das ist der sogenannte Crowding-out-Effekt. Der Saldo ist ungewiß. Die Geldpolitik wird deshalb zur entscheidenden Größe.

Allerdings ist es für die Zentralbank gänzlich sinnlos, die Konjunktur durch geldpolitische Einzelmaßnahmen steuern zu wollen. Konjunkturell wirksam ist die Geldpolitik nur insoweit, als ihre Maßnahmen nicht vom Publikum ohnehin einkalkuliert sind. Weil aber die Notenbank die Erwartungen des Publikums nicht kennt, so kann sie auch nicht wissen, wie und in welcher Richtung ihre Maßnahmen wirken. Daraus folgt dann bei den Monetaristen die berühmte Geldmengenregel: Die Zentralbank soll die Geldmenge mit einem bestimmten Prozentsatz pro Jahr wachsen lassen und dem Publikum die Wachstumsrate mitteilen. Konjunkturschwankungen erscheinen in dieser Theorie gewissermaßen als Mißverständnisse zwischen Zentralbank und Publikum, und die Geldmengenregel soll derartige Mißverständnisse vermeiden.

Der Monetarismus wie der Keynesianismus forderten aus unterschiedlichen Gründen flexible Wechselkurse. Nicht zuletzt an dieser gemeinsamen Überzeugung ist das System fester Wechselkurse zugrunde gegangen. Der Monetarismus ist in der Praxis an technischen Schwierigkeiten gescheitert. Man weiß heute weniger als je zuvor, was eigentlich Geld ist. Kaum wollte man die Geldmenge - meist mit Hilfe des Instruments der Mindestreserven - in den Griff bekommen, da suchte es sich andere Formen. Es entstanden die Geldmarktfonds und die NOW-Konten (Negotiable order of withdrawal). Girokonten wurden in den USA hochverzinslich geführt und zogen Geld von Sparkonten ab. Anstelle von Konten entwickelten sich die CD's (Certificates of deposit).

In der Bundesrepublik wanderte das Geld in Kontenform nach Luxemburg und an andere Plätze aus, wo die Bundesbank keinen Zugriff hat. Kurz: Wir wissen heute gar nicht mehr, um wieviel die Geldmenge gestiegen ist, weil wir nicht mehr wissen, was eigentlich zum Geld gezählt werden soll. In Zukunft wird das immer schwieriger. Wenn erst das Plastikgeld sich durchgesetzt, wenn Zahlungen von zu Hause aus am Bildschirm durchgeführt werden können, wenn die automatischen Kreditspielräume größer werden, dann geht der Zusammenhang zwischen der Bestandsgröße „Geldmenge" und dem, worauf es eigentlich ankommt, nämlich den Gesamtausgaben, immer mehr verloren. Je effizienter die Geld- und Kapitalmärkte werden, um so weniger wissen die Notenbanken, wo sie eigentlich mit ihrer Geldpolitik ansetzen sollen.

Derzeit ist weit und breit keine Geldtheorie zu sehen, die die Nachfolge des Monetarismus antreten könnte. Die Geldpolitik wird auf Jahre hinaus eher pragmatisch und tastend bleiben. Die Notenbanken - einschließlich der Deutschen Bundesbank - sehen die immer stärkere Vervollkommnung der Geld- und Kapitalmärkte mit Mißtrauen, weil sie ihre Eingriffsmöglichkeiten mindert. Sie sind in der ständigen Versuchung, Sand ins Getriebe zu werfen, also die Entwicklung der Märkte zu behindern, damit ihre Instrumente nicht stumpf werden. Wohin die Entwicklung führt, zeichnet sich derzeit noch nicht ab. Eine Möglichkeit wäre die Rückkehr zu festen Wechselkursen. Darüber wurde auf der IWF-Tagung diskutiert, wenn auch erst ganz vorsichtig.

Auf längere Sicht wird es wohl kaum eine andere Lösung geben als die Rückkehr zur guten alten Zeit des gedeckten Geldes. Worin eine Deckung bestehen könnte - ob in Gold, Rohstoffen oder gar Aktien -, wird derzeit nur von Außenseitern erörtert. Jedenfalls wird noch viel Wasser den Potomac und den Main hinabfließen, bevor sich eine neue Geld- und Währungsordnung abzeichnet.

November 1986

Stern-Stunde

Der Marktwirtschaft zum Vierzigsten

Die Augenzeugen sind noch in den besten Jahren, und trotzdem wird schon an historischen Legenden gezeichnet. Die Reichsmark sei nach dem Kriege funktionsunfähig gewesen, heißt es. In der Trizone habe es eine Zigarettenwährung gegeben. Ich war Augenzeuge. Ich habe am schwarzen Markt gehandelt. Dort wurden die Preise in Reichsmark angegeben, und es wurde in Reichsmark bezahlt. Niemand kam auf die Idee, in Zigaretten zu zahlen. Am Schwarzmarkt war gegen Reichsmark alles zu bekommen. An den legalen Märkten waren die Preise vorgeschrieben, aber man konnte nichts kaufen. Nicht die Reichsmark - die Planwirtschaft war funktionsunfähig.

Man hätte - ohne jede Währungsreform - die Bewirtschaftung aufheben können. Dann wären die Preise vielleicht auf das Dreifache gestiegen. Das hätte zu allen möglichen Anpassungsproblemen geführt. Der Geldüberhang wäre jedoch verschwunden. Statt dessen hat man Geld und alle Forderungen im Verhältnis 10 zu 1, beziehungsweise 100 zu 6,5, alle Preise und Löhne aber im Verhältnis 1 zu 1 umgestellt.

Die Umstellung von Reichsmark auf Deutsche Mark in der Nacht vom 20. auf den 21. Juni 1948 war also nur eine Erleichterung für das eigentliche Ereignis dieses Wochenendes - die schlagartige Beseitigung der Planwirtschaft und ihr Ersatz durch die Marktwirtschaft. Der Zufall oder die Vorsehung hatten das Geschick in dieser entscheidenden Stunde in die Hand eines einzelnen Mannes gelegt: Ludwig Erhard, Direktor des Trizonen-Wirtschaftsrates. Er hob gleichzeitig mit der Währungsreform fast alle Bewirtschaftungsvorschriften auf.

Vielleicht ist die Geschichte des historischen Treffens zwischen Ludwig Erhard und dem amerikanischen Militärgouverneur General Lucius D. Clay in der Woche danach auch Legende. „Herr Erhard“, soll Clay empört gesagt haben, „ich höre, Sie hätten meine Vorschriften abgeändert?“ „Da sind Sie falsch informiert, Herr General“, soll Erhard geantwortet haben, „ich habe sie nicht abgeändert, ich habe sie aufgehoben.“ Darauf Clay: „Meine Berater sagen mir, das sei ein Fehler.“ Replizierte Erhard: „Hören Sie nicht darauf, meine Berater sagen dasselbe.“ Und der Soldat Lucius D. Clay, der den gradlinigen Franken Ludwig Erhard gerne mochte, ließ ihn gewähren.

Das eigentliche deutsche Wirtschaftswunder lag dann in der Zeit zwischen Juni 1948 und Dezember 1949. Die offizielle Statistik setzt erst 1950 wieder ein. Für die Entwicklung davor ist man auf Schätzungen angewiesen. Aber das Sozialprodukt muß sich mehr als verdoppelt haben. Die Produktion vor der Währungsreform hätte gerade ausgereicht, um jedem Deutschen alle 40 Jahre einen Anzug, alle fünf Jahre ein Paar Schuhe zuzuteilen. Im Juni 1948 war der Normaldeutsche ausgemergelt und hungrig. Im Dezember 1949 war er satt, und man konnte schon wieder Bäuche sehen. Auch hier gibt es schon

Legendendichter. Die vergleichen den Lohn eines deutschen Arbeitnehmers Anfang 1948 und Anfang 1950 mit den offiziellen Preisen zu beiden Zeitpunkten und erhalten das Resultat, der Lebensstandard sei gesunken. Das heißt Roßäpfel mit Glühbirnen vergleichen: Zum Preis von 1950 konnte man alles kaufen; der Preis von 1948 stand nur auf dem Papier.

Ludwig Erhard gehörte zur Zeit der Währungsreform keiner Partei an. Die FDP hatte ihn als Trizonen-Wirtschaftsdirektor vorgeschlagen. Die CDU lehnte ihn zunächst ab. Jakob Kaiser reiste eigens aus Berlin an, um die Wahl Erhards zu verhindern. Schließlich setzte ihn die FDP in einem personellen Kuhhandel mit der CDU doch durch. Die CDU trat damals ebensowenig wie die SPD für Marktwirtschaft ein. Das Ahlener Programm der CDU von Nordrhein-Westfalen, das einzige, was es damals gab, war weitaus sozialistischer, als es das der SPD heute ist. Erst als der Erfolg Erhards glanzvoll sichtbar wurde, erkannte Adenauer, daß die CDU auf Marktwirtschaft setzen müsse, um die erste Bundestagswahl von 1949 zu gewinnen.

Die SPD hielt den Sozialismus durch. Die Redeschlachten im ersten Bundestag zwischen Ludwig Erhard und dem wirtschaftspolitischen Sprecher der SPD Ernst Nölting fesselten die ganze Nation ans Radio. Bad Godesberg wurde dann im Jahre 1959 zum Canossa der SPD. Heinrich Deist, Alex Möller, Helmut Schmidt und andere standen dann für eine marktwirtschaftliche, moderne SPD. Die Leistung, die Helmut Schmidt später als Kanzler vollbrachte, konnte man erst recht würdigen, als sich nach seinem Rücktritt gezeigt hatte, wie dünn die Basis der Marktwirtschaftler in der SPD zu Anfang der achtziger Jahre geworden war.

Der 21. Juni 1948 war aber nicht nur eine Sternstunde für Deutschland. Die Weltwirtschaftskrise wurde in Amerika erst

1941 überwunden. Die Intellektuellen und die meisten Wirtschaftswissenschaftler in aller Welt glaubten, die Ära des Liberalismus sei abgelaufen. In Frankreich blieb man nach dem Kriege bei der Planification oder Economie concertee. Großbritannien hielt an Bewirtschaftung und Austerity fest. In den USA waren die Marktwirtschaftler leise geworden; mit dem New Deal herrschte eine andere Wirtschafts- und Gesellschaftsphilosophie vor. All das verblaßte im Glanz des deutschen Wirtschaftswunders. Die Marktwirtschaft setzte sich wieder in der westlichen Welt durch. Ludwig Erhard hatte weit über die deutschen Grenzen hinaus gewirkt. Heute kapituliert selbst der Sozialismus im Ostblock. Die Marktwirtschaft trug die CDU von Wahlsieg zu Wahlsieg bis hin zur Erhard-Wahl von 1965.

Bundeskanzler Helmut Kohl soll einem Kritiker seiner Wirtschaftspolitik geantwortet haben, er wolle schließlich nicht den Ludwig-Erhard-Preis, sondern die Wahlen gewinnen. Wer weiß: Vielleicht stünden die Wahlchancen der CDU heute besser, hätte sich der Bundeskanzler für den Ludwig-Erhard-Preis qualifiziert.

Juni 1988

Easterlins Paradox

Glück und Geld

Die Ökonomie ist im Grunde eine Wissenschaft vom Glück. In früheren Zeiten, als man das noch unbefangen sagen konnte, gab es Dutzende von Büchern der berühmtesten Gelehrten, in denen das Wort „Happiness“ oder „Glück“ oder „Felicita“ schon im Titel auftauchte. Charles Fourier, ein Frühsozialist, wollte nicht nur die Menschen, sondern auch alle Tiere glücklich machen.

Dieses Glück hängt in der Ökonomie vom Einkommen ab. Man vermeidet zwar das Wort und spricht neutraler von „Nutzen“. Im Grunde ist damit aber dasselbe gemeint. Die Frage, in welcher Weise das Glück vom Einkommen abhängt, ist ein wichtiges Forschungsthema. Die meisten Volkswirte nehmen einen logarithmischen Zusammenhang an. Wenn sich also das Einkommen verzehnfacht, dann verzehnfacht sich das Glück nicht; es verdoppelt sich nur. Philosophen, Soziologen und Anthropologen haben das immer bezweifelt. Aber Diogenes, der in seiner Tonne glücklich war, ist doch eine seltene Ausnahme geblieben. Ein Philosoph feilscht heute genau so um die Höhe seiner Honorare wie ein Betriebswirt. Erich Fromm ist mit der These, daß das Sein und nicht das Haben glücklich mache, immerhin ziemlich wohlhabend geworden.

Während meiner zwei Semester Anthropologie in Amerika lernte ich etwas anderes: Es sei die sexuelle Befreiung, die die Menschen glücklich mache. Das Lieblingsbeispiel meiner Professorin war Bali. Dort lebe das Volk sexuell befreit und glücklich. Es gäbe sämtliche Eheformen: Einehe, Vielweiberei, Vielmännerei und Gruppenehe. 25 Jahre später fand ich in Bali freilich nur die Einehe vor. Meine Forschungen nach dem Sexualleben der Balinesen brachte freilich ein anderes Ergebnis: Es schien der Traum aller jungen Mädchen zu sein, einen Amerikaner oder Europäer, notfalls auch einen Australier, zu heiraten. Ihre Vorstellung von Glück war also eng mit dem Lebensstandard verknüpft.

Zwei Jahre später erlebte ich in Marokko ähnliches. Während Frau Engels in einer Boutique ein Kleid nach dem anderen probierte, versuchte ich mit der Verkäuferin, einer bildhübschen Berberin, zu flirten. Das endete damit, daß die junge Dame ernsthaft mit Frau Engels darüber verhandelte, ob sie uns nicht als meine Zweitfrau nach Deutschland begleiten dürfe. Frau Engels erklärte mir auf deutsch - was die Berberin nicht verstand -, daß das Angebot nicht etwa meinem umwerfenden Charme zu verdanken sei (der auf französisch ohnehin schlecht zur Geltung käme), daß die junge Berberin lediglich der Armut in Marokko entfliehen wolle. Damit war zwar mein Selbstbewußtsein als Mann gestaucht, aber als Ökonom bestätigt: Geld macht glücklich.

Wäre da nur nicht Easterlins Paradox. Richard A. Easterlin hat Befragungen über das Glück in verschiedenen Ländern mit dem Einkommen verglichen und konnte kaum einen Zusammenhang finden. Das Glück der Jugoslawen war gleich groß wie das der Deutschen, obgleich ihr Einkommen nur bei einem Bruchteil lag, und die Inder waren bei geringerem Einkommen glücklicher als die Bürger der Dominikanischen Republik. Eine Untersuchung in Detroit brachte ein ähnliches Ergebnis im Zeitvergleich: O. D. Duncan stellte in einer repräsentativen Gruppe 1971 ein nur unwesentlich gestiegenes Glück gegenüber 1955 fest, obgleich in dieser Zeit die realen Einkommen über 40 Prozent gestiegen waren. Amitai Etzioni zieht aus diesen und anderen Beobachtungen den Schluß, es komme für das Glück nicht auf das Einkommen, sondern auf den sozialen Status an*.

Dafür gibt es auch Bestätigungen in der Ökonomie selbst. Nach der Lebenszyklushypothese sparen die Leute, um ein ungleichmäßiges Lebenseinkommen in einen gleichmäßigen Konsumstrom zu verwandeln. Dann aber dürfte sich kein Kapitalstock bilden, weil die Rentner immer gerade so viel Vermögen verzehren würden wie die Aktiven sparen. Man hat versucht, den Widerspruch zur Realität mit dem Wachstum zu erklären. In einer wachsenden Wirtschaft ist das Lebenseinkommen der jungen Generation höher als das der Alten. Wenn alle ihre Einkommen gleichmäßig im Zeitablauf konsumieren wollen, dann müssen die Jungen mehr sparen, als die Alten gleichzeitig verzehren.

Nun tritt ein anderes Paradox auf: Der Konsum der Jungen müßte stets höher sein als der gleichzeitige Konsum der Alten. Die Dreißigjährigen würden also Mercedes oder Porsche fahren, die Sechzigjährigen Fiat und Volkswagen. Eine andere Beobachtung macht der Theorie noch mehr zu schaffen: Aus Kapitaleinkommen wird mehr gespart als aus Arbeitseinkommen.

All das läßt nur den Schluß zu, die Leute wollten gar nicht ihren realen Konsum gleichmäßig über die Lebenszeit verteilen; sie wollten vielmehr ihren sozialen Status sichern. Dann kommt es zur Bildung einers Kapitalstocks in einer wachsenden Wirtschaft, ohne daß das Mercedes-Paradox auftritt. Dann kann auch aus Kapitaleinkommen weniger verbraucht werden als aus Arbeitseinkommen. Verbraucht nämlich ein Kapitalist seine ganzen Zinseinkünfte, dann sinkt sein Sozialstatus, weil die Löhne von Jahr zu Jahr steigen, die Zinsen aber nicht. Wenn der Kapitalist sozial mithalten will, muß sein Zinseinkommen ebenso stark steigen wie der Lohn. Das bedeutet: Ist der Zins sieben Prozent und steigen die Löhne um fünf Prozent pro Jahr, dann kann er nur zwei Prozent verbrauchen.

Für das Glück kommt es also tatsächlich wohl weniger auf das absolute als auf das relative Einkommen an. Die Berberin wird wohl glücklicher, wenn sie einen Berber heiratet.

* Amitai Etzioni: „Jenseits des Egoismus-Prinzips". Schaeffer-Poeschel Verlag, Stuttgart 1994

Februar 1995

Von der Armee zur Kirche

Die Entwicklungslinien des Managements

Den Manager einer immer noch fernen Zukunft hat Mark Twain vorweggenommen. Sein kleiner Held Tom Sawyer gründet einen Freizeitpark, in dem die Leute gegen ein geringes Eintrittsgeld nach Herzenslust arbeiten - zum Beispiel Holz hacken - dürfen. Das gehackte Holz verkauft Tom Sawyer dann als Heizmaterial. So hat er zwei Einkunftsquellen: Er verkauft Holz, und er muß seine Arbeiter nicht bezahlen, sondern sie bezahlen ihn. Ich schlage vor, dieses Managementverfahren als „Tom-Sawyer-Prinzip“ (TSP) in die Literatur einzuführen.

Das TSP breitet sich heute von den Rändern der Gesellschaft her langsam aus. Da gibt es einerseits eine ganze Reihe von Sekten, die wirtschaftlich zu erfolgreichen Konzernen wurden: Bhagwan, die Mun-Sekte, die Scientology Kirche, das Imperium Lyndon H. LaRouche et cetera. Hier findet sich das TSP teilweise schon in Reinkultur: Die Bhagwan-Anhänger zahlen beträchtliche Beträge, damit sie in schwerer Arbeit eine Wüste fruchtbar machen dürfen. In stark gemildeter Form wird das TSP im sogenannten alternativen Sektor angewandt. Hier finden sich meist junge Leute zusammen, um in anderen organisatorischen Formen einer Idee zu leben. Sie verlegen linke Kinderbücher, widmen sich der Erhaltung alter Tänze, verwirklichen neue ästhetische Ideen in der Mode. Das Berliner „Stattbuch“, in dem alle die Alternativbetriebe aufgezählt sind, ist inzwischen zu einem umfangreichen Wälzer geworden und die Alternativszene selbst zu einer Fremdenverkehrsattraktion Berlins. Hier herrscht das Prinzip der Selbstausbeutung. Es wird hart gearbeitet gegen ein Entgelt, das oft genug in der Nähe der Sozialhilfesätze liegt. Schließlich gibt es die Amateurwirtschaft, die sich gelegentlich mit der Alternativszene vermischt. Hier finden sich die Töchter, Söhne und Frauen von Bankdirektoren, Anwälten und Managern, die Boutiquen und Antiquitätengeschäfte betreiben, biologisch-dynamisch Obst anbauen, Second-hand-Shops eröffnen. Auf den Gewinn kommt es dabei nicht an. Die Verluste können - zeitlich begrenzt - von dem steuerpflichtigen Einkommen des Haushaltsvorstandes abgezogen werden. Für den Einzelhandel ist das inzwischen schon eine ärgerliche Konkurrenz. Schließlich wurde vor einigen Jahren die Arbeitstherapie für die Leiden von Rentnern erfunden; auch in den Altenwerkstätten wird nicht bezahlt.

So haben wir eine Fülle von Erscheinungen, bei denen die Grenzen zwischen Arbeit und Freizeitbeschäftigung verschwimmen. Eigentlich gibt es nur noch ein deutliches Unterscheidungsmerkmal: Für die Arbeit bekommt man Geld, für Freizeitbeschäftigungen muß man Geld bezahlen. Der Ernst, die Anstrengung, das Engagement sind bei der Freizeitbeschäftigung oft größer als bei der Arbeit. Das Unternehmen der Zukunft muß seine Leute zu deren eigenen Vergnügen ausbeuten.

In dieser Überspitzung wird eine Entwicklungstendenz deutlich. Vor 100 Jahren war ein Unternehmen nach dem Vorbild der Armee organisiert. Das Organisationsschema war ein Liniensystem. Die Entscheidungen wurden ganz oben getroffen. Die Werte dieser Organisation waren Befehl und Gehorsam, Disziplin, Pflichterfüllung, Durchsetzungsvermögen. In den ersten Großbetrieben, den Kohlebergwerken, gab es militärische Rangbezeichnungen („Berghauptmann"), Uniformen, Statussymbole (Steigerstab statt Offiziersdegen). Die Disziplin wurde dadurch erreicht, daß die Fabriken weit höhere Löhne bezahlten als das, was ein Arbeiter anderwärts am Markt verdienen konnte. Die Möglichkeit zur Entlassung war ein Disziplinierungsmittel, weil die Alternative zur Fabrikarbeit noch größere Armut und Unsicherheit bedeutete.

Diese Struktur hat sich zunächst nur langsam, nach dem Zweiten Weltkrieg aber immer schneller geändert. Schon der Taylorismus und der Akkordlohn waren ein Fortschritt. Der Arbeiter mußte nicht mehr beaufsichtigt und angetrieben werden - er wurde bezahlt nach seiner Leistung. In den letzten dreißig Jahren wurden die Entscheidungen in den Unternehmen immer weiter dezentralisiert, an die Stelle von Disziplin und Pflichterfüllung trat die Motivation.

Als vor rund zehn Jahren die Schlagworte „Unternehmenskultur" und „Unternehmensphilosophie" aus Amerika zu uns drangen, wurden sie als neueste Modeerscheinung eher belächelt. Die starke Integration des japanischen Arbeiters in den Betrieb - mit gemeinsamer Morgengymnastik und Absingen der Mitsubishi-Hymne - erschien als Ausdruck einer rätselhaften fernöstlichen Mentalität, die in einem deutschen Unternehmen eher lächerlich wäre. Das Lachen ist uns vergangen. Die Japaner haben die Welt das Fürchten gelehrt, und amerikanische Unternehmen mit ausgeprägter Unternehmenskultur waren an den Märkten erfolgreicher. Wer sich einem Schachklub, Tennisklub oder einer Partei anschließt, der sucht dort Gleichgesinnte, und die Klubs und Parteien nehmen auch nur Gleichgesinnte auf. Das wird in Zukunft auch für Unternehmen gelten. Der Unternehmenserfolg wird zunehmend davon abhängen, ob die Mitarbeiter an das Unternehmen und an seine Philosophie glauben. Neue Managementperspektiven zeichnen sich ab. Das Unternehmen der Vergangenheit glich eher einer Armee. Das Unternehmen der Zukunft ähnelt eher einer Kirche.

September 1985

Moderne Drachen

Schätze der Unternehmen

Daimler-Benz konnte den Kaufpreis für die AEG-Beteiligung gewissermaßen aus der Portokasse bezahlen. Auch andere Großunternehmen verfügen über weit mehr Liquidität, als vernünftigerweise in absehbarer Zeit investiert werden kann. Bei Siemens entspricht die Kasse etwa dem Zwei-Drittel-Wert des Unternehmens. Der Börsenspruch, Siemens sei die größte deutsche Privatbank mit eigener Elektrogeräteherstellung, hat mehr als nur einen Kern Wahrheit.

Absurd wird die Sache, wenn Unternehmen, die ohnehin anscheinend nicht wissen, was sie mit ihrem Geld anfangen sollen, dann auch noch Kapitalerhöhungen vornehmen. Der Aktionär verkauft brav einige Bundesanleihen aus seinem Portefeuille und überweist den Erlös an die Firmenkasse. Das Unternehmen nimmt dieses Geld und kauft davon die Bundesanleihen, die der Aktionär zuvor verkaufen mußte. Der Sinn solcher Transaktionen ist weder einem Laien noch einem Betriebswirtschafts-Professor klarzumachen.

Die Ansammlung hoher Liquidität kann offenbar nicht im Interesse der Aktionäre liegen, denen die Gesellschaft schließlich gehört. Deutsche Aktiengesellschaften werden an der Börse etwa mit dem fünf- bis sechsfachen Gewinn vor Steuern bewertet. Anders ausgedrückt: Wenn die Gesellschaft Eigenkapital investiert, dann muß sie eine Rendite von mindestens 12 bis 14 Prozent vor Steuern erwirtschaften. Anderenfalls ist der Börsenwert der Investition geringer als der investierte Betrag. Der Aktionär wird dann geschädigt. Gibt es solche Investitionsmöglichkeiten nicht, dann sollten die Mittel besser an die Aktionäre ausgeschüttet werden.

Aber selbst wenn es vorteilhafte Investitionsmöglichkeiten gibt, so ist in der Regel dem Aktionär besser gedient, wenn der Gewinn voll ausgeschüttet und zur Investitionsfinanzierung eine Kapitalerhöhung vorgenommen wird. Die Gesellschaft bezahlt auf einbehaltene Gewinne 56 Prozent Körperschaftsteuer, während die meisten Aktionäre ihre Dividende zu einem niedrigeren Satz versteuern. Gewinnthesaurierung dient dem Fiskus, nicht dem Aktionär.

Extrem wird die steuerliche Zusatzbelastung, wenn die Aktien in einem Betriebsvermögen liegen. Die Deutsche Bank hält eine wesentliche Beteiligung an Daimler-Benz. Der einbehaltene Gewinn wird also bei Daimler-Benz mit 56 Prozent besteuert. Die Substanzanreicherung schlägt sich - wenn auch nur teilweise - im Aktienkurs nieder. Will die Deutsche Bank das Daimler-Benz-Paket verkaufen, dann muß sie den Kursgewinn ein zweites Mal mit 56 Prozent versteuern. Eine Mark Gewinnausschüttung ist für die Deutsche Bank 44 Pfennig wert, eine Mark Gewinnthesaurierung - je nach dem Niederschlag des einbehaltenen Gewinns im Kurswert von Daimler-Benz - vielleicht 15 Pfennig. Die Macht der Banken kann so groß nicht sein, wenn die Deutsche Bank nicht einmal als Hauptbeteiligter ihren Interessen Geltung verschaffen kann.

Der Fall Daimler-Benz/AEG hat ein Schlaglicht auf die Tendenz vieler Unternehmen zu unproduktiver Schatzbildung geworfen. Nun haben sowohl Daimler-Benz als auch Siemens für die Aktionäre erfolgreich gewirtschaftet. Beide Papiere gehören zu den besten Anlagen, die man in Deutschland finden konnte. Doch das war ein Erfolg tüchtiger Techniker, intelligenter Wissenschaftler und Ingenieure, erfolgreicher Verkäufer. In den Finanzabteilungen wurde ein Teil der Erfolge wieder kassiert. In grauer Vorzeit lagen Drachen in Höhlen und hüteten ihren Schatz. Ihre modernen Nachfolger sind die Finanzvorstände. Die Höhlen sind komfortabler geworden, und der Schatz ist nur noch am Computer-Terminal sichtbar. Aber wenn ein Jung Siegfried auftauchte, dann würden auch die modernen Drachen Feuer speien.

Dahinter steht ein allgemeineres Problem der Ordnungspolitik. Das Aktiengesetz erfüllt seine Funktion nicht mehr. Es soll eine Vertrauensbasis für den Anleger schaffen. Der Rechtsanwalt, der Arzt, der Deutschlehrer, der Industriemeister haben weder die Zeit noch den Sachverstand, um sich um ihre Vermögensanlagen kümmern zu können. Sie müssen sich darauf verlassen, daß ihr Geld auch in ihrem Interesse verwaltet wird. Dafür bietet das Aktiengesetz keine Gewähr. Über die Instrumente, mit denen man das Vertrauen herstellen kann, ist viel diskutiert worden. Eines wäre die Ausschüttungspflicht für den gesamten Jahresüberschuß. Ein zweites wäre die Interessengleichrichtung von Aufsichtsrat, Vorstand und Aktionär. Das kann man dadurch erreichen, daß man die Tantieme von Aufsichtsrat und Vorstand an den Anlagenutzen des Aktionärs koppelt. Aufsichtsräte und Vorstände müssen also genau dann mehr verdienen, wenn auch der Aktionär einen höheren Nutzen hat - sei es Dividende, sei es Kursgewinn. In den USA geschieht das in Form der Stockdividende. In Deutschland sind dagegen die Tantiemen oft an die Dividende gekoppelt - aber nicht etwa an die Dividendensumme, sondern an den Dividendenprozentsatz. In diesem Fall ist die Verwaltung bestrebt, das Grundkapital möglichst klein zu halten. Eigenkapital wird in Form offener und stiller Rücklagen gebildet. Ein Unternehmen mag dann eine Dividende ausschütten, die vier Prozent vom Kurswert, fünf Prozent vom gesamten Eigenkapital, aber 20 Prozent vom Grundkapital ausmacht. Veröffentlicht wird dann: Die XY-AG schüttet 20 Prozent Dividende aus. Eine solche Optik erweckt verständlicherweise den Ärger der Arbeitnehmer und die Begehrlichkeit der Gewerkschaften.

Vorstand wie Aufsichtsrat erhalten heute Anreize, die ihre Interessen in Gegensatz zu den Interessen der Aktionäre bringen. Jung Siegfried kann also nur der Gesetzgeber sein.

März 1986

Divestion

Eine Wende in der Unternehmensstrategie

In diesen Wochen gab es einen großen Konzentrations- und einen großen Entflechtungsfall. Einerseits hat die Daimler-Benz AG eine große Beteiligung an der AEG erworben, andererseits wurde der Flick-Konzern entflochten und in Teilen plaziert. Merkwürdig genug hat der Fall Daimler/AEG eine Menge öffentlichen Stirnrunzelns wegen einer angeblichen Machtzusammenballung hervorgerufen, während im Falle Flick kein entsprechendes öffentliches Frohlocken wegen der Machtzerschlagung zu hören war.

Die Fälle sind durchaus symptomatisch für eine Entwicklung, die in den letzten Jahren vornehmlich in Amerika zu beobachten war. Auf der einen Seite gibt es eine Vielzahl von Aufkäufen eines Unternehmens durch ein anderes, es gibt Fusionen und andere Konzentrationsfälle. Auf der anderen Seite stehen dieser Entwicklung andere Fälle gegenüber, in denen Unternehmen Funktionen auslagern, Betriebsteile ausgliedern oder sich gar teilen. Das ist ein ganz anderes Bild als in früheren Jahrzehnten. Gab es damals unter dem Stichwort „Diversifikation“ eine einheitliche Konzentrationstendenz, so gibt es heute beides: Konzentration auf der einen, Entflechtung auf der anderen Seite.

Der Zufall will es, daß fast zum gleichen Zeitpunkt, zu dem eine große Automobilfabrik, die Daimler-Benz AG, ihren ersten großen Schritt in die Diversifikation wagt, ein anderes großes Automobilunternehmen, die Volkswagen AG, einen Diversifikationsversuch als gescheitert abbricht. Die Volkswagen-Tochter Triumph-Adler wird an Olivetti verkauft. Auch das ist kein Einzelfall. Als vor zwanzig Jahren die Bildung von Mischkonzernen als Diversifikation groß in Mode kam, stiegen mehrere solcher Konzerne - wie Litton Industries oder Ling-Temco-Vought - kometenhaft auf. Dahinter stand die Vorstellung der Risikostreuung: Wenn man mehrere, ganz verschiedene Unternehmen zu einem Konzern zusammenfügt, dann nimmt das Gesamtrisiko ab. Der Konzern ist - wie man damals glaubte - kreditwürdiger als die Summe seiner Teile. Inzwischen ist genügend Zeit ins Land gegangen, um Bilanz zu ziehen. Der Diversifikationsboom war eine Scheinblüte. Die erfolgreichen Fälle sind verhältnismäßig selten. Die Fehlschläge waren - wie im Falle Volkswagen/Triumph-Adler - eher die Regel (vgl. Wirtschaftswoche 17/1986, S. 69 „Minus auf lange Sicht").

Auch über die Gründe weiß man inzwischen etliches. Die Manager des Mischkonzerns verstanden schlicht viel zu wenig von den Geschäften ihrer ungleichen Töchter. Je größer und heterogener der Mischkonzern wurde, um so inkompetenter wurden auch seine Manager. Man glaubte lange Zeit, darauf komme es nicht an. Die Managementphilosophie, die die Diversifikationswelle begleitete, besagte, ein guter Manager könne alles leiten - heute ein Ministerium, morgen eine Computerfirma und übermorgen die Armee. Das Controlling wurde zum zentralen Führungsinstrument und der Controller zum ersten Anwärter auf den Chefsessel. Es kam darauf an, das Unternehmen über die Zahlen in den Griff zu bekommen. Ob hinter diesen Zahlen Automobile, Kredite, Versicherungspolicen oder Waschmaschinen standen, galt als unwichtig.

Die Philosophie war falsch, weil sie zu einseitig war. Das Controlling ist ein sehr leistungsfähiges und unentbehrliches Instrument. Aber die Interpretation der nackten Zahlen verlangt Produktkenntnis, Marktkenntnis, Kenntnis der Fertigungstechnik. Zahlen sind auslegbar. Die Mißerfolge des reinen Zahlen-Managements haben denn auch eine neue Philosophie geboren. So banal das klingen mag: Der Manager sollte etwas von dem verstehen, was er leitet. Das nennt man heute „hands-on-management".

Das neue Schlagwort „Divestion" besagt dann auch, ein Unternehmen möge sich von all den Teilen trennen, die nicht im Kern des Unternehmensinteresses liegen. Die größte Bedeutung hat diese Divestion bisher bei der vertikalen Desintegration der Unternehmen gewonnen. Früher galt es als vorteilhaft, das Unternehmen möglichst tief zu gliedern - von der Ölquelle bis zur Tankstelle, vom Stahlwerk bis zur Lokomotive. Manche der Vorreiter dieser Entwicklung kamen vorübergehend oder endgültig in Schwierigkeiten: Müller-Wipperfürth, Salamander, WMF. Vergleiche zwischen deutschen und japanischen Automobilfabriken legten den Schluß nahe, daß die geringe Produktionstiefe der Japaner ein Vorteil sei. Sie soll eine höhere Produktivität ermöglichen und die Beweglichkeit vergrößern. Galt es früher als vorteilhaft, selbst zu produzieren, so kauft man heute im Zweifel lieber zu. Die Dekonzentration in der Form einer Verminderung der Produktionstiefe ist in den letzten Jahren rasch vorangekommen.

Ein Fall wie Flick - die Aufteilung eines ganzen Konzerns - ist bisher noch sehr selten. In Deutschland gab es vorher nur einen freiwilligen Fall, die Realteilung der Varta. Unfreiwillig waren die Entflechtungsfälle nach dem Kriege - die Zerschlagung der IG-Farben und der Vereinigten Stahlwerke. Im Gegensatz zur Diversifikation haben sich diese Fälle sämtlich gut bewährt. Die Börsenbewertung hat früher beträchtlich zur Konzentration beigetragen: Werden Unternehmen niedrig bewertet, dann ist es billiger, ganze Unternehmen zu kaufen, als selbst zu investieren. Diese Triebkraft ist ausgefallen, seit sich die Börsenbewertung von Unternehmen wieder normalisiert hat.

Der Fall Daimler-Benz/AEG liegt deshalb nicht gerade im Trend der Zeit. Daimler hat den großen Brocken zwar leicht geschluckt, wird ihn aber schwer verdauen. Der Flick-Fall könnte in Zukunft eher ein Modell abgeben.

Mai 1986

Kleine AG oder große GmbH?

Formen der Eigenkapitalfinanzierung

Über die Notwendigkeit einer sogenannten kleinen Aktiengesellschaft wird seit Jahrzehnten diskutiert. Der Deutsche Industrie- und Handelstag (DIHT) hat jetzt einen neuen Vorstoß unternommen. Das heutige Aktienrecht - so der DIHT - sei auf die große Publikums-AG zugeschnitten, es eigne sich wenig als Rechtsform für mittelständische Unternehmen.

Die Lücke im Rechtsformangebot ist unübersehbar. Da ist auf der einen Seite die Aktiengesellschaft, die sehr strikten Regelungen unterliegt. Sie haben den Zweck, die Aktie leicht handelbar zu machen. Dem Käufer soll die Gewissheit verschafft werden, daß seine Interessen geschützt werden, daß er nicht übervorteilt wird. Das Aktiengesetz bietet den Beteiligten nur geringe Möglichkeiten, den Gesellschaftsvertrag nach ihren Interessen zu gestalten. Da ist auf der anderen Seite die Gesellschaft mit beschränkter Haftung (GmbH), deren Gesellschaftsvertrag in weitem Rahmen frei vereinbart werden kann, deren Anteile allerdings kaum handelbar sind. Dazwischen fehlt eine Rechtsform, die eine gewisse Handelbarkeit auf der einen mit einer größeren Gestaltbarkeit auf der anderen Seite verbindet.

In der Schweiz ist das Problem auf elegante Weise gelöst. Das schweizerische Obligationenrecht gibt der Aktiengesellschaft große Möglichkeiten der Vertragsgestaltung. Will eine AG allerdings ihre Aktien an der Börse notieren lassen, dann stellt die Börse gewisse Anforderungen an den Anlegerschutz und damit die Vertragsgestaltung. Diese Anforderungen sind an der Zürcher Börse sehr hoch, an Provinzbörsen - etwa in Biel - sind sie geringer. Der allergrößte Teil aller Schweizer Aktien wird aber überhaupt nicht an irgendeiner Börse gehandelt, sondern am Ort zwischen Bekannten, am Stammtisch, durch Vermittlung einer örtlichen Bank. Wenn in der Schweiz ein Skilift gebaut wird, dann geschieht das in der Regel in der Form der AG mit einer Streuung der Aktien im Dorf. Wächst die Skilift-AG zu einem Touristikunternehmen, braucht sie also mehr Eigenkapital, als am Ort aufzutreiben ist, dann läßt sie sich an einer Provinzbörse notieren. Entwickelt sie sich schließlich zu einem Reisekonzern, dann schluckt sie die strengen Bedingungen und geht an die Zürcher Börse. Dieser nahtlose Übergang von Gestaltbarkeit des Vertrags auf der einen und Handelbarkeit auf der anderen Seite hat die Aktiengesellschaft zur dominierenden Rechtsform gemacht. Während es in der Bundesrepublik Deutschland rund 2000 Aktiengesellschaften gibt, sind es in der Schweiz - bei einem Zehntel der Bevölkerung - über 100000.

Anders ist das Problem in den USA gelöst. Dort ist das Gesellschaftsrecht Angelegenheit der Länder. So gibt es die scharfen Aktiengesetze von New York und Kalifornien, aber auch das weiche Gesetz von Delaware. Da der Rechtssitz eines Unternehmens von seinen Produktionsstätten unabhängig sein kann, ist es möglich, daß ein Möbelhersteller in Maryland nach dem Aktiengesetz von Delaware verfaßt ist. Die Anforderungen der Börsen kommen hinzu. Die vornehmste Börse, die New York Stock Exchange, stellt sehr hohe Qualitätsanforderungen. An der zweitwichtigsten Börse, der American Stock Exchange, sind die Bedingungen milder.

Auf den einfachsten Weg zu einer kleinen AG in der Bundesrepublik hat der Kronberger Kreis hingewiesen. GmbH-Anteile sind in der Bundesrepublik unter anderem deshalb so schwer handelbar, weil Paragraph 15 des GmbH-Gesetzes vorsieht, daß die Übertragung von Anteilen eines notariellen Vertrages bedarf. Die Übertragung ist also nicht nur umständlich, sondern, wegen der Notargebühren, auch teuer. Also sollte man den Paragraphen 15 des GmbH-Gesetzes ändern und hätte dann statt der kleinen AG die große GmbH. Mittelständische Unternehmen, die wachsen wollen und Eigenkapital brauchen, würden dann statt Aktien GmbH-Anteile emittieren, die ebenfalls am Ort und über örtliche Banken gehandelt werden könnten.

Freilich wäre der Vorschlag des Kronberger Kreises nur eine kleine Lösung, allerdings eine Lösung, die sich sehr rasch verwirklichen ließe. In der Bundesrepublik ist das gesamte Gebiet der Eigenkapitalfinanzierung am Markt und des Handels von Eigenkapitalanteilen schlecht geordnet. Das Aktienrecht ist übermäßig perfektionistisch und entsprechend umfangreich, ohne daß es seinen eigentlichen Zweck - die Wahrung der Interessen der Anteilseigner - erreichte. Die GmbH ist den Notaren zuliebe kastriert worden.

Die deutschen Börsen bereiten eine Reform vor. Sie besteht darin, daß alles, was ohnehin schon zu einheitlich war, noch weiter vereinheitlicht werden soll. In den Ländern, in denen die Eigenkapitalfinanzierung am Markt große Bedeutung hat, müssen auch die Börsen untereinander konkurrieren. Nach unserer Börsenreform wird es eine deutsche Einheitsbörse in verschiedenen Börsensälen geben. Börsen wie Stuttgart, München oder Hannover haben schon heute kaum noch eigenständige Funktion - dann haben sie gar keine mehr. Der Zugang zum Markt des Eigenkapitals wird monopolisiert. Wenn in der Schweiz ein Unternehmen an der Zürcher Börse nicht ankommen kann, dann kann es auf konkurrierende Plätze wie Basel oder Biel ausweichen.

Den Deutschen geht eben die Einheitlichkeit über alles - wie bei den Schulen und Universitäten, so auch bei den Aktiengesellschaften und Börsen. Vielfalt ist hierzulande suspekt. Die Mündigkeit des Bürgers wird in Reden gepriesen, in der Praxis gibt man ihm einen Notar bei.

September 1986

Prinzipienstreiterei

Gewinn und Moral

Der eigentliche Stein des Anstoßes an der Marktwirtschaft ist das Prinzip der Gewinnmaximierung. Studenten der Volkswirtschaftslehre brauchen mehrere Semester, bis sie verstanden haben, daß daran nichts Unanständiges sei. Fragt man Unternehmer, so bestreiten sie energisch, daß sie ihre Gewinne maximieren. Statt dessen hört man schaumige Begriffe wie „Gewinnoptimierung“, oder sie behaupten, sie würden lediglich angemessene Gewinne anstreben. Die Abneigung gegen das Prinzip hat ein ganzes Bukett anderer Zielsetzungen für Unternehmen hervorgebracht. Öffentliche Unternehmen verfolgen das Bedarfsdeckungsprinzip, das Versorgungsprinzip oder das Prinzip der Eigenwirtschaftlichkeit. Die Sparkassen berufen sich auf einen öffentlichen Auftrag, den sie angeblich erfüllen; die Genossenschaften folgen einem sogenannten Förderauftrag. Die Börsen sind Vereine oder Ableger der Handelskammern. Von Gewinn wollen sie nichts wissen; sie ordnen vielmehr den Markt. Das mit weitem Abstand lukrativste Unternehmen, die Deutsche Bundesbank, strebt selbstverständlich keinen Gewinn an. Er entsteht aus Versehen. Das ehemalige Gewerkschaftsimperium folgte der Flagge der Gemeinwirtschaft. Rund 2000 Wohnungsbauunternehmen behaupten von sich, sie seien gemeinnützig. Walter Rathenaus „Prinzip der inneren Verantwortung“ ist berühmt geworden.

Klopft man all diese Prinzipien auf ihre konkreten Inhalte ab, so bleibt nichts Faßbares übrig. Sparkassen und Genossenschaftsbanken erzielen höhere Gewinne als die meisten anderen Unternehmen. Weder ein öffentlicher Auftrag noch ein Förderauftrag hinterlassen irgendwelche Spuren in der Geschäftspolitik. Das Versorgungsprinzip der Post läuft in der Praxis auf schamlosen Mißbrauch einer Monopolstellung hinaus: Die Post verlangt in fast allen Bereichen höhere Preise, als sie in anderen Ländern erhoben werden. Gemeinnützige Wohnungsbaugesellschaften haben in der Vergangenheit so viel verdient wie sie nur konnten. Im Austausch gegen Steuerprivilegien boten sie eine Ausschüttung auf ihre Anteile von vier Prozent - immer noch mehr als die durchschnittliche Dividendenrendite der Aktiengesellschaften. Die Börsen als öffentliche Körperschaften sui generis verzichten auf Gewinn, und sie können sich das auch leisten. Das - und nicht die Börsenumsatzsteuer - ist der Grund, warum deutsche Börsen im internationalen Vergleich so lahme Enten sind. Die eigentlich notwendige Reform wäre die Umwandlung der Börsen in gewinnmaximierende Unternehmen - nicht die Vereinheitlichung ihrer Datenverarbeitung.

Ein Unternehmer, der nur seinen eigenen Gewinninteressen folgt, dient damit auf funktionsfähigen Märkten gleichzeitig dem Gemeinwohl - ob er das will oder nicht und ob er das weiß oder nicht. Der eigentlich Trick der marktwirtschaftlichen Organisation liegt darin, daß sie den Eigennutz in den Dienst des Gemeinwohls stellt. Deshalb funktioniert diese

Ordnung so gut, gleichgültig, ob ihre Unternehmer nun Helden oder Schurken sind. Der Umkehrschluß gilt auch: Ein Unternehmer, der bewußt auf Gewinn verzichtet, der also einem Angemessenheits-, Gemeinnützigkeits-, Versorgungsprinzip huldigt, leistet für die Gemeinschaft weniger als der ganz ordinäre gewinnmaximierende Unternehmer. Deshalb gehört zur Ordnungsaufgabe des Staates, dafür zu sorgen, daß alle Unternehmen gewinnmaximierend geführt werden. Aber der Wettbewerb nimmt dem Staat diese Aufgabe in der Regel ab: Er wirft unbarmherzig schlecht geführte, also nicht gewinnmaximierende Betriebe aus dem Markt. Deshalb ist es so wichtig, daß der Staat den Wettbewerb schützt.

Der Unternehmer ist gewissermaßen ein Beauftragter der Gesellschaft. Die Gesellschaft bezahlt ihn in Form des Gewinnes um so besser, je mehr er zum Wohl der Gesellschaft beiträgt. Das ist so im Großen wie im Kleinen. Stellen wir uns ein Unternehmen vor, das in mehreren Profit-Center aufgeteilt ist. Deren Leiter werden jeweils am Gewinn ihres Profit-Centers beteiligt. Die Manager, die ihr eigenes Einkommen erhöhen wollen, müssen dann gleichzeitig den Gewinn des Gesamtunternehmens steigern. Nehmen wir weiter an, ein solcher Manager sei von edlen Motiven geleitet; sein persönliches Einkommen interessiere ihn nicht. Dann trifft er Entscheidungen, die nicht nur seine eigenen Interessen, sondern auch die des Gesamtbetriebs verletzen. Der edle Manager ist untragbar; die Geschäftsleitung muß ihn entlassen. Ebenso müßte die Gesellschaft als Ganzes diejenigen Unternehmer feuern, die ihre Gewinne nicht maximieren. Ein Unternehmer, der auf Gewinne verzichtet, handelt nicht moralisch - im Gegenteil, er versäumt seine Pflicht gegenüber der Gemeinschaft. Erst bei der Gewinnverwendung fängt die Moral an. Hier macht es einen großen Unterschied, ob der Unternehmer seinen Gewinn in Luxuskonsum umsetzt oder ob er ihn investiert und damit weitere Arbeitsplätze und Einkommen schafft.

Aus dem großen Strauß der Unternehmensprinzipien ist eine Blüte welk geworden - die Gemeinwirtschaft. Eine andere steht vor dem Verwelken, die Gemeinnützigkeit im Wohnungsbau. Aber auch die anderen Blumen riechen schlecht. Es wäre an der Zeit, den ganzen Strauß mit seinen öffentlichen Aufträgen, Versorgungsprinzipien, Förderaufträgen, Gewinnoptimierung, Gemeinnützigkeit zum Austrocknen an die Wand zu hängen und dann im Museum der Geschichte der Marktwirtschaft aufzustellen. Der Unternehmer braucht kein schlechtes Gewissen zu haben, wenn er viel verdient.

Dezember 1986

Bilanzwert

Bilanz und Anlegerschutz

Die Handelsbilanz steht in Deutschland seit eh und je un ter dem Prinzip des Gläubigerschutzes. Das zentrale Instrument des Gläubigerschutzes ist wiederum die Ausschüttungssperre: Aktiengesellschaften dürfen - vereinfacht - Vermögen nur bis zur Höhe des sogenannten Jahresüberschusses an ihre Aktionäre ausschütten. Hier sind die Kompetenzen zweigeteilt. Die Verwaltung kann vorab einen Teil des Jahresüberschusses den Rücklagen zuweisen. Es bleibt ein Betrag übrig, der zwar „Gewinn" heißt, aber kein Gewinn ist, sondern lediglich der Betrag, über den die Hauptversammlung frei verfügen kann. Die Höhe des Jahresüberschusses hängt ihrerseits davon ab, wie das Management die Vermögensgegenstände in der Bilanz bewertet und ob es stille Reserven legt oder früher gelegte stille Reserven realisiert.

Bis zur Aktienrechtsreform von 1965 konnte im Jahresabschluß fast beliebig unterbewertet werden. Die Vorschriften des Gesetzes sollten nur eine Überbewertung verhindern. Seit der Reform muß von mehreren zur Wahl stehenden Wertansätzen - Anschaffungswert, Marktwert - der jeweils niedrigste gewählt werden; noch niedrigere Werte sind unzulässig.

Zu Beginn der achtziger Jahre zeigte die Volkswirtschaftliche Gesamtrechnung mehrmals ein Ergebnis, das einem Wirtschaftsprüfer die Haare zu Berge stehen läßt: Die ausgeschütteten Gewinne waren höher als die Gewinne insgesamt. Die Unternehmen hatten also Substanz an ihre Anteilseigner ausgeschüttet. Das beruht darauf, daß in der Volkswirtschaftlichen Gesamtrechnung die Abschreibungen richtigerweise von den Wiederbeschaffungskosten gerechnet werden, während die Unternehmen nur von den niedrigeren Anschaffungskosten abschreiben durften. Die Summe der Gewinne in den Bilanzen der Unternehmen war also erheblich höher als der Gewinn der Volkswirtschaftlichen Gesamtrechnung. Da die Steuerpflicht an den Bilanzgewinn anknüpft, also an den nominalen, nicht den realen Gewinn, kam es häufig dazu, daß der reale Gewinn zu über 100 Prozent weggesteuert wurde.

Für den Gläubigerschutz war die Substanzausschüttung allerdings ungefährlich: Da die Schulden in nominalen Geldwerten ausgedrückt sind, kommt es nur darauf an, daß die nominale Unternehmenssubstanz erhalten bleibt. Die beherrschende Idee des Gläubigerschutzes wird in der Bundesrepublik mit einer Vernachlässigung des Anlegerschutzes erkauft. Wenn sich die Gewinnbewegungen überwiegend für den Bilanzleser unsichtbar in den stillen Reserven niederschlagen, dann ist die Bilanz zur Beurteilung des Unternehmens wenig wert. Vermutlich liegen die stillen Reserven bei fast allen Versicherungsgesellschaften bei einem Mehrfachen des ausgewiesenen Eigenkapitals, ohne daß der externe Bilanzleser hier irgendeine Schätzmöglichkeit hätte. Je schlechter die Bilanz aber informiert, um so größer sind die Vorteile des Insiders gegenüber dem Outsider. Im Zweifel ist der kleine Aktionär der Dumme, der vom Insider über den Löffel balbiert wird.

Das Gewinn- und Verlust-Verschleierungspotential, das durch die Aktienrechtsreform 1965 eingeschränkt werden sollte, ist in manchen Fällen heute größer als damals. Das gilt insbesondere für Konzerne mit in- und ausländischen Tochter- und Enkelgesellschaften. Hier gibt es den sogenannten Einzelabschluß und die Weltkonzernbilanz mit ganz unterschiedlichen Gewinnen und Eigenkapitalien. Die Differenzen beruhen auf der Bewertung von Beteiligungen. Hätte der deutsche Gesetzgeber, wie es das EG-Recht ermöglicht, statt des Niederstwertprinzips das sogenannte Equity-Prinzip zur Bewertung von Beteiligungen vorgeschrieben, dann käme es nicht zu den verwirrenden Diskrepanzen von Einzel- und Konzernabschluß. Hier wurde wieder einmal der Anlegerschutz unter dem Vorwand des Gläubigerschutzes hintangestellt. An anderen Stellen ist das Niederstwertprinzip längst durchbrochen, so bei der Umrechnung von Auslandsaktiva und -passiva in Deutsche Mark, beim sogenannten Hedge-Accounting und bei Insichgeschäften im Konzern. Die letzte Methode kommt immer häufiger vor: Unternehmen verkaufen Vermögenswerte an Tochtergesellschaften und decken damit stille Reserven auf oder kommen gar zu Überbewertungen. Nach der strikten Interpretation des Realisationsprinzips gilt als Realisierung nur ein Verkauf an außenstehende Dritte.

Durch die Bilanzrichtlinie der EG und ihre Umsetzung in deutsches Recht durch das Bilanzrichtlinien-Gesetz hätte die Chance bestanden, den Anlegerschutz zu verbessern. Im angelsächsischen Recht mit seinem vorherrschenden Grundsatz der „True and Fair View" spielt der Anlegerschutz seit jeher eine größere Rolle als im deutschen Recht. Einzelnen Verbesserungen, wie etwa der arg eingeschränkten Pflicht zur Passivierung von Pensionsrückstellungen, stehen neue Wahlrechte gegenüber. Bilanzierungs- und Bewertungswahlrechte sind aber Gift für den Anlegerschutz.

Es wäre an der Zeit, über Bilanzierung, Anleger- und Gläubigerschutz neu nachzudenken. In der Literatur wird oft der Eindruck erweckt, Gläubiger- und Anlegerschutz seien Gegensätze. Es ist seit langem bekannt, daß das nicht so zu sein braucht. Der Anlegerschutz erfordert gute Information; der Gläubigerschutz dagegen vorsichtige Disposition. Man könnte so bilanzieren, daß der tatsächlich erzielte Gewinn ausgewiesen werden muß, und gleichzeitig vorschreiben, daß nur der realisierte Gewinn ausgeschüttet werden darf. Für den Gläubigerschutz bedarf es keiner Verfälschung von Informationen, sondern nur einer Begrenzung der Ausschüttung. Bei der Bilanzierung verhalten wir uns wie die Leute, die ihre Uhren stets einige Minuten vorgehen lassen, damit sie die Eisenbahnzüge rechtzeitig erreichen. Weil sie die Zeit dann einkalkulieren, kommen sie trotz aller Pfiffigkeit doch zu spät.

Mai 1988

Der Wert des Top-Managements

Über unwirtschaftliche Zentralisierung

Meine Studenten fragen gelegentlich voller Zweifel, ob denn ein einzelner Mann so wertvoll sein könne, daß er, wie Top-Manager von Konzernen, über eine Million Mark im Jahr verdienen müsse. Freilich: Auf die Tüchtigkeit des Top-Managers kommt es dabei gar nicht an. Das hohe Gehalt soll vielmehr tausend aktive und tüchtige junge Leute so zu höchsten Anstrengungen anspornen, in der Hoffnung, dadurch später selbst in den Vorstand aufzurücken und mehr als eine Million zu verdienen. Das Top-Gehalt ist gewissermaßen der Hauptgewinn in einer Lotterie; es hat die Funktion, möglichst viele Mitspieler zu gewinnen. Über den Wert des Konzernmanagements sagt es nichts aus.

Gottlob gibt es auch objektivere Möglichkeiten, den Vorstandswert zu messen. Da sind beispielsweise die Erfahrungen mit der Entflechtung, etwa der Standard Oil in Amerika oder der IG Farben und der Vereinigten Stahlwerke in Deutschland. Entflechtung bedeutet nichts anderes, als daß ehemalige Konzernteile selbständig werden, daß also der Vorstand, der alles bisher koordinierte, ersatzlos entfällt. Der Wert des Vorstands müßte sich deshalb am Kursverlust der Aktien der Nachfolgegesellschaften ablesen lassen. In allen genannten Fällen sind die Kurse aber nicht gefallen, sondern gestiegen. Der Vorstand war nach dem Urteil des Marktes wertlos, genauer: sein Wert war negativ.

In den Vereinigten Staaten gibt es inzwischen gründliche wissenschaftliche Untersuchungen über die Wirkung von Fusionen. Darüber hinaus kam es insbesondere in jüngerer Zeit häufig zu sogenannten Divestions: Unternehmen wurden aufgekauft, in ihre Einzelteile zerschlagen und dann wieder an den Markt gebracht. In anderen Fällen haben sich Unternehmen freiwillig entflochten, um einer feindlichen Übernahme zuvorzukommen. Das empirische Ergebnis: Im Falle von Fusionen ist der entstandene Konzern in der Regel weniger wert als die Summe seiner Teile; im Falle von Divestions ist der Wert der Einzelteile bisher stets höher gewesen als der Wert des ursprünglichen Konzerns. Da eine Fusion darin besteht, daß ein gemeinsamer Vorstand über bisher selbständige Unternehmen gesetzt wird und umgekehrt für den Fall der Divestions, so liegen inzwischen Markturteile in sehr vielen Fällen vor: Der Konzernvorstand hat einen negativen Wert.

Das führt zu einem wahrhaft denkwürdigen Ergebnis. Würde der Konzernvorstand nämlich gar nichts tun, so müßte das Wertadditivitätstheorem gelten: Weder durch Fusion noch durch Entflechtung dürfte sich der Marktwert verändern. Der Markt nimmt also an, daß sich Vorstände in Angelegenheiten der Teilbereiche einmischen - sogenannte Koordination - und dabei deren Entscheidung verschlechtern. Unterstellt man, daß der Mensch von Natur aus faul ist, so wäre das ein rätselhaftes Verhalten.

Die Erklärung liegt in zweierlei: Vorstand wird man nur, wenn man Führungsqualität und ein sehr hohes Aktivitätsniveau gezeigt hat. Führungsqualität ihrerseits beruht überwiegend auf der festen Überzeugung, daß man alles besser machen könne als andere. Ein guter Vorstand müßte eigentlich selbstkritisch und faul sein; unser Rekrutisierungssystem bringt aber fleißige und selbstbewußte Leute an die Spitze.

Die Folge ist somit eine wirtschaftlich schädliche Zentralisierung innerhalb der Konzerne und wirtschaftlich ungerechtfertigte Konzentration. Scheidet ein Konzernvorstand aus dem Amt, so würde die Lücke, die er hinterläßt, ihn besser ersetzen als sein Nachfolger.

Oder, um einen ehemaligen Vorstandssprecher eines deutschen Konzerns zu zitieren: „Die meisten von uns verdienen mehr als sie verdienen."

Oktober 1989

Liberales Profil

Das Marketing der FDP

An einem langen Badestrand stellt ein Würstchenverkäufer seine Bude auf. Vernünftigerweise baut er sie genau in die Mitte des Strandes, damit die Mehrzahl der Käufer möglichst kurze Wege hat. Nun kommt ein zweiter Würstchenverkäufer. Wenn er rational kalkuliert, dann richtet er sich unmittelbar neben dem ersten ein. Nun teilen sie sich den Markt: Alles, was rechts am Strand liegt, geht zur ersten, alles, was links liegt, zur zweiten Bude. Der dritte Würstchenverkäufer stellt sich dann rechts neben den ersten. Jetzt teilen der zweite und der dritte den Markt fast vollständig unter sich auf. Dem ersten bleiben nur noch wenige Badegäste als Kunden.

Das Gleichnis veranschaulicht ein ökonomisches Modell, das sogenannte Hotelling-Problem. Es soll zeigen, daß sich bei einer Konkurrenz unter wenigen Anbietern keine optimale Marktversorgung ergibt. Die Hungrigen wären wesentlich besser bedient, wenn sich die Buden in gleichen Abständen am Strand verteilten, so daß die Wege möglichst kurz sind.

In der Wirtschaft ist dieser Fall von geringer Bedeutung. Anders sieht es in der Politik aus. Unser heutiger Staat ist ein

Geschöpf des Liberalismus. Die Ideen von Demokratie, Rechtsstaat, Verfassungsstaat, von den bürgerlichen Freiheiten und damit vom Markt setzten sich im 18. Jahrhundert mit der französischen Revolution, der amerikanischen Unabhängigkeitsbewegung, der ökonomischen Klassik in England durch.

Die Liberalen waren die ersten Würstchenverkäufer. Dann siedelten sich rechts von den Liberalen die Konservativen an, und einige Jahrzehnte später kamen links von den Liberalen die Sozialisten hinzu. Sie übernahmen den größten Teil des liberalen Gedankengutes, setzten ihre Buden also unmittelbar neben die liberale. Der Marktanteil des Pionierunternehmers wurde immer kleiner: Der Sieg des liberalen Gedankengutes brachte zugleich den Niedergang der liberalen Parteien in ganz Europa.

Die FDP muß, will sie nicht untergehen, eine andere Marktnische finden. Solche politischen Marktnischen gibt es auch heute, und zwar gerade deshalb, weil die großen Volksparteien immer näher aneinandergerückt sind. Die Grünen haben eine Nische gefunden. Zwar kann man ihr Programm sachlich kaum ernst nehmen - aber es ist unverwechselbar. Es gibt eine hinreichend große Minderheit von Wählern, die man damit ansprechen kann. Die FDP dagegen vermeidet ängstlich alles, was ihr Kontur geben könnte. Auf dem Parteitag der Grünen sprach niemand vom „grünen Profil“ oder von „Ecken und Kanten“. Beides war so deutlich sichtbar, daß man nicht darüber zu reden brauchte.

Bei den Freien Demokraten dagegen war das „liberale Profil“ mit seinen „Ecken und Kanten“ in aller Munde. Nur sichtbar wurde davon nichts. Das liberale Profil ist so weit abgefahren, daß der blau-gelbe Bus damit kaum mehr durch die nächste Inspektion kommt. Die FDP ist stets darum bemüht, ihre Würstchen genau zwischen den beiden Großen anzubieten - also dort, wo gewiß keine Kunden kommen.

Die Entscheidung für eine andere Position im politischen Meinungsfeld müßte schwerfallen, wenn sie nur um den Preis eines Verrats am liberalen Gedankengut erkauft werden könnte. Tatsächlich aber haben sich nicht nur die Volksparteien, sondern mit ihnen hat sich auch die FDP vom Liberalismus entfernt.

Der klassische Liberalismus forderte einen kleinen, aber starken Staat, einen Staat also, der mit wenigen Gesetzen auskommt, diese aber auch durchsetzt. Statt dessen haben wir heute einen großen Staat, der seinen Gesetzen immer weniger Geltung verschafft - unter kräftiger Förderung durch die FDP. Die Tradition des Hirsch/Baum-Flügels der FDP, der Anarcho-Liberalismus, hat noch nie politisches Gewicht gehabt. Er war stets eine politische oder literarische Kuriosität, wie sie sich in der Libertarian Party in den Vereinigten Staaten oder auch in den Werken Murray Rothbards findet.

In weiten Bereichen der Wirtschafts- und Gesellschaftspolitik ist von Liberalismus nichts mehr zu finden. Der Arbeitsmarkt ist längst kein Markt mehr. Deshalb konnte es zur Massenarbeitslosigkeit kommen. Am Agrarmarkt und im Gesundheitswesen explodieren die Kosten, weil gegen die Marktlogik reglementiert wurde.

Unser Umverteilungssystem besteht aus Hunderten von Maßnahmen, deren Verteilungswirkungen gar nicht mehr zu durchschauen sind. Nur eines ist sicher: In diesem System wird eine Verschwendung riesigen Ausmaßes betrieben. Das Steuersystem deroutiert die Marktkräfte in grotesker Weise. So könnte man fortfahren: Energiepolitik, Altersvorsorge, Verkehrspolitik, Wohnungspolitik, Medienpolitik, Privatisierung, Entbürokratisierung.

CDU und SPD müssen auf alle Wählergruppen Rücksicht nehmen: Auf die Arbeitnehmer, Bauern, Zahnärzte, Notare, Rentner, berufstätigen Frauen, auf die Kernkraftgegner, Umweltschützer und viele andere. Das läßt die Programme der großen Parteien verschwimmen. Die FDP hat das nicht nötig. Sie könnte auf die Vernunft setzen. Es wäre doch schon seltsam, wenn sich dafür nicht mehr Wähler mobilisieren ließen als für die Utopien der Grünen.

Ein Pfarrer schrieb seinem Bischof einen Klagebrief: Er habe alles versucht, um den Kirchenbesuch zu heben - Kegelwettbewerbe, Tanzabende, Nachtwanderungen, Heimatfeste. Es habe nichts genutzt. Der Bischof schrieb prompt zurück: „Versuchen Sie es doch einmal mit der Religion!" Das wäre auch der Rat an die FDP: Versuchen Sie es doch einmal mit dem Liberalismus!

Juni 1986

Ideologie und Interesse

Einheitsgewerkschaft und ihre Politik

Als nach dem Zweiten Weltkrieg die Einheitsgewerkschaft entstand, war das ein Glücksfall für die Bundesrepublik. Bis zum Verbot der Gewerkschaften 1933 hatte es drei konkurrierende Verbände gegeben. Geschichte und Geographie liefern Beispiele für die Schädlichkeit der Gewerkschaftskonkurrenz. Im Ursprungsland der Gewerkschaftsbewegung, Großbritannien, knüpfte man an die handwerklichen Traditionen an. Es entstanden vorwiegend Berufsgewerkschaften. Im Deutschen Reich, in Frankreich und Italien kam es dagegen zur Gründung verschiedener weltanschaulich ausgerichteter Gewerkschaftsbünde. In Japan, Schweden, der Schweiz entstanden nichtkonkurrierende Vereinigungen, teils als Betriebs-, teils als Industriegewerkschaften.

Das britische System ist wirtschaftlich besonders schädlich. Sind in einem Betrieb mehrere Berufsgruppen und damit auch mehrere Gewerkschaften vertreten, so wird der Konflikt um die Lohnstruktur durch Streiks gegen den Arbeitgeber ausgetragen. Wenn also die Kettschärer einer Tuchfabrik der Meinung sind, sie sollten mehr verdienen als die Weber, dann streiken sie. Der eigentliche Gegner ist dabei gar nicht der Arbeitgeber, sondern die konkurrierende Gewerkschaft. So ging es bei den meisten Streiks in Großbritannien entweder um die Lohnstruktur oder um die Abgrenzung der Bereiche verschiedener Gewerkschaften - sogenannte Demarcation strikes.

Die weltanschaulichen Gewerkschaften mußten um Mitglieder konkurrieren. Sie überboten sich gegenseitig in den Lohnforderungen. Weil aber die Unternehmer nur solange Arbeitskräfte einstellen, wie sie daran verdienen, entsteht daraus Arbeitslosigkeit. Frankreich, Italien, Großbritannien - aber auch das Deutsche Reich in der Weimarer Republik - mußten mit hoher Arbeitslosigkeit leben.

Gewerkschaften, die nicht um Mitglieder konkurrieren müssen, können eher wirtschaftliche Vernunft walten lassen. Wohlgemerkt: Sie können, sie müssen nicht. Japan, Schweden, die Schweiz haben die Vollbeschäftigung weitgehend erhalten. Die schwedischen Gewerkschaften haben dafür Opfer gebracht: Von 1981 bis 1985 hat sich das Realeinkommen der Arbeitnehmer um fast einen Monatslohn vermindert. Insgesamt aber waren die nichtkonkurrierenden Gewerkschaften für ihre Mitglieder weit erfolgreicher als die Konkurrenzsysteme. Die Realeinkommen der deutschen, japanischen, schwedischen und Schweizer Arbeiter haben die ihrer Kollegen in England, Frankreich und Italien hinter sich gelassen, auch dort, wo das Ausgangsniveau - wie etwa beim Vergleich Großbritanniens mit Japan - äußerst ungünstig war.

Die Monopolgewerkschaft hat Macht. Das Problem der britischen und französischen Gewerkschaften war nicht ein Übermaß, sondern ein Mangel an Macht: Die Konkurrenz zwang sie dazu, so zu handeln, wie sie gehandelt haben. Die Gewerkschaften des DGB sind dagegen frei, nicht dem äußeren Schein, sondern der wirtschaftlichen Vernunft zu folgen, also die Interessen ihrer Mitglieder auch da zu verfolgen, wo die Wirkungszusammenhänge kompliziert und dem einzelnen Mitglied nicht unmittelbar einsichtig sind. Macht ist aber ambivalent - wer Macht hat, kann auch die Unvernunft weiter treiben als der Machtlose.

Deshalb ist die Re-Ideologisierung der deutschen Gewerkschaften in den siebziger und achtziger Jahren bedenklich. Sie können ihre Macht auch zur Zerstörung der Marktwirtschaft einsetzen. Der extremsozialistische Flügel, der das anstrebt, hat zwar derzeit noch keine Mehrheit, ist aber auch nicht mehr zu vernachlässigen. Er war immerhin stark genug, um eine pragmatische Politik zum Nutzen der Arbeitnehmer - so wie es sie in den fünfziger und sechziger Jahren gab - zu verhindern.

Wenn die Lage der Arbeitnehmer verbessert werden soll, dann kommt es darauf an, die Arbeitsproduktivität zu steigern. Nur höhere Produktivität ermöglicht höhere Löhne. Lohnsteigerungen ohne Produktivitätsgewinne führen zu Arbeitslosigkeit. Produktivitätszuwächse setzen voraus, daß die Arbeitsplätze mit mehr und besseren Maschinen ausgestattet werden. Wenn investiert werden soll, dann muß erstens Kapital gebildet werden, und zweitens muß man die Bedingungen dafür schaffen, daß Kapitalanlage in der Wirtschaft attraktiv ist. Gewerkschaftspolitik im Interesse der Arbeitnehmer sollte also auf eine niedrige Besteuerung produktiver Investitionen gerichtet sein - auch wenn die persönliche Besteuerung hoch ist. Sie sollte darauf hinwirken, daß es für den Arbeitnehmer interessant wird, Vermögen zu bilden und in der Wirtschaft anzulegen. Sie sollte die Rationalisierung fördern, nicht behindern. In den Lohnrunden kann man nur das abkassieren, was in Form höherer Produktivität geschaffen wurde.

Mit diesem Katalog ist die Politik der schwedischen oder japanischen Gewerkschaften etwa beschrieben. Die deutschen dagegen sträuben sich gegen eine steuerliche Entlastung der Unternehmen, behindern die Rationalisierung, versagen sich der Vermögensbildung. Damit beschneiden sie gleichzeitig die Lohnerhöhungsspielräume. Die Ideologie gerät in Widerspruch zu den Interessen der Arbeitnehmer.

In der jüngsten Konferenz von DGB und CDA ging es um ideologische Neutralität und damit um die Einheitsgewerkschaft. Norbert Blüm kämpft dafür nicht erst seit er Minister ist. Er hat das auch schon getan, als die Konkurrenz christlicher Gewerkschaften drohte.

August 1986

Welt-Innenpolitik

Konsequenzen der Bevölkerungsexplosion

Derzeit leben etwa fünf Milliarden Menschen auf der Erde. Um 1800 waren es erst 0,9 Milliarden, um 1900 dann 1,6 und zu Ende des Zweiten Weltkriegs 2,4 Milliarden. Zur Jahrtausendwende, also schon in 14 Jahren, wird die Zahl von sechs Milliarden erreicht sein. Diese Menschen leben heute im Durchschnitt in größerem Wohlstand als die geringere Zahl von Menschen vor 50 oder 100 Jahren. Damit hat sich Robert Malthus' düstere Prognose nicht bestätigt. Er hatte behauptet, daß die Zahl der Menschen stets durch die Verfügbarkeit von Nahrungsmitteln begrenzt werde, daß also der Hunger das ewige Schicksal der Menschheit sei.

Mit der Frage, wie es weitergehen kann, haben sich insbesondere die Wissenschaftler der Uno und der Weltbank beschäftigt. Sie nehmen an, daß die Phase exponentiellen Wachstums zu Ende geht. Es folgt eine Phase geringerer Zuwachsraten, bis schließlich ein stationärer Zustand eintritt. Dann wird die Welt von zehn Milliarden Menschen bewohnt sein.

Grundlage des Modells ist die Beobachtung, daß die Kinderzahl abnimmt, wenn der Wohlstand steigt. Während in den

Entwicklungsländern die Bevölkerung geradezu explodiert, läßt sich für die Industrieländer - einschließlich der entwickelten Länder des Ostblocks - eine Stagnation absehen. In einigen Ländern, voran die Bundesrepublik Deutschland, geht die Bevölkerung schon zurück. Der stationäre Zustand bei zehn Milliarden Erdenbürgern setzt also voraus, daß die heute armen Länder einen mit uns vergleichbaren Wohlstand erreichen. Das würde bedeuten, daß sich der Welt-Energieverbrauch etwa verzwanzigfachen müßte und entsprechend der Verbrauch aller anderen nicht erneuerbaren Rohstoffe. Lange bevor die Bevölkerungsstagnation erreicht würde, wären die Vorräte an Erdöl und den meisten anderen Rohstoffen erschöpft.

Das Modell geht also implizit davon aus, daß es weiter technischen Fortschritt geben wird und daß die Verbrauchsstrukturen sich dramatisch verändern. Während sich die meisten nicht erneuerbaren Rohstoffe durch Recycling zurückgewinnen lassen, gilt das für Erdöl, Erdgas und Kohle nicht. Die Verfügbarkeit von Energierohstoffen wird deshalb zum Flaschenhals. Nach heutigem Wissen kann Wohlstand für die ganze Menschheit und damit Bevölkerungsstagnation nur dadurch erreicht werden, daß die Kernenergie in sehr starkem Maße ausgebaut wird.

Gelingt es nicht, den Wohlstand soweit zu erhöhen, daß die Geburtenzahl zurückgeht, dann ist Malthus' Szenario nur aufgeschoben, nicht aufgehoben. Die Bevölkerungszahl der Erde wird dann durch die Möglichkeiten der Ernährung begrenzt. Diese Grenzen werden heute schon sichtbar. Die Möglichkeit der Erschöpfung unserer Bodenschätze ist absehbar geworden. In manchen Weltgegenden zerstören die Bewohner ihren eigenen Lebensraum. Die Sahara dehnt sich nach Süden aus. In Indien gibt es Wüsten, wo vor zwei Generationen noch der

Dschungel herrschte; die Südhänge des Himalaja werden entwaldet mit verheerender Wirkung für den Wasserhaushalt; die tropischen Regenwälder in Afrika und Südamerika werden kleiner mit heute noch unabsehbaren Folgen. In diesem zweiten Szenario würde der stationäre Zustand dadurch eintreten, daß ein großer Teil der Menschheit hungert. Schon heute sollen 40000 Personen pro Tag Hungers sterben. Schließlich ist noch ein drittes Szenario denkbar. Wenn es gelingt, das Bevölkerungswachstum rasch zu stoppen, so könnte ein stationärer Zustand statt bei zehn Milliarden bei sechs bis sieben Milliarden Menschen erreicht werden. Bisher hatten Programme zur Geburtenregulierung in der Dritten Welt wenig Erfolg. Lediglich in China ist es mit drastischen Maßnahmen gelungen, die Geburtenrate zu senken. Derartige Maßnahmen sind aber in anderen Ländern gänzlich unvorstellbar.

Geht man der Frage nach, warum denn mit wachsendem Wohlstand die Geburtenraten zurückgehen, dann stößt man darauf, daß die wohlhabenden Länder gleichzeitig auch Wohlfahrtsstaaten sind. In den Entwicklungsländern sind die Kinder die Altersversorgung der Eltern. Ursache für die niedrigen Geburtenraten in entwickelten Ländern ist nicht der höhere Wohlstand, sondern die Tatsache, daß Kinder in diesen Ländern eine finanzielle Belastung sind, während sie in Entwicklungsländern eine rentable Investition bedeuten. Wenn ein Programm zur Geburtenkontrolle erfolgreich sein soll, dann darf es sich also nicht damit begnügen, Antibabypillen oder Spiralen zu verteilen; es muß die wirtschaftlichen Voraussetzungen für einen Geburtenrückgang schaffen. Die Einführung einer gesetzlichen Rentenversicherung nach deutschem Vorbild wäre wahrscheinlich das wirksamste Bevölkerungsprogramm für viele Länder.

Mit wachsender Weltbevölkerung wächst die Abhängigkeit der Länder untereinander. Solange die Rohstoffvorräte unerschöpflich schienen, bestand zwischen unserem Rohstoffverbrauch und dem Wohlstand der Entwicklungsländer kein Zusammenhang. Sind die Vorräte absolut knapp, dann können andere das weniger verbrauchen, was wir mehr verbrauchen. Solange die Welt unerschöpflich schien, konnte es uns gleichgültig sein, was in Brasilien, in der Sahara und in China passiert. Seit wir annehmen müssen, daß Verbrennungsvorgänge das Weltklima beeinflussen, kann uns das nicht mehr gleichgültig sein. Bei wachsender Bevölkerung und abnehmenden Rohstoffreserven wird Außenpolitik zunehmend zur Welt-Innenpolitik.

September 1986

Frau Päpstin

Die angebliche Diskriminierung der Frau

Wenn ich die Torheiten unserer Zeit so recht ausbeuten und zu Geld machen wollte, so würde ich je eine Aktie aller großen deutschen Gesellschaften kaufen. Dann würde ich das Ressort „Geld und Kapital" der Wirtschaftswoche bitten, sich einige gescheite Fragen für die Hauptversammlung auszudenken.

Mit Aktie und Fragen bewaffnet, ginge dann meine Frau zu den Hauptversammlungen des betreffenden Unternehmens. Nach kurzer Zeit würde sie sicher in mehrere Aufsichtsräte berufen. Heutzutage zittert jeder Mann vor der Anschuldigung, er diskriminiere die Frauen. Deshalb braucht jeder Aufsichtsrat, jeder Partei- oder Gewerkschaftsvorstand, jede Regierung und jeder Kleintierzuchtverein eine Dame. Die kluge Frau kann heutzutage leicht Karriere machen - als Proporzfrau.

Unser Grundgesetz besagt zwar ganz unzweideutig, daß niemand seines Geschlechtes wegen benachteiligt werden dürfe. Tatsächlich werden die Frauen vielfältig besser behandelt als Männer, die Männer also diskriminiert. Das beginnt bei der Wehrpflicht. Während der junge Mann als Soldat das Vaterland schützt oder als Kriegsdienstverweigerer in evangelischen Jugendgruppen Gitarre spielen muß - von härteren Pflichten gar nicht zu reden -, kann sich das Mädchen anderthalb Jahre lang seiner Ausbildung oder Karriere widmen.

Im Berufsleben hat das weibliche Geschlecht weitere Vorteile. Der Arbeitgeber muß eine ganze Reihe von Leistungen für Frauen erbringen, die Männer nicht in Anspruch nehmen können - von Mutterschaftsurlaub bis zu den Hausarbeitstagen. Das darf aber für den Arbeitgeber kein Grund sein, Männer zu bevorzugen oder gar Frauen niedrigere Gehälter zu zahlen. Frauenarbeit ist also bei gleicher Qualifikation teurer als Männerarbeit.

In der gesetzlichen Krankenversicherung geht es weiter. Frauen verursachen deutlich höhere Krankheitskosten als Männer. Nach dem Äquivalenzprinzip der Versicherung müßten sie also auch höhere Beiträge zahlen. Tatsächlich sind die Beiträge gleich. Mit anderen Worten: Frauen erhalten zu demselben Preis eine höhere Leistung.

Ganz ungerecht geht es dann in der Rentenversicherung zu. Frauen leben ohnehin mehrere Jahre länger als Männer. Das war vor hundert Jahren noch umgekehrt. Heute verschleißt die Belastung im Beruf den Mann schneller als die Frau. Trotzdem können sich Frauen einige Jahre früher als Männer zur Ruhe setzen. Dafür gibt es nun überhaupt keine vernünftige Begründung. Die Männer-Übersterblichkeit zeigt bereits, daß Männer in höherem Alter im Durchschnitt weniger gesund als Frauen sind. Wenn man also schon Männer und Frauen beim Pensionierungsalter ungleich behandelt, dann wäre es weitaus plausibler, daß die Männer sich früher zur Ruhe setzen können.

Versicherungsmathematisch kalkuliert, müßten Frauen eigentlich wesentlich höhere Rentenversicherungsbeiträge als

Männer zahlen. Das ist wiederum nicht der Fall; auch hier müssen also die Männer die Frauen subventionieren. Von den weiteren Diskriminierungen des Mannes im Rentenrecht ging eine selbst dem Bundesverfassungsgericht zu weit: Frauen hatten zwar Anspruch auf Witwenrente aus den Rentenansprüchen ihres Mannes, nicht aber umgekehrt Witwer aus den Rentenansprüchen ihrer Frau. In diesem Fall mußte das Verfassungsgericht den Gesetzgeber zwingen, die Diskriminierung des Mannes zu beseitigen.

Wohin man auch blickt: Von einer gesetzlichen Diskriminierung der Frau kann nirgends die Rede sein. Hier sind es eher die Männer, die um Gleichberechtigung kämpfen müssen. Ob sonst in der Gesellschaft Frauen Nachteile gegenüber Männern haben, läßt sich zumindest nicht an den Zahlen der Bundestagsabgeordneten, Minister, Vorstandsmitglieder und des sonstigen Führungspersonals ablesen.

Vielleicht gibt es doch noch viele Frauen, die die angebliche Last des Haushalts und der Kindererziehung dem Streß des Berufslebens aus freien Stücken vorziehen.

Wirklich benachteiligt sind Frauen in der katholischen Kirche. Bisher kann eine Frau nicht einmal Priesterin, geschweige denn Bischöfin oder Päpstin werden. Die Kirche hat hier Schwierigkeiten mit der Religion.

Die Bibel besagt in aller Eindeutigkeit, daß das Weib dem Manne untertan sein solle. Der Apostel Paulus ermahnt die Gemeinden mehrmals, Frauen nicht zum Lehramt zuzulassen, und die Thyatira-Christen werden ausdrücklich verurteilt, weil sie ein Weib namens Isebel lehren lassen.

Für die Kirche muß man also Verständnis aufbringen - ihre Aufgabe ist die Verkündung der Bibel. Und die besagt nun einmal ausdrücklich, daß Frauen zu diskriminieren seien. Die evangelische Kirche hat es irgendwie geschafft, sich an der Bibel vorbeizudrücken. Das ist guten Theologen seit jeher gelungen - auch hier können die Frauen Hoffnung schöpfen.

Die einzige skandalöse Frauendiskriminierung, die mir einfällt, gibt es im Kölner Karneval. In dem Dreigestirn von Prinz, Bauer und Jungfrau ist sogar die Jungfrau ein Mann. Der Sage nach kam es dazu, weil bei der Neugründung des Karnevals in Köln keine Jungfrau zu finden war. Wie dem auch sei: Hier besteht dringender Reformbedarf. Ich schlage vor, daß ab sofort die Jungfrau stets weiblich zu sein hat und daß ein übers andere Jahr entweder der Prinz zur Prinzessin oder der Bauer zur Landfrau wird.

Im übrigen brauchen wir eine Ministerin für Männerfragen.

März 1987

Blick zurück im Zorn

Bildungspolitik einst und jetzt

Vor gut zwanzig Jahren prognostizierte Georg Picht - mit falschen Zahlen übrigens - für die Bundesrepublik eine Bildungskatastrophe. Sie ist inzwischen eingetreten, nur gerade andersherum. Picht sagte einen schlimmen Lehrermangel voraus - heute liegt unser Problem in der Lehrerarbeitslosigkeit. Das Buch löste eine Lawine von Bildungsliteratur, Bildungsreformen, Bildungskongressen aus. Schulen und Universitäten wurden umgekrempelt. Ein Reförmchen reihte sich ans andere. Die Erziehung zu solidarischem Handeln wurde propagiert, die Lösung des Bildungssystems vom Beschäftigungssystem. Es entstanden Gesamtschulen, Gesamthochschulen und andere Bildungskombinate. Man ließ die Schule nicht im Dorf, sondern baute Mittelpunktschulen. Die Zwergschule wurde mit Hohn überschüttet. Es entstand der Numerus clausus und die Zentralstelle für die Studienplatzvergabe. In allen Ländern wurden Schul- und Hochschulgesetze erlassen und ständig novelliert - Gesetze, die vorher nicht gebraucht wurden. Die ehemaligen Kultusministerien wurden durch Aufspaltung in Schul- und

Wissenschaftsministerien wundersam vermehrt und ein Bundeskultusminister - vorsichtig „Bildungsminister" genannt - samt Hochschulrahmengesetz obendrauf plaziert.

Versucht man heute Bilanz zu ziehen, so schreiben wir rote Zahlen. Das Bildungswesen ist geradezu unsinnig teuer geworden. Wahrscheinlich ist es heute, gemessen an der Zahl und Qualität der Abschlüsse, das teuerste der Welt. In Amerika kostet ein Hochschulabsolvent nur etwa die Hälfte. Die Schul- und Studienzeiten haben sich drastisch verlängert. Dabei hat man bisher von keinem Fachmann die Meinung gehört, die Ausbildungsqualität sei entsprechend gestiegen. Kurz, das deutsche Bildungswesen ist heute im internationalen Leistungsvergleich schlecht und teuer.

Eine Ausnahme macht immer noch die Berufsbildung. Hier haben die Reformer nur gebremst gewütet. Das duale System - eine deutsche Spezialität - blieb erhalten. Man hat zwar das schöne deutsche Wort „Lehrling" durch das Wortmonster „Auszubildender" ersetzt, sonst aber das System einigermaßen intakt gelassen. Es ist heute der einzige exportfähige Teil des deutschen Bildungswesens. Sowohl in Amerika wie in England studiert man unsere Berufsbildung mit großem Interesse.

Profitiert haben hauptsächlich die Lehrer. Das Eingangsgehalt des Grundschullehrers wurde gleich um mehrere Stufen angehoben. Die Zahl der Personen, die sich mit dem Titel „Professor" schmücken dürfen, hat sich schätzungsweise verdreifacht. Die Bildungsreformen waren Reformen von Lehrern für Lehrer. Und weil deren Interessen immer noch im Zentrum der Bildungspolitik stehen, droht auch dem letzten intakten Teilbereich, der dualen Berufsbildung, Gefahr. Will man nämlich die arbeitslosen Lehrer und die Flut der Lehramtsbewerber unterbringen, dann bietet sich dafür die totale

Verschulung der Berufsbildung als verlockende Möglichkeit an. Den Ländern fehlt dazu im Augenblick nur das Geld.

Ein Amerikaner, der unser Bildungswesen studierte und unsere bildungspolitische Diskussion verfolgte, käme aus dem Staunen nicht heraus. Dort setzen sich keine Kultusminister zusammen, um den Fächerkanon von Gymnasien zu beraten, den Hochschulzugang zu regeln, die Gehälter und Titel von Lehrern festzulegen. Ganz abgesehen davon könnten sie sich schon deshalb nicht in einer Ständigen Konferenz der Kultusminister treffen, weil es in den USA Kultusminister in unserem Sinne gar nicht gibt. Dort wären auch Verfassungsprozesse um den Inhalt des Faches „Geschichte" oder die Stimmrechtsverhältnisse in Hochschulgremien unvorstellbar. Niemand hat dort je eine Mängelliste erarbeitet oder Bundeseinheitlichkeit im Schul- und Hochschulwesen verlangt.

Der Unterschied zwischen dem deutschen und dem amerikanischen Bildungssystem ist sehr einfach: Dort gibt es noch gewisse Leistungsanreize, unverzerrten Wettbewerb und einige marktwirtschaftliche Steuerungselemente. Bei uns wurden sie beseitigt. Als ein so geringer Leistungsanreiz wie das Hörgeld der Professoren abgeschafft wurde, breitete sich prompt der Numerus clausus wie ein Buschfeuer aus - obgleich sich die Relation von Lehrkräften zu Absolventen ständig verbesserte. Das amerikanische Bildungssystem ist von einer marktwirtschaftlichen Organisation weit entfernt - aber unserer perfekten Bildungsplanwirtschaft ist es allemal hoch überlegen.

Blicken wir also zurück im Zorn. Hunderte von Bildungskonferenzen, Reformkommissionen, Ausschüssen, Räten, Referaten haben das Bildungswesen zwar bewegt, aber nicht weitergebracht. In all diesen Jahren hat man nie von Räten, Kommissionen und Konferenzen zur Reform des Automobilbaus gehört. Aber damals fuhren wir den NSU-Prinz, das BMW-700 Luxuscoupe, den Mercedes 180, den Opel-Olympia-Wagen, die, gemessen am heutigen Standard, langsam, anfällig, durstig und unsicher waren.

Nach all diesen Erfahrungen ruft der neue Bundesbildungsminister Möllemann nach mehr Zentralisierung - so, als ob nicht der Übelstand unseres Bildungswesens schon heute ein Übermaß an Zentralisierung und Bürokratisierung wäre. Zentralisierung bedeutet nicht, daß Fehler vermieden, sondern nur, daß sie vereinheitlicht werden und daß man sie anschließend - mangels Vergleichsmöglichkeit - nicht mehr als Fehler erkennen kann. Der Streit zwischen A- und B-Ländern ist das letzte kümmerliche Lebenszeichen aus der Bildungslandschaft.

Juni 1987

Freizeitverwaltung

Staat und Freizeitindustrie

Die Freizeitindustrie blüht. Kein Wunder: Dividiert man das Arbeitsvolumen durch die Gesamtzeit, die der Bevölkerung zur Verfügung steht, dann ergibt sich eine durchschnittliche Arbeitszeit von einer Stunde und 59 Minuten pro Tag. Das ist freilich auf 365 Tage im Jahr und vom Säugling bis zum Greis gerechnet. Auch wird weder die Arbeit der Hausfrauen noch Schwarz- und Hobbyarbeit gezählt. Der Durchschnittsdeutsche hat damit mehr Freizeit als der Durchschnittsbürger irgendeines anderen Staates der Welt.

Die Tendenz zu mehr Freizeit wird in den kommenden Jahren anhalten, insbesondere weil die Wochenarbeitszeit weiter sinkt. Die wichtigste Freizeitbeschäftigung der Deutschen, das Fernsehen, nimmt inzwischen zwei Stunden und 13 Minuten in Anspruch und damit fast eine Viertelstunde mehr als die Arbeit.

Da bleibt immer noch viel Zeit übrig, und davon bekommen fast alle Zweige der Freizeitindustrie etwas ab. Der Tourismus floriert; Museen und Theater haben steigende Besucherzahlen; Stadt-, Stadtteil- und Straßenfeste sprießen allenthalben neu aus dem Boden; die Kinos verdienen wieder; Spielsalons und Videotheken blühen; Freizeitparks sind zu einem wichtigen Gewerbezweig geworden. Tennis wird heute großenteils in kommerziell betriebenen Hallen gespielt.

Unter den Anbietern am Freizeitmarkt nimmt der Staat eine überragende Stellung ein. Die hat er allerdings nicht durch besondere unternehmerische Leistung erlangt. Einige Bereiche hat er schlicht monopolisiert. Glücksspiel ist bekanntlich unmoralisch, und deshalb dürfen Toto und Lotto, Spiel 77 und Dreierwette, Klassenlotterie und Roulette nur staatlich oder staatlich konzessioniert angeboten werden. Das ebenfalls staatliche Fernsehen macht dann für das Glücksspiel kostenlos in den Nachrichten Reklame.

Rundfunk und Fernsehen konnten wegen einer angeblichen Knappheit an Frequenzen nur staatlich betrieben werden. Der Laie hat sich darüber schon immer gewundert. In Japan und den USA konnte man schon seit Jahren zehn und mehr Programme empfangen. Nachdem technische Gründe weggefallen sind, hat der Staat seinen eigenen Anstalten eine sogenannte Bestands- und Entwicklungsgarantie gegeben. Sie erhalten von allen Fernsehern zwangsweise Gebühren und dürfen obendrein Werbung betreiben, wobei die private Konkurrenz in der Werbung beschränkt wird.

Auf anderen Gebieten ist es ähnlich. Private Leihbüchereien wurden durch massiv subventionierte öffentliche Bibliotheken verdrängt. Den Videotheken droht dasselbe Schicksal. Staatliche Theater spielen nur einen Bruchteil ihrer Kosten wieder herein. Mit dieser Konkurrenz kann kein Privater mithalten. Das gilt auch für Museen und Ausstellungen.

In den siebziger Jahren bauten viele Gemeinden sogenannte Kommunikationszentren. Das Geld dafür wurde oft genug dadurch aufgebracht, daß man vorhandene private Kommunikationszentren - die Kneipen - mit einer zusätzlichen Getränkesteuer belegte.

Das Bildungswesen, von der Volkshochschule bis zur Universität, ist mehr und mehr zu einem Teil der Freizeitindustrie geworden. Noch vor wenigen Jahren florierten an den Volkshochschulen die unmittelbar nützlichen Kurse: Englisch, Maschinenschreiben, Computerprogrammierung. Heute läuft Kunstgeschichte, Philosophie, Ikebana und französische Küche.

Dieses teilweise hoch-, teilweise vollsubventionierte Bildungswesen hat nur kleine Lücken für Private gelassen: Tanzschulen, einige Musikschulen, private Gymnasien.

In der staatlichen Kulturpolitik hat sich in den letzten Jahren einiges zum Besseren gewendet. Aber immer noch scheint für die öffentliche Hand Heinrich Spoerls Pädagogenspruch die Leitlinie für Kultur zu sein: „Bitter muß sie schmecken, sonst nützt sie nichts." Man vergleiche etwa ein Freilichtmuseum wie Williamsburg in Virginia mit dem Hessenpark bei Neu-Anspach. Beides sind historisch getreu nachgebildete Ortschaften. Aber in Williamsburg wird etwas geboten. Da arbeiten die Mitarbeiter des Museums in historischen Kostümen; sie schmieden, töpfern, backen, räuchern und verkaufen die Produkte an die Besucher. Da kann man George Washington und Thomas Jefferson agieren sehen. Im Hessenpark ist alles klinisch steril, und selbst im Freien ist das Rauchen verboten. Zwar wird auch hier hessisches Bauernbrot gebacken - nur nicht am Wochenende, wenn die Besucher kommen. Vermutlich ist Williamsburg rentabel und der Hessenpark ein Zuschußbetrieb. Gelegentlich gelingt es einem findigen Unternehmer, eine Lükke in der staatlichen Freizeitindustrie zu finden. So ist die Taunus Therme in Bad Homburg hochrentabel, obwohl sie unmittelbar neben einem hochsubventionierten öffentlichen Schwimmbad steht. Der Erfolg hat inzwischen viele Nachahmer gefunden, darunter auch Gemeinden.

Die Bundesrepublik ist ein hochentwickeltes Land mit einer reifen Wirtschaft. Die Freizeitindustrie ist wohl die größte und aussichtsreichste Wachstumsbranche. Aber da sie in weiten Bereichen vom Staat mit den Mittel des unlauteren Wettbewerbs beherrscht wird, sind ihre Entwicklungsmöglichkeiten gekappt.

Würde der Staat dieselbe Subventionssumme statt an eigene Betriebe nach leistungsfördernden Vorgaben an alle Anbieter vergeben, dann hätten wir ein blühendes Theaterwesen, ein vielgestaltiges Fernsehen, ein kräftig wachsendes Bildungswesen in Deutschland. Der Staat ist ein Klotz am Bein der aussichtsreichsten Wachstumsindustrie.

Juli 1987

Herrschaftsfreie Gesellschaft

Die Ausbreitung der Anarchie

In der Welt geschieht etwas historisch Unerhörtes: Die Anarchie breitet sich aus. Die öffentliche Diskussion beschäftigt sich mit Diktatoren und Demokratisierung. Sie klassifiziert die Herrschaftssysteme danach, ob und wie sie die Menschenrechte einhalten. Dabei sind in immer größeren Teilen der Welt weder die Menschenrechte noch überhaupt das Recht etwas wert. Es gibt vielerorts keine Regierung und keinen Staat mehr, die das Recht durchsetzen könnten.

Von Anarchie hat man in der Schule nichts gehört. Unsere Geschichte ist Herrschaftsgeschichte. Die Schüler müssen erst die römischen und dann die deutschen Kaiser pauken. Einen Hauch von Anarchie gibt es im Interregnum, aber selbst in der „kaiserlosen, der schrecklichen Zeit" waren die regionalen Gewalten der deutschen Fürsten intakt.

Die Anarchie ist schrecklicher als selbst eine grausame Diktatur. Aber es findet sich kein Ankläger, weil es keinen Angeklagten gibt, der die Macht mißbraucht hätte. Die meisten der Staaten, in denen die Regierungsgewalt kaum noch über die Hauptstädte hinausreicht, liegen in Afrika, südlich der

Sahara: Liberia, Sierra Leone, Guinea, Angola, Mocambique, Uganda. Im Norden Afrikas sind es der Sudan und Äthiopien, im Nahen Osten der Libanon, in Amerika Haiti. Auch dort, wo Kriege und Bürgerkriege geführt werden, zerbröckelt die Staatsgewalt oder sie wechselt mit dem Kriegsglück: wie etwa in Sri Lanka.

Der moderne Staat, wie wir ihn in Westeuropa, Nordamerika, Japan und Australien kennen, hat eine lange Geschichte. Die Menschen haben über Jahrhunderte die Denkhaltungen und Verhaltensweisen entwickelt, die eine Demokratie erst möglich machen. Die Identität von Volk und Siedlungsraum entstand bei uns vor fünfzehnhundert Jahren. Vorher waren die germanischen Völker Horden, die ihre Siedlungsgebiete wechselten. Die erste Vorstellung der Nation stammt aus dem 13. Jahrhundert, und ihre Symbolfigur ist Jeanne d'Arc. Zur Trennung von Eigentumsrechten und Hoheitsrechten kam es im Mittelalter.

Die Vorstellung, daß es einen Staat gäbe, der vom Haushalt des Königs verschieden sei, wurde von Ludwig XIV. noch barsch zurückgewiesen. Friedrich der Große wurde zur Leitfigur der intellektuellen Jugend Europas, als er sich zum ersten Diener des Staates erklärte. Die Idee des Rechtsstaats ist noch jünger. Auch sie wurde von Friedrich II. geschickt propagiert, wenngleich er sich selbst nicht immer daran hielt. Die Herrschenden waren bis vor zweihundert Jahren die Bewaffneten. Die Schweizer sind nicht seit fünfhundert Jahren bewaffnet, weil sie eine Demokratie hatten, sondern sie hatten eine Demokratie, weil das ganze Volk bewaffnet war.

Zur Zeit der Entkolonialisierung war der Entwicklungsstand sehr unterschiedlich. Indien war eine jahrtausendealte Hochkultur. In manchen afrikanischen Staaten war noch nicht einmal die Identität von Volk und Siedlungsraum hergestellt. Als die ehemaligen Kolonien selbständig wurden, gab es willkürlich festgelegte Staatsgrenzen. Sie umfaßten meist mehrere Völker, zerschnitten Völker. Neben die hergebrachten Autoritäten, die Stammeshäuptlinge, traten zwei neue Machtgruppen: die Offiziere der Landesarmee und eine neue, in Europa und in den Vereinigten Staaten ausgebildete schwarze Elite.

Die neuen Machteliten sahen in den Häuptlingen ihre eigentlichen Rivalen. Die Feindseligkeit dieser neuen Gruppen gegenüber der südafrikanischen Union beruht nicht allein darauf, daß die Menschenrechte mißachtet würden. Die Rechte der Schwarzen werden in den meisten sogenannten Frontstaaten nicht besser gewahrt als in Südafrika. Die Feindschaft beruht auf der Siedlungspolitik: Die südafrikanische Regierung verbündet sich mit den alten schwarzen Autoritäten, den Häuptlingen. Sie schafft in den Homelands selbständige Siedlungsgebiete für die einzelnen Stämme. Das Wort „Tribalismus", also Stammesverfassung, ist für die neue schwarze Elite zum schlimmsten Schimpfwort geworden.

In der Praxis sind die westlichen Staatsideale nicht mit der herkömmlichen Ordnung zur Deckung zu bringen. Das führt in weiten Teilen Schwarzafrikas zur Anarchie. Unsere heutigen Vorstellungen von Staat, Herrschaft, Recht, Demokratie haben sich in einem über tausendjährigen Prozeß entwickelt und mit ihr die Werte und Verhaltensweisen, die die Institutionen erst existenzfähig machen. Eine solche Entwicklung kann man nicht in einem historischen Schnellkursus von vierzig Jahren nachholen.

In Europa und Amerika war der Anarchismus einmal eine starke intellektuelle Bewegung. Es war die Lehre davon, daß der Staat absterben solle und müsse. Staatsphilosophen wie

Kropotkin und Bakunin ebneten dem Kommunismus in Rußland intellektuell den Weg. Auch Marx und Lenin hatten schließlich die staatslose, die herrschaftsfreie Gesellschaft versprochen. Der Anarchismus war über Jahrzehnte hinweg nur noch eine Fußnote in der Literatur. In der Studentenrevolution von 1968 wurde er wiedererweckt. An den Mauern fanden sich Inschriften wie „ni dieu, ni metre" („weder Gott, noch Meter") oder „Anarchismus ist machbar, Herr Nachbar". Die Ordnung durch herrschaftsfreien Diskurs blieb bis heute ein Lieblingsspielzeug mancher soziologischen und politologischen Seminare. Die Wissenschaftler sollten in Liberia, Hai oder Uganda Feldforschung betreiben. Sie würden das Gewaltmonopol des Staates zu schätzen lernen.

Oktober 1987

Die Intermediäre

Interessenvertretung

Die offene Gesellschaft, also die Verbindung von Demokratie in der Politik und Markt in der Wirtschaft, hat zwei geistige Wurzeln - die klassische englische Ökonomie und die politische Theorie der Französischen Revolution. Seitdem hat es einen vielfältigen wirtschaftlichen und sozialen Wandel gegeben, der die grundlegenden Ideen verformt hat. Der wichtigste Unterschied liegt darin, daß die Menschen heute ihre Interessen nicht mehr selbst wahrnehmen können. Sie brauchen Intermediäre, professionelle Mittler, um ihre Interessen zur Geltung zur bringen.

James Burnham hat diese Entwicklung vor rund vierzig Jahren in seinem Bestseller „Das Regime der Manager" dargestellt. Die Eigentümer der Unternehmen leiten diese nicht mehr selbst. Sie beauftragen einen Manager, ihre Interessen wahrzunehmen. Die Bürger können politische Angelegenheiten nicht mehr in Abstimmungen mit Mehrheit entscheiden. Sie wählen Abgeordnete, die mehr und mehr professionelle Politiker sind. Menschen mit gleichen Interessen schließen sich zu Verbänden und Gewerkschaften zusammen und bestellen einen Verbandsgeschäftsführer. Der einzelne handelt nicht mehr selbst und ganzheitlich, sondern durch Intermediäre und nach Einzelinteressen fraktioniert. Der Textilingenieur Erwin Meier wird als Bundesbürger vom Abgeordneten Dr. Führer, als Bürger von Niedersachsen von Frau Pimpel-Mutz, als Einwohner von Goslar von Herrn Eigen-Nutz, als Arbeitnehmer von der Gewerkschaft Textil/Bekleidung und vom Betriebsrat, als Ingenieur vom Verein Deutscher Ingenieure, als Zahnpastabenutzer von den Verbraucherverbänden, als Steuerzahler vom Bund der Steuerzahler, als Genosse der Volksbank Goslar vom Vorstand vertreten etc.

Die offene Gesellschaft ist keine spontane Ordnung, sondern eine raffinierte Konstruktion. In einem wohlorganisierten Unternehmen sind die Interessen gleichgerichtet: Ein Angestellter, der mehr leistet, bekommt auch ein höheres Gehalt, oder er wird befördert. Nach dem gleichen Prinzip ist die offene Gesellschaft gebaut. Wer seinen eigenen wohlverstandenen Interessen folgt, der dient - ob er das weiß oder nicht - dem gemeinen Wohl. Gleichrichtung von Gemeinwohl und Eigennutz wird durch Institutionen wie Eigentum, Vertragsfreiheit, Abstimmung und Wahl vermittelt.

Intermediäre sind in diesem Idealmodell nicht vorgesehen. Nur dann, wenn sie genauso handeln, wie der einzelne Vertretene handeln würde, wären die Ergebnisse gleich. Das aber ist ganz unmöglich. Die Abwägung, die Erwin Meier in seiner eigenen Brust vornehmen muß, findet zwischen den Verbänden nicht mehr statt. Hier geht es nur noch darum, wer sich durchsetzt. Und da Verbraucherinteressen schwerer organisierbar sind als Berufsinteressen, haben diese die höhere Durchsetzungschance. Nicht die Interessen des Erwin Meier werden wahrgenommen, sondern nur deren organisierbarer

Teil. Den Interessenvertretern geht es darum, Vorteile für ihre eigene Klientel herauszuholen, nicht aber Vorteile anderer Gruppen zu verhindern. Wenn es der Gruppe der Handelsvertreter gelingt, einen Vorteil zu erreichen, dann müssen alle anderen Gruppen das bezahlen. Aber dieser Nachteil ist für alle anderen so gering, daß es sich nicht lohnt, dagegen zu kämpfen. Die Centralvereinigung Deutscher Handelsvertreter- und Handelsmakler-Verbände kommt gegen die überwiegende Mehrheit zum Erfolg, weil weder der Deutsche Bauernverband noch der DGB oder die Union der Leitenden Angestellten es der Mühe wert finden, den Handelsvertretern entgegenzutreten. Am Ende holt jeder Interessenverband Vorteile für seine Mitglieder heraus. Da aber alle zusammen alles bezahlen müssen, ist am Ende jeder schlechter dran, als wenn keiner seine Interessen hätte durchsetzen können: Die Volkswirtschaft insgesamt wird weniger leistungsfähig.

Hinzu kommt das, was in den Wirtschaftswissenschaften seit einigen Jahren als Principal-agent-Problem diskutiert wird. Die Intermediäre vertreten gar nicht die Interessen ihrer Auftraggeber, sondern ihre eigenen. Eine zuverlässige Kopplung der Interessen von Vertretern und Vertretenen gelingt aber nicht. Im Modell nimmt der Politiker die Interessen der Bürger deshalb wahr, weil er wiedergewählt werden möchte. Weil aber alle vier Jahre gewählt wird, neigt der Politiker zu Entscheidungen, deren Wohltaten in der laufenden Legislaturperiode merkbar werden, deren Lasten aber weit in die Zukunft verschoben sind. Deshalb macht der Staat Schulden, anstatt die Ausgaben über Steuern zu finanzieren, oder er verspricht den Bürgern großzügige Renten in der Zukunft, die dann, wenn die Zukunft Gegenwart geworden ist, nicht mehr bezahlt werden können.

Das Demokratiemodell der Französischen Revolution zeigt allenthalben Verwitterungserscheinungen. Als Ludwig Erhard - unter dem Schlagwort „formierte Gesellschaft" - vorschlug, über unser Demokratiemodell neu nachzudenken, erntete er Hohn und Spott. Dabei liegt ein ganz anderes Demokratiemodell vor unserer Haustür. In der Schweiz ist abseits der Entwicklungen in Frankreich und England aus der Eifersucht der Regionen, dem Selbstbehauptungswillen der Sprachgruppen und teilweise in blutigen Kämpfen ein Staatswesen entstanden, das offenbar die Herausforderungen unserer Zeit besser meistert: Eine extreme Dezentralisierung politischer Entscheidungen wirkt der Verfälschung der Interessen entgegen; das Prinzip der ewigen Regierung vermeidet die Hektik und Kurzsichtigkeit, die alle anderen modernen Demokratien befallen haben. Vor einigen Jahren strebten viele Schweizer noch eine Generalvision ihrer Verfassung an. Sie erschien ihnen, gemessen an anderen Ländern, als veraltet. Heute meinen viele Ausländer umgekehrt, die Schweiz sei der einzige wirklich moderne Staat.

Januar 1988

Ein Volkswirt für den Papst

Die kirchliche Soziallehre

Im Vorfeld der IWF-Tagung in Berlin ist die Debatte um die moralische Rechtfertigung der Wirtschaftsordnungen und der Entwicklungshilfe neu aufgeflammt. Kirchliche Kreise stützen sich in ihrer ethischen Verurteilung ausdrücklich auf die jüngste Enzyklika Papst Johannes Paul II.: „Sollicitudo rei socialis". Dort wird in SR 43 ausdrücklich eine Reform des Weltwirtschafts- und -finanzsystems gefordert.

Der Papst betont an mehreren Stellen der Enzyklika ausdrücklich, daß es nicht Aufgabe der Kirche sein könne, konkrete Problemlösungen vorzuschlagen, daß ihr Amt vielmehr nur die moralische Wertung sei. In dieser ethischen Abwägung kann die Kirche auch durch keine Wissenschaft ersetzt werden. Der Wissenschaftler kann Zusammenhänge aufzeigen, Naturgesetze oder soziale Gesetze erforschen. Er kann aber aus seinen Erkenntnissen keine Handlungsweisen ableiten. Wenn man etwa weiß, wie man Atome spalten und dabei Energie gewinnen kann, so folgt daraus nicht, daß man Kernkraftwerke bauen soll. Wenn man Gene manipulieren kann, dann ist daraus nicht abzuleiten, daß man auch Gene manipulieren soll. Kurz: Aus der Erkenntnis über das Sein folgt keine Erkenntnis über das Sollen. Der Papst als moralische Autorität weit über die Grenzen der katholischen Kirche hinaus, muß sich also auch zu ganz konkreten politischen Fragen äußern.

Die moralische Autorität alleine läßt freilich nur ganz einfache Urteile zu. „Du sollst nicht töten" oder „Du sollst deine Nächsten lieben" sind solche ethischen Elementarurteile. In den meisten Fällen allerdings setzt die moralische Wertung eine Klärung des Sachzusammenhangs voraus. Der Satz „Du sollst keine Kernkraftwerke bauen" ist offenbar als Werturteil unsinnig, wenn es keine Erkenntnisse über die Wirkungsweise von Kernkraftwerken gibt.

Der Moralphilosoph John Rawls hat sich denn auch in seinem einflußreichen Werk „Eine Theorie der Gerechtigkeit" jeder Empfehlung eines konkreten Wirtschafts- und Sozialsystems enthalten. Er stellt lediglich ein ethisches Prinzip, das sogenannte Differenzprinzip, auf und postuliert, daß eine Wirtschaftsordnung nur dann moralisch gerechtfertigt sei, wenn sie diesem Differenzprinzip gehorche. Wie ein solches System zu schaffen sei, so Rawls, sei Sache der Fachleute.

Der Papst geht da erheblich weiter. Er stellt ausdrücklich fest: „Das Recht auf Privateigentum ist gültig und notwendig" (SR 42), und er kritisiert, daß „das Recht auf unternehmerische Initiative unterdrückt wird" (SR 15): Also, so muß der Fachmann schließen, fordert der Papst im Prinzip eine marktwirtschaftliche Ordnung. Denn nur in der Marktwirtschaft gibt es Privateigentum und Unternehmerfreiheit. Um so erstaunter ist der Leser der Enzyklika, daß in SR 21 eine Distanzierung sowohl vom „liberalistischen Kapitalismus" als auch vom „marxistischen Kollektivismus" erfolgt und daß er beiden in SR 41 die kirchliche Soziallehre als überlegen gegenüberstellt.

Diese Distanzierung von beiden Wirtschaftsordnungen verblüfft nicht nur deshalb, weil die Zentralelemente der Marktwirtschaft ausdrücklich als notwendig bezeichnet werden, sondern auch wegen der beklagten Folgen falscher Strukturen. So etwa wird das Elend der Flüchtlinge beklagt. Da darf man doch nicht übersehen, daß der Flüchtlingsstrom immer nur eine Richtung hat: Niemand flieht aus den Ländern des „liberalistischen Kapitalismus", sondern immer nur in diese Länder. So wird die Achtung der Menschenrechte gefordert - aber auch diese Rechte sind heute nur in den westlichen Industrieländern gewährleistet.

An mehreren Stellen der Enzyklika ist von „Strukturen der Sünde" die Rede, die die gleichmäßige Entwicklung aller Völker behindern, die zu Armut, Analphabetismus, geringer Lebenserwartung bei den einen, zu Konsumprotzerei bei den anderen führen. Diese Fakten sind nun allerdings beklagenswert - aber man möchte doch gerne etwas darüber erfahren, was denn mit den „Strukturen der Sünde" konkret gemeint sei.

Vier davon werden benannt. Das internationale Handelssystem diskriminiere die Produkte der Entwicklungsländer und entmutige die Produzenten von Rohstoffen, und außerdem verkauften die Multis billige Erzeugnisse der Entwicklungsländer in anderen Teilen der Welt mit beträchtlichem Gewinn. Das Weltwährungssystem weise übermäßige Fluktuationen der Wechselkurse und Zinsen zum Nachteil der Entwicklungsländer auf. Den Entwicklungsländern würden notwendige Technologien verwehrt oder nutzlose angeboten. Es müsse geprüft werden, ob die internationalen Organisationen noch wirklich die ihnen aufgetragenen Aufgaben erfüllen.

Das ist ein merkwürdiges Sammelsurium. Es ist richtig, daß die Entwicklungsländer in vielfacher Weise durch Einfuhrbeschränkungen der Industrieländer gehemmt werden. Solche Hemmnisse sind nicht nur unzweckmäßig, sondern, wie der Papst sagt, auch unmoralisch. Also weg mit dem Welttextilabkommen, dem Multifaserabkommen et cetera. Aber warum werden die Produzenten von Rohstoffen entmutigt? Warum sollen die Multis nicht billige Produkte der Entwicklungsländer kaufen und teuer verkaufen? Sie helfen damit nicht nur sich selbst, sondern auch den Entwicklungsländern. Die einzigen offiziellen Barrieren für den Technologietransfer (und nur von Institutionen ist im Text die Rede) sind die Cocom-Liste und das Non-Proliferation-Abkommen. Und schließlich die flexiblen Wechselkurse: Dieses Weltwährungssytem hat sich als Fehler erwiesen - aber auch als Sünde?

Hier laufen moralische Urteile mit Sachurteilen zusammen. Der Papst leitet die Enzyklika damit ein, daß er sich auf den Beistand des Heiligen Geistes beruft. Vielleicht hätte er auch einen ganz ordinären Volkswirt zu Rate ziehen sollen.

September 1988

Bangemachen gilt

Technikfeindlichkeit

Gespräch zwischen zwei Steinzeitmenschen in einer Karikatur. Erster Sprecher: „Wie gut haben wir es doch, wenn wir an unsere Nachkommen denken. Wir trinken klares Quellwasser; unsere Nahrung ist nicht mit Fungiziden, Herbiziden, Pestiziden belastet und die Luft, die wir atmen, nicht mit Stickoxiden, Kohlenmonoxid, Schwefeldioxid." Zweiter Steinzeitmensch: „Warum leben wir dann nur 35 Jahre?"

Wer in unserer Gesellschaft heute die Technik lobt oder an den Fortschritt glaubt, der muß sich von unseren intellektuellen Eliten belehren lassen, daß er die Zeit verschlafen habe, daß er immer noch einem naiven Fortschrittsglauben huldige, einer unkritischen Technikgläubigkeit verfallen sei. Das klingt so, als seien wir inzwischen aus Erfahrung klüger geworden, als sei der frühere Glaube an Technik und Wissenschaft an den Fakten gescheitert. Sucht man dann nach solchen Fakten, dann findet man sie nicht. Die großen Geißeln früherer Generationen - Pest, Cholera, Ruhr - beruhten auf Umweltverschmutzung. Sie sind ausgestorben. Am Anfang der Stahlerzeugung stand der Puddelofen. Er emittierte so giftige Gase, daß nur wenige Stahlarbeiter das vierzigste Lebensjahr erreichten. Trotzdem gab es nie Arbeitermangel: Die Not zwang die Leute, sogar solche Arbeit anzunehmen. Um die Jahrhundertwende gab es mehr tote Flüsse in Deutschland als heute. Ein Leben mit 1600 Stunden Arbeit im Jahr und einer Pensionierung mit knapp 59 Jahren - das mittlere Rentenzugangsalter - wäre den Arbeitern um 1900 als Paradies erschienen. Die so geschmähte Kernenergie hat, Tschernobyl eingeschlossen, die beste Sicherheits- und Umweltbilanz aller Energieformen. Wir leben, arbeiten, essen heute gesünder und ungefährlicher als jede Generation vor uns, und deshalb leben wir auch länger. Kurz: Der Glaube an den Fortschritt und das Vertrauen auf die Technik waren nicht naiv. Sie haben sich bewährt.

Ein anderer Glaube dagegen hat sich als falsch erwiesen - der Glaube Jeremy Benthams und vieler seiner Zeitgenossen, daß wachsender Wohlstand zu immer größerem Glück der Menschen oder - bei Charles Fourier - zum Glück der Menschen und aller Tiere führen müsse. Zwar haben Wissenschaft und Technik den Menschen ihre alten und realen Sorgen großenteils abgenommen, statt dessen produzieren wir selbst neue und irreale. Alle Wochen gibt es neue Skandale, die dem Unkundigen signalisieren, daß er ständig von Lebensgefahren umstellt sei. Überall wimmelt es von unverständlichen, aber bedrohlichen Bezeichnungen: Formaldehyd und Becquerel, Hormone und Stickoxide, schwefelige Säure und Salmonellen, Dioxine und Furane. Unser Leben scheint vergiftet zu werden.

In Wirklichkeit ist jeder Stoff giftig. Zwei Liter destilliertes Wasser sind genauso tödlich wie 200 Gramm Kochsalz. Die Degussa veröffentlichte kürzlich die bemerkenswerte Tatsache, daß eine Himbeere keinerlei Chance hätte, als Arzneimittel zugelassen zu werden. Sie ist, gemessen an unseren derzeitigen Standards, viel zu giftig. Der menschliche Körper müßte eigentlich als radioaktiver Abfall beseitigt werden, weil er das strahlende Element Kalium enthält. Radioaktives Molkepulver und radioaktiver Spinat führten zu Hysterien, obgleich man von beidem schon einen halben Zentner hätte essen müssen, bevor Strahlenschäden eingetreten wären. Hormone im Kalbfleisch oder Glykol im Wein mögen wenig appetitlich sein; gefährlich sind beide nicht.

Allein die Methoden, mit denen die Giftigkeit, die mutagenen oder karzinogenen Eigenschaften einer Substanz heute geprüft werden, lassen wissenschaftlich kaum Schlüsse zu. Da injiziert man einer armen Ratte die tausendfache Dosis, die ein Mensch zu sich nimmt, oder man setzt das Tier tagelang den Abgasen von Dieselmotoren aus. Stirbt die Ratte, dann wird der Stoff für giftig erklärt, oder man äußert den Verdacht, er sei krebsfördernd. So gemessen besteht fast die ganze Welt aus Giften. Die Angst, in die man Menschen jagt, wird für ihre Gesundheit viel gefährlicher als die Gifte selbst. Aber das Bangemachen gilt bei uns als gesellschaftlich wertvolles Verhalten.

Die Entwicklung ist nicht nur bedauerlich. Sie ist gefährlich. Hier wird unter dem Deckmantel notwendiger und achtenswerter Ziele wie Umwelt- und Verbraucherschutz Angst und Hysterie geschürt. Damit wird für den Umweltschutz nichts Gutes erreicht. Hat es sich erst einmal herumgesprochen, wie harmlos manche der aufgeblähten Skandale waren, dann finden auch Nachrichten, die wirklich zur Sorge Anlaß geben, keine Aufmerksamkeit mehr. Hier wird so oft „Wolf, Wolf“ gerufen, daß schließlich keiner mehr an den Wolf glaubt.

Noch schlimmer ist die Verquickung von Umweltschutz einerseits sowie Technik- und Systemfeindlichkeit andererseits.

So wird der Eindruck erweckt, Profitstreben und Marktwirtschaft würden zur Umweltzerstörung führen - obgleich doch jeder Sachkenner weiß, daß es in Ländern mit anderer Wirtschaftsordnung um den Umweltschutz weit schlechter bestellt ist. Smogalarm gibt es bei uns dann, wenn der Wind aus dem Osten kommt und schließlich bei uns still steht. Wachstum und technischer Fortschritt gehen heute fast durchgehend mit größerer Umweltverträglichkeit einher: Alte Anlagen produzieren schmutziger als neue. Der Wandel zur Dienstleistungsgesellschaft entlastet die Umwelt.

Die Technikfeindlichkeit ist eine alte Attitüde des deutschen Bildungsbürgertums. Nur in Deutschland wurde abwertend von bloß technischer Zivilisation im Gegensatz zur wirklichen Kultur gesprochen. Nur in Deutschland galt technische Ignoranz als Zierde. Die progressiven Enkel haben die Werthaltung ihrer konservativen Großeltern übernommen - und ihre Ignoranz dazu.

Oktober 1988

Der Student als Kunde

Der Niedergang der Universität

Im Altertum und im Mittelalter sammelten sich die Studenten um einen Professor, der aus einer Handschrift eine Vorlesung hielt. Dieser vorgelesene Text wurde von den Schülern nachgeschrieben und zu Hause dann studiert. Inzwischen wurden die Buchdruckerkunst und die Fotografie, der Tonfilm und der Computer erfunden, aber noch immer halten die Professoren Vorlesungen, die von Studenten nachgeschrieben und zu Hause studiert werden.

Kein Fortschritt also gegenüber dem Mittelalter? Weniger als das: In der Hochschulorganisation bleibt die moderne deutsche Universität weit hinter ihrer mittelalterlichen Vorläuferin zurück. Im Mittelalter mußten die Professoren von den Studiengebühren ihrer Hörer leben. Ein regelmäßiges Beamtengehalt bekamen sie nicht. Jeder mußte sich nach Kräften anstrengen, um seinen Studenten etwas zu bieten. Der Student war Kunde und damit König.

Albertus Magnus soll den Neid seiner Kollegen in Paris erweckt haben, weil er so viele Studenten hatte. Er las daraufhin zum noch größeren Verdruß seiner Kollegen unter freiem

Himmel, wo nicht kontrolliert werden konnte, ob die Hörer ihre Gebühren bezahlt hatten. Damit hat er seinen Ruf als Wohltäter begründet. Der Platz, auf dem er las, heißt bis heute „Place Metrabert“, eine Verstümmelung von „Maitre Albert“. Platon war nicht nur ein schon zu seiner Zeit berühmter Philosoph, sondern auch ein erfolgreicher Universitätsgründer. Hätte er seine Neigung zu politischen Intrigen unterdrücken können, so wäre er wohl als Bildungsunternehmer reich geworden.

Nach dem Zweiten Weltkrieg gab es an deutschen Universitäten noch einen schwachen Leistungsanreiz in der Lehre: Die Professoren bekamen ein Kolleggeld von 2,50 Mark pro Student und Wochenstunde. Dieser Leistungslohn ist dann der Bildungsreform zum Opfer gefallen. Er wurde pauschaliert, also von der Zahl der Studenten unabhängig. Kaum war er abgeschafft, da griff der Numerus clausus wie ein Buschfeuer um sich, da ging das Lehrangebot drastisch zurück, und trotzdem nahmen die sachlichen und zeitlichen Überschneidungen zu. Bis dahin wollte jeder Hochschullehrer Kolleggeld verdienen. Er wählte deshalb den Stoff und die Zeit seiner Lehrveranstaltungen so, daß es zu möglichst geringen Überschneidungen mit Kollegen kam. Der Numerus clausus wäre damals auf den geschlossenen Widerstand des Lehrkörpers gestoßen. Heute gibt es keinerlei materiellen Anlaß mehr zur Lehre. Insoweit ähnelt die Universität einer Zentralplanwirtschaft, nur leider ohne zentrale Planung. Die Ergebnisse sind entsprechend. Der deutsche Student legt sein Examen ein bis zwei Jahre später ab als seine französischen, englischen oder amerikanischen Altersgenossen.

Dafür liegen die Ausbildungskosten pro Absolvent weit höher, bis zum Doppelten führender Auslandsuniversitäten. Alle meßbaren Indikatoren zeigen, daß die deutsche Wissenschaft ihren einstmals führenden Rang eingebüßt hat. An den Deutschen kann das nicht liegen: Die Bundesrepublik Deutschland kann stolz sein auf ihre Nobelpreisträger. Von denen kam allerdings keiner von einer deutschen Universität. Sie arbeiteten in den Vereinigten Staaten von Amerika oder an amerikanischen Forschungsstätten oder zumindest an universitätsunabhängigen deutschen Instituten.

Über die Hochschulreform ist in Hunderten von Komitees, Ausschüssen, Konferenzen beraten worden, ohne daß sich irgend etwas gebessert hätte. Bei Automobilen oder Unterhaltungselektronik hat man nie etwas von Reformausschüssen und Fortschrittskonferenzen gehört. Der Markt und der internationale Wettbewerb haben die Entwicklungskräfte stimuliert. An den Universitäten dagegen hat man alle Motivationen zur Veränderung abgetötet. Man stelle sich vor, die Universitäten wären eine private Industrie mit Hochschulaktiengesellschaften und Universitätskonzernen. Ihre Aktien würden heute einen Boom erleben. Anstelle von Klagen über den Studentenberg gäbe es Frohlocken. Solche Unternehmen müßten die Ausbildungsmethoden ständig fortentwickeln.

An die Stelle von Vorlesungen wären längst programmierte Computerkurse getreten, mit deren Hilfe ein Student in einem Bruchteil der Zeit sein Wissen erwerben und üben könnte. Und diesen Bruchteil der Zeit könnte er sich überdies nach eigenem Gusto einteilen. Es gibt wohl nichts Paradoxeres als den Professor der Betriebswirtschaftslehre, der mittwochs von 10 bis 12 Uhr über die Flexibilisierung der Arbeitszeit liest.

An solchen Hochschulen brauchten die Studenten auch nicht zu protestieren. Sie würden einfach, wenn sie unzufrieden sind, eine andere Universität wählen. Dort würden sie auch nicht als unwillkommene Eindringlinge mit dem Numerus clausus verscheucht, sondern als neue Kunden freudig willkommen geheißen. Wettbewerb ließe sich selbst zwischen staatlichen Hochschulen organisieren. Anstatt daß die Länder die Kosten unmittelbar tragen, könnten sie den Studenten Gutscheine geben. Die Universität müßte sich durch Studiengebühren finanzieren. Sie könnte die Bildungsgutscheine bei der Staatskasse einlösen.

Auf diese Weise würden jahrzehntelang verschüttete Entwicklungskräfte freigesetzt, zur Qualitätssteigerung wie zur Kostensenkung. Die Bundesländer könnten viel Geld sparen.

Nach den Fehlentwicklungen der siebziger Jahre brauchen wir eine echte Bildungsreform, sonst wird es in einigen Jahrzehnten im Ausland heißen: „Dumm wie ein Deutscher“. Auf Dauer ist die Leistung des Bildungswesens für ein Land wichtiger als die Investitionsquote oder die Geldwertstabilität.

Januar 1989

Kerzenmacher sind eine fromme Zunft

Über Kriminalität

Man hat noch nie gehört, daß ein deutscher Professor wegen Einbruchs verurteilt worden wäre. Wäre die Kriminalität der Professoren ebenso hoch wie im Durchschnitt der Bevölkerung, so müßten rund 80 Einbrüche pro Jahr auf ihr Konto gehen. Man kann nun mehrere Hypothesen darüber aufstellen, warum kein Gelehrter hinter Gittern sitzt. Erste Hypothese: Professoren sind so ungeschickt, daß sie nicht wissen, wie man einbricht. Zweite Hypothese: Professoren sind besonders tugendhaft. Dritte Hypothese: Professoren brechen zwar ein; sie sind aber so schlau, daß sie sich nicht erwischen lassen. Keine davon ist überzeugend.

Folgt man der amerikanischen Kriminalökonomie, dann sind Professoren deshalb so gesetzestreu, weil sich Verbrechen für sie nicht lohnt. Verglichen mit ihrem Einkommen ist die Beute gering und die Strafe schwer. Das Gefängnis trifft den Professor viel härter als den Landstreicher, und überdies verliert er eine recht gut dotierte Position samt Pensionsanspruch. Ludwig Thoma hat das im „Briefwechsel eines bayerischen Landtagsabgeordneten“ klar gesehen: Die Kerzenmacher sind eine fromme Zunft, nicht weil sie der Beruf nahe an Gott heranführt, sondern weil die Kirche ihr bester Kunde ist.

Der „Stern“ hat kürzlich eine verdienstvolle Untersuchung über die regionale Verteilung der Kriminalität in Deutschland veröffentlicht. „Die Mainlinie“, so der „Stern“ „trennt nicht nur Süd- von Norddeutschland, sie zieht sich auch wie eine Grenze durch die Kriminalstatistik.“ Im Norden ist die Kriminalität hoch, im Süden niedrig. Das stimmt nicht ganz. Wo der Main innerhalb Bayerns verläuft, da gibt es auch nördlich wenig Straftaten, wo er Hessen durchschneidet, da häuft sich die Kriminalität auch im Süden. Man kann nun die Hypothesen durchbuchstabieren wie man will - weder Verstädterung noch Religionszugehörigkeit, weder Wohlstand noch Ausländeranteil können die Differenz erklären. Auch die Mentalität gibt wenig her: Wären Schwaben, Bayern, Franken und Badenser braver als Hessen, Niedersachsen oder Hamburger, dann müßte man zwar einen Unterschied feststellen. Es wäre aber unerklärlich, warum die Kluft im Zeitablauf immer größer geworden ist.

Es gibt nur eine vernünftige Erklärung: Polizei und Justiz sind in Baden-Württemberg und in Bayern leistungsfähiger als in anderen Bundesländern. Einen Teil der Bestätigung liefert der „Stern“ mit: Die Aufklärungsquoten liegen in Baden-Württemberg und Bayern deutlich höher als in den nördlichen Bundesländern. Als aufgeklärt gilt eine Straftat dann, wenn die Polizei einen Tatverdächtigen präsentiert. Von diesen Tatverdächtigen werden in Baden-Württemberg 70 Prozent und in Bayern 60 Prozent verurteilt, in Hessen waren es nur 53 Prozent und in Hamburg lediglich 41 Prozent. Entweder hat also die Polizei in Hessen und Hamburg schlampig gearbeitet, oder aber die Richter sind dort im Umgang mit Verbrechern besonders entgegenkommend.

Das Verbrechen ist im Norden eben lohnender als im Süden. Die Wahrscheinlichkeit, erwischt zu werden, ist geringer, und wenn, dann wird man seltener - und wohl auch milder - verurteilt. Im Zeitablauf ergibt sich das gleiche Bild. Im Jahre 1987 gab es über 4,4 Millionen Straftaten, zweieinhalbmal soviel wie 1970. Die Aufklärungsquote sank in diesem Zeitraum von 53 Prozent auf 44 Prozent. Diese Zahl täuscht allerdings: In fast der Hälfte der Fälle bekommt die Polizei den Täter gleich mitgeliefert. Dort, wo die Aufklärungsquote besonders niedrig ist, bei Einbruch und schwerem Diebstahl - um 18 Prozent -, da sind die Straftaten auch besonders stark gestiegen - auf das Vierfache seit 1970. Verbrechen ist eben eine Frage der Rentabilität. Wenn man Beute und Strafe abwägt, dann ist die Rendite in Hamburg höher als in Bayern, dann ist der Einbruch rentabler als der Mord, ist die Beute im Zeitablauf gestiegen, die Strafe und die Wahrscheinlichkeit, sie zu verbüßen, aber gesunken. Wenn man die Kriminalität wirksam bekämpfen will, dann muß man ihre Rendite senken, also die Aufklärung verbessern, die Strafen erhöhen und den Strafvollzug weniger angenehm machen.

Die derzeit herrschende Mode will davon nichts wissen. Mit Ausnahmen allerdings. Sobald es sich um die Untaten der Nazis, die Umweltverschmutzung oder den Export von Waffen handelt, nehmen dieselben Leute, die sonst der Strafverfolgung alle herumliegenden Knüppel in den Weg werfen, genau die entgegengesetzte Haltung ein. Da werden die Verjährungsfristen ganz hurtig aufgehoben, die Gesetze flugs verschärft und die Strafverfolgungsbehörden im Handumdrehen aufgestockt. Recht so - nur wenn die Strafe fühlbar und die

Entdeckung der Straftat wahrscheinlich ist, bleibt die Kriminalität niedrig. Das gilt freilich allgemein, nicht nur für Gewässerverschmutzung und den Export von Giftgasfabriken, sondern auch für Einbruch, Demonstrationsstraftaten, Hausbesetzungen, Rauschgiftschmuggel oder Nötigung. Bei der Umwelt- und Exportkriminalität zeigt sich lediglich, daß die schwarzen Schafe gleichmäßig auf die Berufsstände verteilt sind, daß ebenso viele Unternehmer wie Clochards Straftaten begehen, wenn sie sich nur lohnen.

Beim Waffenexport zeige sich die häßliche Seite liberalen Wirtschaftens, meinen unsere progressiven Moralisten. Es liegt also wieder einmal am System. Aber die liberale Bundesrepublik exportiert ein Vielfaches der Sowjetunion an Autos und Maschinen, jedoch nur ein Achtel der Waffen. Der einzige russische Markenartikel, den die ganze Welt kennt, heißt Kalaschnikow und ist eine Maschinenpistole.

Februar 1989

Triumph des Marktes

Über Organisationsformen

Alle Organisationsformen haben einen Zweck: Sie sollen die Entscheidungen und Arbeiten vieler einzelner so koordinieren, daß ein möglichst gutes Gesamtergebnis dabei herauskommt. Das ist die prosaische Aufgabe, an der Weltanschauungen entstanden, um derentwillen Revolutionen ausgebrochen sind. Liberalismus, Sozialismus, Kommunismus, Anarchismus mit all ihren Varianten sind Organisationslehren.

Die radikalen Anarchisten glaubten, man brauche weder Staat noch Markt, die Gesellschaft werde sich spontan organisieren. Die Altliberalen verfochten den Minimalstaat: Es reiche aus, wenn der Staat Eigentumsrechte definiert und durchsetzt. Dann kommt es wiederum spontan zur Entwicklung eines Marktes, der die Arbeit des einzelnen optimal koordiniert. Dem Kommunismus schwebte eine Organisationsform vor, wie man sie noch heute in Schwarzafrika in Stammesverfassungen vorfindet: Jeder setzt sich nach Kräften für die Gemeinschaft ein, und er erhält dafür von der Gemeinschaft, was er braucht. Karl Marx hat das zur Zentralformel des Kommunismus verdichtet: „Jeder nach seinen Fähigkeiten, jedem nach seinen Bedürfnissen“.

In der Wissenschaft unterscheidet man heute zwei Grundtypen der Organisation - die zentralisierte Organisation oder Hierarchie und die dezentralisierte, den Markt. Alle realen Formen sind irgendwo dazwischen angesiedelt. Es gibt weder den reinen Markt noch die reine Hierarchie (oder Bürokratie). Wäre etwa der Markt stets der Hierarchie überlegen, dann dürfte es keine Fabriken geben. Dann gäbe es Handwerker, die beispielsweise Oberleder stanzen. Sie würden die Stanzteile an einen Oberlederschärfer verkaufen und dieser wiederum an den Oberschuhmacher et cetera. Statt dessen finden wir eine Schuhfabrik, in der das Stanzen, Schärfen, Nähen, Kleben durch Arbeitsablauf- und Maschinenbelegungspläne koordiniert wird. Anscheinend ist die hierarchische Organisationsform „Fabrik“ dem Markt überlegen.

Die industrielle Revolution brachte nicht etwa die Marktwirtschaft zur Blüte - vielmehr wurde in großem Umfange Markt durch Hierarchie verdrängt. Aus dem selbständigen Handwerker wurde der weisungsgebundene Fabrikarbeiter. Die Fabriken wurden immer größer, und sie schlossen sich zu Konzernen und Kartellen zusammen. Der Untergang der Marktwirtschaft im Monopolkapitalismus wurde nicht nur von Sozialisten und Kommunisten, sondern auch von bürgerlichen Wissenschaftlern prognostiziert

Die Prognosen haben sich nicht erfüllt. Wir erleben inzwischen seit Jahrzehnten eine Marktrevolution: Hierarchie wird durch Markt verdrängt. Am deutlichsten wird das, wenn man den Schleier der Rechtsperson von Großunternehmen lüftet und die Organisationsstrukturen innerhalb des Konzerns untersucht. Ehemals unselbständige Abteilungen agieren immer unabhängiger. Sie werden zu Divisionen und Profitcentern, und diese organisatorischen Einheiten werden immer kleiner. Moderne Kreditinstitute behandeln heute ihre Sparten oder Filialen so, als wären sie selbständige Banken. Wo früher im Einzelhandel oder im Gaststättengewerbe der Filialbetrieb dominierte, da wird er heute durch das Franchise-System verdrängt. Aus dem Filialleiter wird ein selbständiger Kaufmann.

Vor einem Jahrhundert entstanden in großem Umfang Kooperationsformen, die das Ziel hatten, den Nachteil der Kleinheit auszugleichen. Da waren Einkaufs-, Verwertungs-, Produktions- und Kreditgenossenschaften, aber auch beispielsweise die Sparkassenorganisation. Diese hybriden Organisationsformen zwischen Markt und Hierarchie stecken heute in Problemen. Die Sparkassen können heute überschüssige Gelder am Markt oft günstiger anlegen als bei den Landesbanken, und sie können sich auch deren sonstige Dienstleistungen anderswo kaufen. Der Zusammenhalt der Organisation - früher aus der wirtschaftlichen Notwendigkeit selbstverständlich - muß heute mit immer neuen Appellen an die Verbandssolidarität gekittet werden. Genossenschaften unterscheiden sich heute in ihrem Geschäftsverhalten fast nicht mehr von normalen Betrieben. An die Stelle der Einkaufs- oder Verwertungsgenossenschaft kann heute ebensogut ein Großhändler, an die Stelle der Kreditgenossenschaft eine Sparkasse oder Großbank treten. Viele große Genossenschaften haben schon mit dem Gedanken der Umwandlung in eine Aktiengesellschaft gespielt. In der Aktiengesellschaft ihrerseits erweist sich die Kontrolle des Managements durch den Aktienmarkt immer mehr als der Kontrolle durch Aufsichtsrat und Hauptversammlung überlegen.

Unser Rechtssystem wie unsere Wirtschaftstheorie haben den Wandel noch nicht so recht zur Kenntnis genommen. Das

Kartellrecht orientiert sich an den Zuständen der zwanziger und dreißiger Jahre. Die schiere Größe bedeutet danach Macht, und Macht verhindert Wettbewerb. Aber ein Zusammenschluß von Daimler-Benz und MBB ergäbe ein völlig anderes Gebilde als die alte IG Farben oder die Vereinigten Stahlwerke. Diese hatten die Macht, Konkurrenz auszuschalten; der Daimler-Benz-Konzern hätte sie allenfalls dann und dort, wo der Staat als Auftraggeber aus freien Stücken auf internationale Konkurrenz verzichtet.

Auf anderen Gebieten ist es ähnlich. Große Teile der Gesetzgebung - vom Arbeitsrecht über das Gesundheitswesen bis zum Reisevertragsgesetz - sind nur aus Mißtrauen in den Markt zu erklären. Öffentliche Wirtschaftsbetriebe und das staatliche Bildungsmonopol, vom Kindergarten bis zur Universität, finden nur dann eine Rechtfertigung, wenn man annimmt, daß der Markt weniger leistungsfähig sei. Wir erleben in der Realität den Triumph des Marktes. Die Politik dagegen wird immer noch von den Ideologien des 19. Jahrhunderts beherrscht.

Mai 1989

Konstitutionalismus

Über den modernen Verfassungsstaat

Im Mai 1989 feierten wir den 40. Jahrestag des Grundgesetzes, im Juli 1989 feiern wir das zweihundertjährige Jubiläum des Ausbruchs der Französischen Revolution und damit den Beginn des modernen Verfassungsstaates überhaupt. Könnten die Väter der Französischen Verfassung besichtigen, was bis heute aus ihrer Idee geworden ist, dann würden sie sich freilich arg wundern. Die übermäßige Ausdehnung des Staates sollte damals verhindert werden. Das Parlament sollte die Ausgaben kontrollieren und damit in Grenzen halten. Diese Absicht ist geradezu kläglich gescheitert. Die Parlamente sind selbst zum Motor immer höherer Staatsausgaben geworden. Bei Ausbruch der Revolution dürfte der Anteil des Staates am Sozialprodukt nur wenig über zehn Prozent gelegen haben; heute liegt er, in Frankreich wie in anderen Verfassungsstaaten, bei der Hälfte des Sozialprodukts. Die damals wichtigste Steuer, der Zehnte, entsprach einer Einkommensteuer von zehn Prozent. Das war die drükkende Steuerlast, die immer als einer der Anlässe der Revolution genannt wird. Da hätte eine gewaltige Mehrheit der Franzosen und Deutschen heute mehr Grund zu revoltieren.

Die Autoren des Grundgesetzes hatten die historisch so seltene Chance, aus den Fehlern früherer Verfassungen zu lernen. Sie waren allzusehr auf das Scheitern der Weimarer Republik fixiert. So wurde das Plebiszit abgeschafft, weil es angeblich zu leicht von Demagogen mißbraucht werden könne - eine Mißtrauenserklärung an das Volk, von dem doch alle Gewalt ausgehen soll. In der Schweiz ist das Plebiszit gerade das wichtigste Instrument, das die Willensbildung im Parlament an den Willen des Souveräns bindet. Das Volk hat manchmal das Parlament bestätigt - beispielsweise im Falle der Schwarzenbach-Initiative zur Begrenzung der Ausländerzahl. In anderen Fällen hat es einen einhelligen Parlamentswillen zurückgewiesen - so im Falle der Mitbestimmung der Arbeitnehmer in den Unternehmen. Kurz: Das Plebiszit, das der Parlamentarische Rat so fürchtete, hat sich als Klammer zwischen Volk und Parlament in der Schweiz bewährt. In der Bundesrepublik muß man häufig daran zweifeln, ob des Volkes Wille sich noch mit dem Willen des Parlaments deckt.

Im Grundgesetz wurden zwei Lücken in der Liste der bürgerlichen Freiheiten, die die französische Revolutionsverfassung gelassen hatte, nicht gefüllt. Die erste ist das Fehlen der Vertragsfreiheit. Das war im Frankreich des 18. Jahrhunderts verständlich: Niemand konnte sich damals vorstellen, der Staat werde in Verträge, die freie Bürger untereinander abschließen, hindernd eingreifen. Der Parlamentarische Rat dagegen hatte die lückenlose Reglementierung des Dritten Reiches wie der Nachkriegszeit vor Augen. Es ist schwer verständlich, daß er nicht wenigstens die Grenzen für die Vertragsfreiheit der Bürger oder für den Eingriff des Staates markiert hat. Diese Lücke hat einen Wust von Reglementierungen ermöglicht, die zum geringen Teil nützlich, in manchen Teilen überflüssig, meist aber schädlich sind. Die zweite Lücke ist die Geldverfassung. Noch im amerikanischen Unabhängigkeitskrieg urteilte ein Gericht in Massachusetts, es verstoße gegen die Menschenrechte, dem Bürger ein Geld aufzuzwingen, das er nicht wolle. Dieses Menschenrecht der freien Wahl des Geldes war schon in der Französischen Revolution außer Kraft gesetzt worden. Die Revolutionskriege wurden mit Assignaten finanziert, die in kurzer Zeit ihren Wert völlig verloren. Als das Grundgesetz geschaffen wurde, hatte Deutschland die große Inflation von 1923 und die zurückgestaute Nachkriegsinflation mit anschließender Währungsreform hinter sich - beides großangelegte Betrugsaktionen des Staates an seinen Bürgern. Es ist heute nicht mehr nachzuvollziehen, ob der Grundgesetzgeber die Sicherung des Geldes einfach vergessen hat oder ob er der Meinung war, dem Staat müsse dieses Betrugsinstrument auch für die Zukunft erhalten bleiben.

Schließlich ist der Grundgesetzgeber in einem zentralen Punkt unserer Verfassung gescheitert: dem Föderalismus. Die Dezentralisierung staatlicher Macht auf Bund, Länder und Gemeinden sollte die Macht begrenzen, einen Wettbewerb um die bessere Problemlösung entfalten, die Vielfalt und Eigenständigkeit der Regionen erhalten. Die Länder haben aber die Möglichkeit eigener Gesetzgebung selbst dort nicht genutzt, wo der Bund seine Kompetenzen nicht ausschöpft, wie etwa im kollektiven Arbeitsrecht. Dort, wo die Länder allein zuständig sind, im Kulturbereich, haben sie statt eigener Lösungen gemeinsame entwickelt, und wenn ein Land eigene Wege ging - wie Bayern im Hochschulbereich -, hat sie das Bundesverfassungsgericht blockiert.

Das angebliche Gebot der Einheitlichkeit der Lebensverhältnisse wurde zur Waffe gegen den Föderalismus geschmiedet. Vom Föderalismus ist in der Realität eine groteske Bürokratisierung im Kulturbereich übriggeblieben, weil die Landtage nur hier noch ihren gesetzgeberischen Instinkten freien Lauf lassen konnten. Geblieben ist auch die Mitwirkung des Bundesrats an Bundesgesetzen. Sie hat lange Zeit gutgetan. Inzwischen ist sie ein Hemmschuh. Die Länder haben den Bundesrat als Erpressungsinstrument entdeckt: Wenn der Bundestag reformieren will, dann lassen sich die Länder, auch wenn sie von derselben Partei regiert werden, ihre Zustimmung teuer abkaufen - wie Franz Josef Strauß und Ernst Albrecht demonstriert haben. Weder der Konstitutionalismus insgesamt noch das Grundgesetz haben gehalten, was sich ihre Väter davon versprachen. Trotzdem: Wir haben keine bessere Lösung, und wenn wir heute eine Verfassung neu schaffen müßten, dann wäre sie schlechter als das Grundgesetz. Wir leben nicht in der besten aller denkbaren Welten, aber doch in einer guten Welt.

Juni 1989

Hergebrachte Grundsätze

Über das Berufsbeamtentum

Alle paar Jahre kocht in Deutschland das Thema Beamtenbesoldung hoch - zuletzt bei dem zurückgezogenen Vorschlag zur Anrechnung von Erziehungszeiten beim Ruhegehalt von Beamtinnen. Davor waren es die Rentenreform und das Kindergeld, einige Jahre früher die Arbeitslosenversicherung. Der Tenor ist stets der gleiche - die Beamten würden besser behandelt als der Rest der Bevölkerung.

Bevor man einzelne Elemente wie Sozialversicherungsbeiträge, Renten oder Beihilfen miteinander vergleicht, muß man sich klarmachen, daß das System der Beamtenbesoldung anders konstruiert ist als das der Bezahlung von Angestellten. Für Gehälter in der Wirtschaft gilt das Prinzip, daß sie der Leistung entsprechen sollen, die in demselben Zeitraum erbracht wurde.

Der Beamte dagegen schließt einen Vertrag auf Lebenszeit: Die Leistungen, die er für den Staat bis zu seinem Tode erbringt, sollen der Gegenleistung für das ganze Leben entsprechen. Das bedeutet in der Praxis, daß das Lebens-Einkommensprofil beim Beamten anders aussieht als beim Arbeiter oder

Angestellten. Ebenso sind die Altersbezüge des Beamten, gemessen am Lebens-Arbeitseinkommen, weit höher als die des Angestellten. Umgekehrt sind die Anfangsgehälter von Beamten niedriger als die Gehälter vergleichbarer Positionen in der Wirtschaft.

Ein junger Mann, der vor der Wahl steht, Angestellter in der Wirtschaft oder Beamter zu werden, muß also abwägen, ob die Vorteile der stärkeren Steigerung der Bezüge, des höheren Ruhegehalts und des sicheren Arbeitsplatzes groß genug sind, um den Nachteil des geringeren Anfangsgehaltes wettzumachen. Wenn man also sachgerecht vergleichen will, dann muß man das Netto-Lebenseinkommen des Beamten, einschließlich des Ruhegehalts und aller Beihilfen, einschließlich der Zuschüsse und Zulagen, mit dem Lebenseinkommen eines gleich qualifizierten Angestellten, einschließlich der gesetzlichen Rente, vergleichen. Solche Untersuchungen sind immer wieder angestellt worden, mit unterschiedlichen Ergebnissen übrigens.

In Wirklichkeit greifen analytische Vergleiche stets zu kurz. Wichtige Elemente in dem Kalkül, wie die Sicherheit des Arbeitsplatzes und der Unterschied im Leistungsdruck, können nur subjektiv bewertet werden. Der einzig objektive Indikator ist der Zustrom zum öffentlichen Dienst: Wenn mehr junge Leute in die Beamtenlaufbahn drängen, als der Staat braucht, dann sind die Vorteile gegenüber der Privatwirtschaft größer als die Nachteile, dann bezahlt der Staat insgesamt zuviel. Dieser Test fällt nun ganz unterschiedlich aus. Fast im gesamten höheren Dienst kann der Staat aus vielen Bewerbern auswählen. Die Kriminalräte, Richter, Ministerialdirektoren, besonders aber die Lehrer sind nach diesem Test weit überbesoldet.

Den entgegengesetzten Fall findet man bei der Polizei oder in der Steuerverwaltung. Für das Gehalt eines Polizisten findet man in Frankfurt, München oder Stuttgart viel zuwenig Bewerber. Man muß also die Bezüge unter der Hand aufstokken, um die Stellen überhaupt besetzen zu können - etwa durch billige Wohnungen aus dem Bestand der öffentlichen Hand. Dagegen ist ein Polizist in Lingen oder Aura, gemessen am dortigen Gehaltsniveau, gut besoldet. Das Problem ist also nicht nur, aber doch in erster Linie ein Problem der Struktur: Der Staat würde genügend qualifizierte Anwärter auf die Richter- oder Lehrerlaufbahn auch dann finden, wenn er die Eingangsgehälter um zwei Stufen absenkte. Er ist mit seinen Gehältern in ländlichen Gebieten konkurrenzfähiger als in der Großstadt, bei Frauen konkurrenzfähiger als bei Männern, in höherem Lebensalter attraktiver als in der Jugend.

Solche Verwerfungen müssen von Zeit zu Zeit korrigiert werden. Was man freilich nicht opfern sollte, ist das System der Beamtenbesoldung oder, wie unser Grundgesetz sagt, „die hergebrachten Grundsätze des Berufsbeamtentums". Das Prinzip der Unkündbarkeit, des steigenden Einkommens und der guten Altersversorgung bindet den Beamten an den Staat, es macht ihn unabhängig, neutral und schwer bestechlich. In den USA beispielsweise, wo Richter, Polizisten und Verwaltungsbeamte anderen Bedingungen unterliegen, herrscht ein weit größeres Maß an Korruption, weniger Sachgerechtigkeit und professionelle Perfektion als bei uns.

Der eigentliche Skandal liegt an ganz anderer Stelle. Das Beamtentum deutscher oder preußischer Prägung ist überall dort als Organisationsform überlegen, wo es auf Gleichmäßigkeit, Vorhersehbarkeit, Neutralität und Unbestechlichkeit ankommt, also bei den sogenannten hoheitlichen Aufgaben.

Ist aber Leistung, Innovation, Initiative, Anpassungsfähigkeit gefragt, dann ist ein Beamtenstatus fehl am Platze. Weder Lehrer noch Professoren, weder Briefträger noch Lokführer, weder Forstmeister noch Klinikdirektoren sollten Beamte sein. Die deutsche Verwaltung oder Polizei sind besser als die in Amerika; deutsche Universitäten oder die deutsche Telekommunikation können mit amerikanischen Vorbildern kaum konkurrieren. Und weiter: Die Beförderungschancen deutscher Beamter hängen vom Budget, das sie verwalten, und von der Zahl der Untergebenen ab. Je größer die Verschwendung, um so besser die Berufschancen. Objektivierte Leistungsmessung und -bewertung gibt es kaum. Der Staat erfüllt seine Aufgaben so zu weit überhöhten Kosten. Würde man die Zahl der Verwaltungsbeamten aller Bonner Ministerien auf die Hälfte reduzieren, so käme dabei eine Leistungssteigerung heraus.

Juli 1989

Die neue Freiheit

Über CDU und SPD

Die technische Phantasie schlägt in Science-fiction-Romanen gelegentlich abenteuerliche Kapriolen: unsere gesellschaftliche Phantasie ist dagegen so verkümmert, daß selbst das Naheliegende und Machbare nicht wahrgenommen wird. Als die Dampfmaschine sich durchsetzte, verdrängte die Fabrik Handwerk und Verlagssystem; mit der Eisenbahn kam das Zeitalter der Massenproduktion. Landarbeiter strömten in die Städte und Fabriken, wo sie der Herrschaft, aber auch der Fürsorge des Grundherren entkamen. An die Stelle der Arbeit, die vom Rhythmus der Natur und des Wetters geprägt war, trat die gleichförmige Arbeitszeit; der Einzelne und die Kleingruppe wurden durch das große Kollektiv ersetzt, die Arbeit am Werkstück wurde in viele einzelne Handgriffe zerlegt. Die gesellschaftliche Antwort war die Organisation der Arbeiter in Gewerkschaften, die Übertragung der Fürsorgepflicht des Grundherren durch Gesetz auf die Unternehmen und die Einrichtung von Zwangsversicherungen. Der Arbeiter galt als unmündig, als unfähig, für die Wechselfälle des Lebens selbst vorzusorgen. Bis heute werden

Arbeitnehmer in der amtlichen Statistik als „Unselbständige“ geführt.

Inzwischen ist das Zeitalter von Dampfmaschine und Eisenbahn längst durch das Informationszeitalter abgelöst. Die gleichzeitige Anwesenheit großer Menschenmengen in einer Halle oder in einem Gebäude erübrigt sich; die Arbeitsteilung kehrt sich um; der Anteil selbständiger und dispositiver Tätigkeit nimmt zu; das von Menschen besetzte Fließband wird bald der Vergangenheit angehören. Technisch ist es möglich, daß ein Industriemeister eine Walzstraße vom Schlafzimmer aus steuert, eine Sekretärin ihre Arbeit im eigenen Wohnzimmer verrichtet.

Die Arbeitnehmer sind nicht mehr vermögenslos, und Kapital- und Versicherungsmärkte sind voll entwickelt. Das Informationszeitalter ermöglicht und verlangt eine immer stärkere Dezentralisierung. Das, was der Fachmann nüchtern „Dezentralisation von Entscheidungen“ nennt, heißt in der Umgangssprache schlicht „Freiheit“. Die Technik des Informationszeitalters verlangt nach neuen freiheitlichen Lösungen. Wirtschaftlich hätten wir längst eine breite Beteiligung der Arbeitnehmer an den Unternehmen, würde das Recht des Dampfmaschinenzeitalters dem nicht einen mehrfachen Stacheldrahtverhau entgegensetzen. Wirtschaftlich wäre eine weit größere Zeitsouveränität des Arbeitnehmers - im Wochen-, Jahres- und Lebensrhythmus - nicht nur möglich, sondern hochrentabel, wären die Gestaltungsmöglichkeiten nicht institutionell verbaut. Das Unternehmensmodell der Zukunft ist nicht mehr der Fließbandbetrieb, sondern die Taxizentrale. Unser Sozialsystem wie unser Arbeitsrecht sind angelegt auf Gleichförmigkeit, beherrscht vom Gedanken des Kollektivs. Problemlösungen, die dem Zeitalter der Massenproduktion angemessen waren, werden zum Prokrustesbett der Informationsära: Was zu lang ist, wird abgehackt, und was zu kurz ist, in die Länge gezogen.

Die beiden Volksparteien SPD und CDU stehen den Herausforderungen hilflos gegenüber. Die SPD hat es da schwer. Die Partei selbst und ihre Philosophie waren die Antwort auf das Zeitalter von Dampfmaschine und Eisenbahn. Der Sozialismus ist tot, der Staatsinterventionismus gescheitert. Geblieben ist eine Atmosphäre, die von der Stammtischseligkeit mit Händchenhalten, alten Kampfliedern und Genossenfilz im Ruhrgebiet bis zum Lehrerfortbildungsseminar in Südhessen reicht.

In der CDU hat es schüchterne Versuche zu neuen Ansätzen gegeben: Elmar Pieroth und die Beteiligungspolitik, Nobert Blüm und die Zeitsouveränität, Heiner Geißler und die Individualisierung der Sozialpolitik, Ulf Fink und die kleinen sozialen Netze. Davon ist nichts geblieben. Als sozial gilt heute wieder die Einschnürung der Vertragsfreiheit durch Ge- und Verbote, die Kollektivierung immer größerer Teile des Lohnes, kurz, die Einhaltung der Unselbständigkeit der Unselbständigen. Die Partei hat versucht, die losen Programmfäden mit der Formel vom christlichen Menschenbild zu bündeln. Von der Freiheit eines Christenmenschen ist da nicht die Rede.

Die CDU porträtiert den Christen als einen unselbständigen, der Betreuung bedürftigen, schutzsuchenden Typ. In diesem Würstchen können sich dynamische junge Männer und selbstbewußte Frauen nicht wiedererkenne. Die Programmatik der CDU hat die Farbigkeit und den Charme einer Allgemeinen Ortskrankenkasse.

So hat die SPD zwar eine Botschaft, aber keine frohe, und der CDU fehlt die Botschaft überhaupt. Die Volksparteien sehen alt aus.

September 1989

Der Dritte Weg

Der Untergang des Sozialismus

Die meisten von uns haben Hannah Arendt geglaubt: Moderne Diktaturen hätten eine so perfekte Herrschaftstechnik entwickelt, daß Umwälzungen wie etwa die Französische oder auch Russische Revolution undenkbar geworden seien. Sie könnten nur noch von oben, nicht mehr von unten kommen.

Nun steht ein ganzes Volk auf, friedlich und würdevoll, und es zeigt sich, daß der gesamte Herrschaftsapparat, Polizei und Armee, ein Teil des Volkes ist.

Die Revolution in der DDR ist historisch etwas Neues, Unerhörtes, Großartiges. Der Aufbruch im Osten ist das Ende der Auseinandersetzung zwischen Liberalismus und Sozialismus, der das ganze Jahrhundert geprägt hat. Er wird wohl rückblickend einmal als die wichtigste Entwicklung dieser Epoche gesehen werden, wichtiger als die beiden Weltkriege, als die Episode des Nationalsozialismus, als die Entkolonialisierung.

Der Sozialismus hat seine politische und moralische Kraft aus einer Verheißung genährt, freilich - im Gegensatz zu den Religionen - aus einer irdischen, nicht aus einer himmlischen

Verheißung. Der Sozialismus wollte die Armen aus dem Reich der Notwendigkeit ins Reich der Freiheit führen, und diese Freiheit umfaßte auch die Abwesenheit materieller Not; sie erschöpfte sich aber bei weitem nicht darin.

Sozialistische Modelle wurden in allen Kulturkreisen und auf allen Entwicklungsstufen erprobt. In Deutschland und Korea gab es Experimente wie aus dem Labor des Naturwissenschaftlers: Ein Teil des Volkes wurde einer liberalen, ein anderer Teil einer sozialistischen Ordnung unterworfen. Der Liberalismus hat sich unter allen Bedingungen als überlegen erwiesen - im 20. Jahrhundert gegenüber dem Sozialismus ebenso wie im 19. Jahrhundert gegenüber dem Konservatismus.

Die idealistische Linke reagiert auf das, was sich vor ihren Augen abspielt, auf zweierlei Weise: Mit der Suche nach einem Dritten Weg und mit der Behauptung, der real existierende Sozialismus sei gar kein Sozialismus.

Der Dritte Weg wurde jahrzehntelang durch das jugoslawische Modell verkörpert, aber auch durch das Genossenschaftswesen Israels. Jugoslawien ist kläglich gescheitert, und die Kibbuzim verlieren, wie auch andere Genossenschaftsformen in Israel, an Attraktivität und Bedeutung.

Der wahre - im Gegensatz zum real existierenden Sozialismus - ist bis heute nicht erfunden worden. Eine arbeitsteilige Gesellschaft braucht irgendein Koordinationsinstrument, und das kann entweder der Markt oder ein Zentralplan sein. Etwas Drittes gibt es nicht.

Mao hat in China versucht, die Arbeitsteiligkeit zurückzudrängen, um so die Koordination selbst zu erübrigen. China wurde damit in bitterer Armut gehalten.

Wenn man entweder den Markt oder den Plan braucht, dann ist der real existierende auch der einzig mögliche Sozialismus.

Armut und Unfreiheit in den Ostblockländern beruhen eben nicht auf dem Mißbrauch einer guten Idee - sie sind vielmehr die notwendige Folge dieser Idee. Wenn man eine Wirtschaft über Befehle, statt mit Anreizen koordinieren will, dann braucht der Staat Macht, um den Befehlen Geltung zu verschaffen. Die wirtschaftlichen Erfolge der Planwirtschaft unter Stalin wurden in der Sowjetunion seinerzeit mit unerhörter Brutalität erkauft. Je mehr der Druck dann aber gelockert wurde, um so schlechter funktionierte die Wirtschaft. Das ist bis heute das Dilemma jeder Planwirtschaft: Je geringer einerseits der Zwang, um so bitterer andererseits die Armut.

Die westlichen Industrieländer sind alle mehr oder weniger weit von der Idee der Marktwirtschaft entfernt. Die staatlich gelenkten oder privat kartellierten Bereiche umfassen so wichtige Gebiete wie den Arbeitsmarkt, die Landwirtschaft, den Bergbau, den Rundfunk, das Gesundheitswesen, teilweise auch die Wohnungswirtschaft und das Transportgewerbe. Wo man den Markt unterdrückt, da gibt es auch hier Koordinationsprobleme: Arbeitslosigkeit und Lebensmittelberge, Studienplatzmangel, Wohnungsnot, Kohlehalden, Kostenexplosion im Gesundheitswesen. Deshalb braucht man ständig Reformen und Reformkommissionen.

Wo Markt herrscht, reformiert sich das System erfahrungsgemäß aus seinen eigenen inneren Kräften: Die Bildungsreformen sind kaum noch zu zählen; von Kommissionen zur Reform des Automobilbaus hat man allerdings noch nie gehört. Der Dritte Weg heißt mehr Markt.

November 1989

Sendungsbewußte

Die Rundfunk- und Fernsehordnung

Das ist wohl nur beim öffentlich-rechtlichen Fernsehen denkbar. Da taucht ein Herr von Sternburg in der besten Sendezeit auf, setzt die privaten Fernsehsender in infamer Form herab, beleidigt alle Pressekommentatoren, die es gewagt haben, Kritisches über unsere Rundfunkordnung zu schreiben und verbreitet darüber hinaus noch einige Minuten Desinformation. Der Anlaß war die Tatsache, daß die Forderung der Rundfunkanstalten nach Gebührenerhöhung diesmal nicht so glatt durchgegangen war, wie die Sender das bisher gewohnt waren.

Dafür gab es Grund genug. Der Bundesrechnungshof hat das Finanzgebaren der Sendeanstalten mehrfach gerügt. Die Sender sind nicht nur personell überbesetzt, sie verbinden darüber hinaus in schönster Weise das Gehaltsniveau der privaten Wirtschaft mit der Sicherheit des öffentlichen Dienstes. Dabei ergeben sich Kosten pro Sendeminute bei selbstproduzierten Beiträgen, die wohl alles in den Schatten stellen, was irgendwo sonst auf der Welt produziert wird.

Die Sender der ARD hatten 1988 ein Gebührenaufkommen von 3,6 Milliarden Mark und Werbeeinnahmen von rund 1,6

Milliarden Mark, zusammen 5,2 Milliarden Mark. Das ZDF hatte 870 Millionen Mark an Gebühren und 650 Millionen Mark aus Werbung, insgesamt also über 1,5 Milliarden Mark. RTL plus dagegen mußte mit 125 Millionen Mark und Sat 1 mit 116 Millionen Mark Werbeeinnahmen ein Vollprogramm finanzieren.

Für die Kritik am öffentlich-rechtlichen Rundfunk ist die Verschwendung, die in den Sendeanstalten betrieben wird, freilich nur ein Punkt von untergeordneter Bedeutung. Die Sender besitzen durch ihre geballte Finanzkraft und ihre Monopolstellung eine größere Macht als jede andere Institution in unserer Gesellschaft. Diese Macht ist aber weder durch eine demokratische Wahl legitimiert noch dadurch, daß sie sich am Markt durchsetzen, also den einzelnen Fernseher von ihrer Leistung überzeugen müssen. Der öffentlich-rechtliche Rundfunk ist einerseits staatsfern, andererseits marktfern. Die Aufsicht durch die Rundfunkräte ist noch weniger wirksam als die der Aufsichtsräte großer Aktiengesellschaften. Unter solchen Rahmenbedingungen setzen sich die Interessen der Produzenten durch: Gesendet wird nicht das, was die Kunden wünschen, sondern was die Hersteller für geeignet halten. Das Fernsehen empfindet sich weniger als Dienstleistungsbetrieb denn als moralische Anstalt.

Vor einigen Jahren belegte eine Allensbacher Untersuchung das, was ohnehin jedem Fernsehzuschauer klar ist: Die Mehrheit der Fernsehjournalisten steht links von der Mehrheit der Bevölkerung. Dagegen wäre überhaupt nichts einzuwenden, müßte das Fernsehen seine Mittel verdienen. Der „Stern“ oder die „Frankfurter Rundschau“ müssen täglich oder wöchentlich ihre Leser davon überzeugen, daß sie ihren Preis auch wert sind. Ohne diese Legitimierung wird das Fernsehen zur staatlich abgesicherten Indoktrination durch eine Minderheitsmeinung.

Diese Linkslastigkeit ist heute institutionell abgesichert. Bereits in den Fernsehräten dominiert die Linke in den sogenannten gesellschaftlich relevanten Gruppen - Kirchen, Gewerkschaften, SPD. Hinzu kommt die erweiterte Mitbestimmung innerhalb der Sender. Es gehört schon Bekennermut dazu, im Fernsehen eine gewerkschaftskritische Sendung zu machen.

Es ist verständlich, daß jede Gruppe ihrer Meinung zu möglichst großer Wirkung verhelfen will. Beim Fernsehen hat man Rahmenbedingungen geschaffen, die einer bestimmten Gruppe einen leichteren Zugang verschaffen, und man hat sie von der Notwendigkeit befreit, ihre Produkte am Markt durchsetzen zu müssen. Möglicherweise ließ die Technik vor 40 Jahren keine andere Wahl als die eines öffentlich-rechtlichen Rundfunks, der über Gebühren, also abgekoppelt von den Wünschen seiner Kunden, finanziert werden mußte. Heute stehen nicht nur genügend Sendefrequenzen zur Verfügung; es gibt auch Abrechnungssysteme, die eine Gebührenfinanzierung überflüssig machen. Der Kronberger Kreis hat deshalb vorgeschlagen, gleiche Bedingungen für alle Fernsehanbieter zu schaffen, also alle Anbieter zu zwingen, ihre Einnahmen durch Leistungen zu verdienen - seien sie nun privat oder öffentlich-rechtlich. Lassen wir doch den Kunden das entscheiden, wozu sich Rundfunkräte nicht eignen. Genau das freilich scheint Herr von Sternburg zu fürchten.

Januar 1990

Emanzipation

Frau und Familie

Die Familie war, bei allen Freuden, die sie sonst bieten mochte, in früheren Zeiten eine Erwerbs- und Wirtschaftsgemeinschaft. Johann Peter Hebel erzählt die Geschichte eines Handwerkers, der gefragt wird, was er denn mit seinem Einkommen anfange. Ein Drittel, so der Mann, brauche er zur Abzahlung alter Schulden, ein weiteres Drittel diene der Ansammlung von Schätzen, und das restliche Drittel verbrauchen seine Frau und er zum Leben. Aber woher hast du denn die Schulden, wollte der Gesprächspartner wissen, und wo sind denn deine Schätze? Die Schulden, antwortete der andere, habe ich bei meinen alten Eltern, die mich aufgezogen und mir eine gute Ausbildung gegeben haben. Ich zahle sie ab, indem ich die Eltern nun ernähre. Die Schätze aber sind meine Kinder, die mich dereinst, wenn ich selbst alt bin, unterhalten werden. Bei Adam Smith klingt das weniger poetisch. Er berichtet 1776 über Amerika: „Arbeit wird dort so gut entlohnt, daß Kinderreichtum . . . eine Quelle des Wohlstands und des Glücks der Eltern ist. Die Arbeit eines Kindes wird, bis es das Elternhaus verlassen kann, auf 100 Pfund reinen Gewinns geschätzt. Eine junge Witwe . . . mit vier oder fünf Kindern . . . wird . . . als gute Partie umworben.“ Kinder wurden nicht nur früh zur Arbeit herangezogen; sie bildeten auch die Altersversorgung ihrer Eltern. Die Bezeichnung „Kinderreichtum“ war durchaus wörtlich zu nehmen.

Das hat sich radikal geändert. Kinder tragen nicht mehr durch Arbeit zum Familieneinkommen bei, und die Altersversorgung besteht in der Rentenversicherung. Aus der Erwerbsgemeinschaft Familie wurde eine Konsumgemeinschaft. Das Kind wurde, ökonomisch gesprochen, von einem Investitionsgut zu einem Luxusgut.

Mit diesem Bedeutungswandel der Familie verfiel das Ansehen der Hausfrau: Sie trägt nicht mehr zum Wohlstand bei. Das Wort „Nur-Hausfrau“ hat einen Beiklang von „Luxusweibchen“ bekommen. So wie die Dinge bei uns geordnet sind, muß die Frau zwischen Familie und Beruf wählen - eine Wahl, vor die ein Mann nicht gestellt wird. Das ist das Problem, das der Emanzipationsbewegung zugrunde liegt: Die Arbeit der Hausfrau wurde wirtschaftlich und sozial entwertet. Ob Frauen arbeiten wollen oder arbeiten müssen - man hat es versäumt, Bedingungen zu schaffen, die der Frau Familie und Beruf gleichzeitig ermöglichen. Die Werte und die Lebensumstände haben sich gewandelt; die Gesetze sind geblieben.

Das ist keine gute Ordnung. Zwei Aspekte wurden hier schon früher dargestellt. Der erste: Kinder sind für die Gesellschaft insgesamt immer noch ein Investitionsgut, für die einzelne Familie bedeuten sie relative Verarmung. Hier haben wir das Umweltschutzproblem umgekehrt. Wer die Umwelt verschmutzt, der verursacht soziale Kosten, die er privat nicht zu tragen braucht. Wer Kinder aufzieht, der schafft sozialen Nutzen, dessen Kosten er privat aufbringen muß.

Der zweite Aspekt: Unser Steuer- und Abgabenrecht wirkt wie ein Zoll auf die Erwerbstätigkeit der Frau. Der bloße Austausch von Arbeitskraft - eine Rechtsanwältin geht ihrem Beruf nach und läßt ihren Haushalt von Dritten besorgen - bedeutet, daß die Rechtsanwältin vor Steuern und Abgaben das Doppelte bis Dreifache dessen verdienen muß, was sie für die Haushaltbesorgung nach Steuern und Abgaben zahlen kann. So kommt es, daß jede Hausfrau ihr eigenes Süpplein für ihre Lieben kochen muß - ein Arrangement, das die Freiheit der Frau unerträglich beschneidet.

Ein dritter Aspekt: In der DDR sind fast alle Frauen im erwerbsfähigen Alter auch erwerbstätig. Trotzdem liegt die Geburtenrate um fast die Hälfte über unserer. Offenbar ist es in der DDR besser als bei uns gelungen, Familie und Beruf zu vereinbaren. Sieht man einmal von den besseren materiellen Leistungen für die Familie in der DDR ab, so ist es die Ordnung der Lebensumstände, die es der Frau leichter machen. Es gibt genug Plätze in Kinderkrippen für Kleinkinder und in Kindergärten für die Größeren. Noch wichtiger: Die Einrichtungen sind in der DDR auf die Arbeitswelt abgestimmt. Die Mutter kann ihre Kinder vor Arbeitsbeginn unterbringen und nach Arbeitsende wieder abholen. Bei uns fehlen Kinderkrippen fast ganz; die Kindergärten haben Öffnungszeiten, die der Frau eine Arbeitsaufnahme erschweren, und Ganztagsschulen sind nur ein Wunsch.

So werden der Frau bessere Entfaltungschancen geboten. Das ist nicht nur sozial, sondern auch wirtschaftlich vernünftig. Eine Gesellschaft, die es der Frau so sehr erschwert, ihre Fähigkeiten zu verwerten, verzichtet auch auf einen möglichen Wohlstand.

März 1990

Die Menschenlawine

Über den Weltbevölkerungsbericht

Der Weltbevölkerungsbericht schreibt ein Menetekel an die Wand. Die Geburtenraten sind weniger zurückgegangen, als man noch vor wenigen Jahren annahm. Die Weltbevölkerung wird bis zum Ende des nächsten Jahrhunderts statt auf zehn auf elf Milliarden anwachsen - es können aber auch 14 Milliarden werden. Schon heute, bei gut fünf Milliarden Erdenbürgern, lebt ein Fünftel am Rande des absoluten Existenzminimums, dehnen sich die Wüsten aus, weil Bäume und Büsche der Savannen als Brennholz verfeuert werden, schrumpfen die tropischen Regenwälder, weil die Menschen Raum brauchen, wuchern die Slums um die Großstädte der Dritten Welt. Der Treibhauseffekt vergrößert sich, weil die Wälder fehlen, die das Kohlendioxid aus der Verfeuerung von Kohle, Öl und Gas absorbieren, weil die wachsenden Reisfelder und Viehherden Methan abgeben. In der ganzen Dritten Welt entsteht ein Bevölkerungsdruck, der schon bald mit Macht in die Industrieländer dringen wird, in die Länder, deren Bevölkerung stagniert oder zurückgeht.

Das alles ist keine Drohung für eine ferne Zukunft; die Wirkungen der Bevölkerungsexplosion sind schon heute groß. Sie werden in den kommenden Jahrzehnten progressiv zunehmen und die Industrieländer ebenso treffen wie die Entwicklungsländer selbst. Es wird die schiere Menge der Menschen sein, die unsere Umwelt zerstört.

Das Problem selbst ist seit langem erkannt; die neuen Zahlen zeigen lediglich, daß man sein Gewicht bisher unterschätzt hat. Es mangelt aber heute wie bisher an Konzeptionen zu seiner Lösung. Der Weltbevölkerungsbericht empfiehlt, die Bildungsmöglichkeiten zu vergrößern, die Stellung der Frau zu verbessern, Kenntnis und Mittel der Familienplanung zu verbreiten. Das mag alles nützlich sein, trifft aber nicht den Kern.

Die Familie ist nicht allein, aber doch überwiegend ein wirtschaftlicher Verband, die Kinderzahl wird nicht nur, aber doch vorwiegend von wirtschaftlichen Interessen bestimmt. Wo Kinder rentabel sind, da werden auch viele geboren, und wo sie zur finanziellen Last geworden sind, da gingen die Geburtenraten zurück. In denjenigen Teilen Schwarzafrikas, in denen die alte Stammesstruktur noch intakt ist, bedeuten Kinder Reichtum. Die arbeitsfähigen Stammesmitglieder liefern ihr Einkommen beim Familienoberhaupt ab, das die Mittel nach den Bedürfnissen der Großfamilie verteilt. Je größer die Familie, um so mächtiger ist der Häuptling. In den meisten Ländern der Dritten Welt sind Kinder die einzige Altersversorgung der Eltern. Je höher die Kindersterblichkeit, um so mehr Geburten muß eine Frau haben, wenn sie sicherstellen will, daß die Eltern im Alter von ihren Kindern versorgt werden.

In den Städten werden weniger Kinder geboren als auf dem Land - sie können dort nicht so ohne weiteres zu früher Arbeit herangezogen werden. Die Geburtenzahl sinkt mit wachsendem Bildungsstand der Frau: Je besser die Frau ausgebildet ist, um so größer sind ihre Erwerbschancen, um so größer ist der Verzicht, den sie durch das Aufziehen von Kindern erleidet. Frankreich ist das erste Beispiel für aktive Familienpolitik. Damals fürchtete man, daß der Erbfeind Deutschland wegen seiner größeren Geburtenzahl übermächtig werde. Die Allocations familiales brachten die Geburtenrate wieder hoch, deutlich über die deutsche.

Als das Saarland aus dem französischen in den deutschen Staatsverband wechselte, dauerte es nur drei Jahre, bis die Geburtenzahl vom hohen französischen auf den niedrigen deutschen Stand gesunken war. Die DDR beschloß in den siebziger Jahren ein Familienförderungsprogramm. Genau neun Monate nach Inkrafttreten schnellte die Zahl der Geburten nach oben, und sie liegt seither deutlich höher als in der Bundesrepublik.

Wenn man den Bevölkerungszuwachs bremsen will, dann muß man die wirtschaftlichen Interessenlagen ändern. Die Verbreitung von Antikonzeptionsmitteln ist, wenn die Interessenlage nicht stimmt, gänzlich wirkungslos, wie die Beispiele in Indien und auch in Ägypten zeigen. Erst wenn auch das wirtschaftliche Interesse bei wenigen Kindern liegt, werden entsprechende Verhütungsmittel akzeptiert.

Soll eine Bevölkerungskatastrophe wenigstens noch gemildert werden, dann muß die allgemeine Schulpflicht durchgesetzt und die Kinderarbeit verboten werden. So werden Kinder unrentabel. Die Bevölkerung muß lohnende und sichere Möglichkeiten der Anlage von Ersparnissen haben und braucht eine gesetzliche Rentenversicherung. Nur dann werden Kinder zur Altersvorsorge verzichtbar.

Mai 1990

Treibhauseffekte

Über die Kohlendioxid-Emission

Die Umweltdiskussion hat unbestreitbar das Verdienst, daß sie politisches Handeln auch durchsetzbar gemacht hat. Dabei hat man freilich die Leute oft sinnlos in Angst und Schrecken versetzt, etwa mit dem radioaktiven Niederschlag von Tschernobyl, mit der Hormonmast von Kälbern, mit der ständigen Publikation neuer karzinogener und mutagener Stoffe, mit der Formaldehydhysterie.

Auch intellektuell war die Diskussion häufig schwer erträglich. Jahrelang wurde der saure Regen für das Waldsterben verantwortlich gemacht, obgleich man wußte, daß die Baumschäden dort, wo der Säuregehalt des Regens hoch war - etwa im Ruhrgebiet -, nur in geringem Maße auftreten, während sie in den Reinluftgebieten des Hochschwarzwaldes und der Alpen schwer sind. Irgendwann wurde dann die Saure-Regen These stillschweigend begraben und durch die Ozonthese ersetzt.

Jetzt sind es die Stickoxide in den Autoabgasen, die unter dem Einfluß von Sonnenstrahlung gespalten werden und dabei Ozon freisetzen, das die Bäume schädigt.

So müssen wir derzeit gleich mit zwei Ozonthesen leben: Einerseits wird der Umwelt Schaden zugefügt, weil wir zuviel Ozon produzieren, andererseits zerstören wir das natürliche Ozon durch Fluorkohlenwasserstoffe. Dabei entsteht dann ein Ozonloch, das auch wieder gefährlich ist. Da staunt der Laie.

Derzeit wird der Ausstoß von Kohlendioxid, das bei fast allen Verbrennungsvorgängen entsteht, als tödliche Gefahr für die Zukunft der Menschheit ausgegeben. Nun wissen wir sicher, daß der Kohlendioxidgehalt der Atmosphäre in der Erdgeschichte ständig abgenommen hat. Das Gas wurde in vielfältiger Form gebunden - im Erdöl, in Steinkohle, Braunkohle und Torf, im Muschelkalk und in Korallenriffen.

Wenn wir Erdöl oder Kohle verbrennen, dann geben wir der Atmosphäre einen kleinen Teil des Kohlendioxids zurück, das ihr in geologischen Zeiträumen entzogen wurde.

Kohlendioxid reflektiert, wie einige andere Gase, etwa Methan, die von der Erde abgestrahlte Wärme. Das ist der berühmte Treibhauseffekt. Die Erde wird wärmer. Das hat wiederum zwei Folgen. Erstens schmilzt das Eis an den Polen, zweitens wird mehr Wasser aus den Ozeanen verdunstet und in der Luft gespeichert. Es regnet also mehr.

Für die Befürchtung, das Abschmelzen des Polareises könnte den Meeresspiegel anheben und Hamburg unter Wasser setzen, gibt es bisher keine Anhaltspunkte.

Wäre die These richtig, dann hätte in der jüngsten Eiszeit der Meeresspiegel niedriger liegen müssen als heute. Er lag aber höher. Die Urbewohner Schwedens lebten an der Küste und ernährten sich von Fisch und Muscheln. Heute findet man die Überreste ihrer Siedlungen 20 bis 30 Kilometer landeinwärts. Anscheinend hatte durch die zunehmende Erwärmung die Luft mehr Wasser aufgenommen, als durch die Eisschmelze damals freigesetzt wurde.

Das Kohlendioxid ist zum zweiten die wichtigste Pflanzennahrung. In früheren Erdzeitaltern war deshalb die Vegetation wesentlich üppiger. Die Wärme brachte reichliche Niederschläge mit sich, und das Kohlendioxid ernährte die Pflanzen, die zu riesigen Wäldern heranwuchsen.

Bisher konnte man der Umweltdebatte viel Positives abgewinnen. Die Saure-Regen-Hypothese mochte noch so unplausibel sein, die Gefährdung durch Gewässerdüngung oder Radioaktivität zumindest übertrieben und viele Zusammenhänge wissenschaftlich ungeklärt - in der Summe jedoch wurde doch die Öffentlichkeit sensibilisiert, wurden die hohen Kosten des Umweltschutzes also politisch durchsetzbar.

Im Falle des Kohlendioxids gewinnt das Problem eine andere Dimension. Ruß und Staub, Schwefel und Quecksilber, Stickoxide, Nitrate, Blei sind ohne allen Zweifel Schadstoffe. Zweifelhaft mochte es sein, in welcher Konzentration wieviel Schaden entsteht.

Die Verhinderung von Emission ist auf jeden Fall richtig. Beim Kohlendioxid allerdings wissen wir nicht, ob es überhaupt ein Schadstoff oder vielmehr ein Nutzstoff ist.

Wer weiß - vielleicht könnte mehr Kohlendioxid dazu führen, daß das schneebedeckte Grönland wieder ein grünes Land wird, daß im heutigen Dauerfrostgebiet der Tundra wie früher wieder Elefantenherden leben, daß die Sahara, wie noch in der Steinzeit, wieder fruchtbar wird, daß die Negevwüste, wie zu Abrahams und Lots Zeiten, dicht besiedelt werden kann.

Juli 1990

Öko-Imperialismus

Umweltpolitik auf Abwegen

In der Umweltpolitik lassen sich die Verantwortlichen mehr und mehr von Modewellen tragen und machen nur dort halt, wo es eine schlagkräftige politische Lobby gibt. So gibt es den begründeten Verdacht, daß Kohleverbrennung den Lungenkrebs begünstigt. Die Kohlelobby war aber bisher stark genug, zu verhindern, daß dieser Verdacht auch nur untersucht wird. Die Intensivlandschaft, zu der die gemeinsame Agrarpolitik unsere Bauern zwingt, schlägt die Umwelt in vielfacher Weise, aber gegen das organisierte Agrarinteresse wagt kein Politiker vorzugehen.

Da man die Schuldigen laufen läßt, müssen die Unschuldigen büßen. Die Eskimos leben seit Jahrhunderten von Fischfang und Robbenjagd. Seehundsfelle waren ihr einziger Handelsartikel. Seit die aber bei uns geächtet sind, haben einige Tausende der ärmsten Erdbewohner ihren einzigen Erwerbszweig verloren - ohne daß damit für die Umwelt auch nur das Geringste erreicht worden wäre. Deutsche Minister und in ihrem Gefolge Landes- und Kommunalverwaltungen haben zum Boykott tropischer Hölzer aufgerufen. Damit soll der Regenwald gerettet werden. Der Welthandel in diesen Hölzern liegt bei 60 Millionen Kubikmetern im Jahr. Die tropischen Regenwälder bedecken eine Fläche von 1,2 Milliarden Hektar. Bei acht Kubikmeter Zuwachs pro Hektar und Jahr ergibt sich eine jährliche Neuproduktion von rund zehn Milliarden Kubikmetern Holz. Der gesamte Welthandel macht also nur ein halbes Prozent des Zuwachses aus, der gesamte deutsche Import gut ein zehntel Promille. In Schweden alleine wird mehr Industrieholz geschlagen als in ganz Afrika, ohne daß irgend jemand zum Boykott schwedischen Holzes aufgerufen hätte. Auch hier geht es nur um das Schicksal von einigen zehntausend Waldarbeitern, die zu den Ärmsten der Armen gehören, deren Stimme aber nicht zu uns dringt.

Die gefährlichste dieser Modeströmungen ist die CO2-Diskussion. Sie wurde ausgelöst durch einen Bericht des Intergovernment Panel on Climate Change (IPCC), gelesen wurde wohl nur die Zusammenfassung, in der es hieß, die Wissenschaft sei sich einig darin, daß der Treibhauseffekt eine bedeutende Gefahr für die Umwelt darstelle. Weil heute anscheinend niemand mehr ein Buch, sondern nur noch die Zusammenfassung liest, bleibt es unbekannt, daß im Bericht selbst das Gegenteil ausgesagt wird. Dort heißt es auf Seite 254, es sei „nicht möglich, die beobachtete mittlere Erwärmung der Erde um 0,5 Grad Celsius seit 1890 auf Basis der derzeit verfügbaren Daten ganz oder zum Teil einer Verstärkung des Treibhauseffektes zuzuschreiben."

Aber selbst wenn man unterstellt, die vom Menschen verursachten CO2-Emissionen würden zur Erwärmung der Erde führen, dann gibt es doch keinen Klimatologen von Rang, der eine solche Entwicklung einseitig negativ beurteilte. Sicher sind nur drei Effekte: Der erhöhte CO2-Gehalt der Atmosphäre würde das Pflanzenwachstum fördern (sogenannter Düngeeffekt), der Temperaturanstieg führt zu höheren Niederschlägen, und eine partielle Eisschmelze läßt den Meeresspiegel ansteigen. Zwischen 1890 und 1990 hat sich der Meeresspiegel um zehn Zentimeter gehoben. Etwa ein Drittel der Landfläche der Erde besteht aus Wüsten, teils Trocken-, teils Eiswüsten. Höhere Temperatur und reichlichere Niederschläge würden voraussichtlich einen Teil dieser Wüsten wieder fruchtbar machen. Auf der anderen Seite würden tiefgelegene Landstriche überschwemmt, etwa in Bangladesch. Freilich würde selbst unter diesen Annahmen ein solcher Prozeß Jahrhunderte dauern, also genug Zeit lassen, um Deiche zu bauen. Fazit also: Beim derzeitigen Wissensstand ist es nicht entscheidbar, ob der vom Menschen verursachte CO2-Ausstoß die Erde erwärmt, und selbst wenn er sie erwärmen sollte, so überwiegen voraussichtlich die Vorteile die Nachteile. Der CO2-Ausstoß ließe sich drastisch und billig vermindern, würde man die Stromerzeugung auf Kernenergie umstellen und den Strom auch zum Heizen verwenden. Aber Kernenergie ist für unsere Ökopaxe das reinste Teufelswerk.

Dann aber bedeutet eine Reduktion des CO2-Verbrauchs eine Verminderung der Energieerzeugung und damit gesamtwirtschaftliche Kosten in abenteuerlicher Größenordnung. Fred Singer, Professor für Ökologie an der Universität Virginia, zieht daraus den Schluß: „Soll ein derartiges Programm wirksam sein, so müssen die unerhört teuren Restriktionen weltweit gelten. Der größte Teil der Weltbevölkerung würde zu einem Leben in ständiger Armut verdammt. Selbst wenn es klare wissenschaftliche Erkenntnisse gäbe, so müßte man doch die Moral eines derartigen ökologischen Imperialismus in Frage stellen.“

Dezember 1991

Ausländer rein

Einwanderungspolitik

Die Regierung hat uns über ein Jahrzehnt lang eingeredet, die Renten seien sicher. Dabei konnte jeder Fachmann ausrechnen, daß die Überalterung der deutschen Bevölkerung zu Abgabesätzen bei Steuern, Renten- und Krankenversicherung führen müsse, die schlicht nicht aufzubringen sind. Die Alterslast wird schon in wenigen Jahren spürbar - und dann dreißig Jahre lang immer schwerer. Wer heute vierzig Jahre alt oder jünger ist, kann nicht mehr damit rechnen, daß die Rente, auf die er hofft, auch finanziert werden kann.

Das Problem wäre lösbar gewesen, hätte man es rechtzeitig und entschlossen angepackt. Dafür ist es inzwischen zu spät. Heiner Geißler hat kürzlich die Katze aus dem Sack gelassen: Die einzige verbleibende Lösungsmöglichkeit ist die Zuwanderung von etwa einer halben Million junger Ausländer pro Jahr. Die kommen auch herein, werden aber nicht willkommen geheißen. Die Gewalttaten wurzeln in der Angst, die Zuwanderer würden den Einheimischen Arbeitsplätze und Wohnungen wegnehmen, die öffentlichen Kassen ausplündern und damit die Steuersätze in die Höhe treiben. Aber nicht nur beim einfachen Bürger, auch unter den Fachleuten herrscht weitgehend Unkenntnis über die wirtschaftlichen Folgen der Einwanderung. Die sorgfältigste Analyse bietet ein Buch von Julian L. Simon. „The Economic Consequences of Immigration" von 1989. Simon geht der Frage in all ihren Facetten nach - Erwerbstätigkeit von Einwanderern, Sparverhalten, Unternehmertum bis hin zur Kriminalität - und kommt zu dem Ergebnis, daß Einwanderung vom Standpunkt des aufnehmenden Landes fast durchweg vorteilhaft sei.

Das ist auch für gelernte Ökonomen verblüffend. Aus dem einfachsten Modell einer reinen Marktwirtschaft ergibt sich nämlich, daß Einwanderer zu ihrer Grenzproduktivität entlohnt werden, daß sie also genausoviel Einkommen erhalten, wie sie der Wirtschaft hinzufügen. Erweitert man dieses Modell, bedenkt man also, daß der Immigrant die Infrastruktur und das Sozialsystem in Anspruch nimmt, daß er eine Wohnung und einen Arbeitsplatz braucht, so kommt man leicht zu dem Urteil, daß Zuwanderung eine wirtschaftliche Last für das aufnehmende Land bedeutet.

Die Vorstellung, daß Asylanten mit den Einheimischen um Arbeitsplätze konkurrieren, daß also die Arbeitslosigkeit durch Zuwanderung vergrößert wird, hat in Deutschland dazu geführt, daß diese Zuwanderer bis Mitte 1991 ein Jahr lang nicht arbeiten dürften, daß sie zu Lasten der Sozialhilfe unterhalten werden. Diese Regelung beruhte auf einem Denkfehler. Der Neubürger will nicht nur arbeiten, sondern auch konsumieren. Er vergrößert nicht nur das Angebot, sondern in gleichem Maße auch die Nachfrage. Er schafft, volle Wirtschaftlichkeit durchgerechnet, seinen Arbeitsplatz selbst.

Julian L. Simon zeigt, daß das, was man theoretisch erwarten muß, auch praktisch eintritt. Empirische Untersuchungen lassen keinen Zusammenhang zwischen Einwanderung und Arbeitslosigkeit erkennen. Entsprechendes gilt für die Wohnungsnot: Sie ist nicht von der Zuwanderung abhängig. Auch das ist bereits theoretisch plausibel: Der Einwanderer braucht nicht nur eine Wohnung; er bezahlt sie auch. Also erhöht sich der Wohnungsbau in genau demselben Umfang, wie zusätzlicher Wohnraum nachgefragt wird.

Die eigentliche Überraschung bietet allerdings das Material, das Simon für das Sozialsystem und die öffentlichen Haushalte präsentiert: Zuwanderer zahlen viel mehr Steuern und Sozialabgaben, als sie an öffentlichen Leistungen und an sozialen Diensten in Anspruch nehmen. Die Einheimischen werden also durch die Immigranten entlastet.

Freilich stammt das gesamte empirische Material, auf dem Simons Buch basiert, aus den USA, Kanada und Australien, also aus Ländern, die eine systematische Einwanderungspolitik betreiben. Wer in diese Länder auswandern will, der muß eine Ausbildung und berufliche Fähigkeiten nachweisen, der muß seinen Gesundheitszustand überprüfen lassen, muß glaubhaft machen, daß er keiner öffentlichen Kasse zur Last fällt.

Würde man dieselben Untersuchungen für Deutschland anstellen, so käme man fast mit Sicherheit zu ganz anderen Ergebnissen. So etwa ist nach Simon die Kriminalität von Einwanderern in den USA geringer als die von Einheimischen, während sie in Deutschland signifikant größer ist. Deutschland ist faktisch längst ein Einwanderungsland geworden, und es braucht diese Zuwanderer. Bei uns gibt es lediglich, in merkwürdiger Verkennung der Realität, keine Einwanderungspolitik, sondern einen unkontrollierten Zustrom von Ausländern.

September 1992

Foto: Marc Darchinger

Über Wolfram Engels

Wolfram Engels (1933-1995) war unter den deutschen Wirtschaftswissenschaftlern und den Publizisten dieses Landes eine Ausnahmeerscheinung – schon deshalb, weil er in der Wissenschaft und in der Publizistik gleichermaßen so heimisch war, daß beide Zünfte ihn als den Ihren ansahen.

Engels, der als Diplom-Kaufmann (Examen 1959 und Promotion 1961 in Köln bei Erich Gutenberg) begonnen und nach einem kurzen Gastspiel in der Textilindustrie und einer anschließenden Habilitation an der Universität Saabrücken (1968) den Lehrstuhl für Bankbetriebslehre in Frankfurt übernommen hatte, ragte unter den Professoren seine Faches durch die Breite seiner Interessen heraus.

Genauso rar ist das Talent, das ihn als Publizist auszeichnete: fundierte Urteile unterhaltsam zu unterbreiten.

Von 1984-1995 hat Engels, zunächst als Herausgeber, später als Mitglied des Herausgeberrats, die Wirtschaftswoche mit geprägt und mit seinen wöchentlichen Kommentaren Akzente gesetzt – zu aktuellen Ereignissen und, immer wieder, auch zu den Schicksalsfragen der Gesellschaft.

Diese Sammlung von 100 Kommentaren ist mehr als eine Referenz an einen hervorragenden Wirtschaftspublizisten. Sie ist eine Reise durch eine Zeit, die geprägt ist von Umbruch und Aufbruch. Wolfram Engels hat sich nie gescheut, die Dinge beim Namen zu nennen und auch Unbequemes zu formulieren. Als Journalist hat er zuweilen provoziert, als Wirtschaftswissenschaftler, als ein liberaler zumal, stets angemahnt, in Alternativen zu denken. Wolfram Engels ist am 30. April 1995 gestorben.

Mit dieser Auswahl aus seinen Kommentaren erinnert die Wirtschaftswoche an ihren ehemaligen Herausgeber.